力点憲法

齊藤正彰

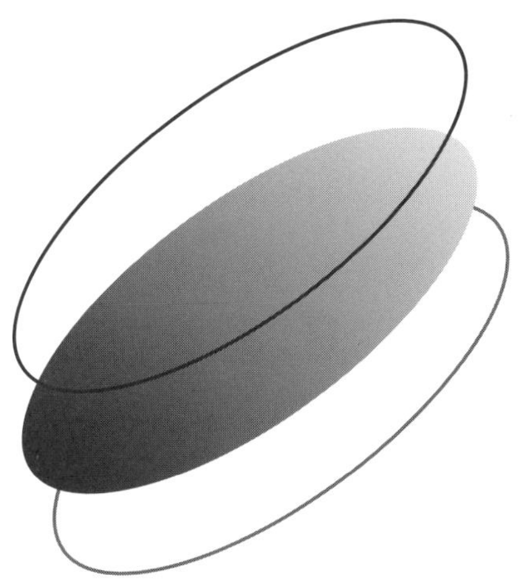

信山社
2373-01011

力点憲法──勉強を始めるための見取り図

はじめに

この本は，専門科目として憲法の勉強を始めようとする人が，分厚い教科書に取りくむ前にザッと読み通して，勉強すべきことの全体像を掴めるようにしたものです。

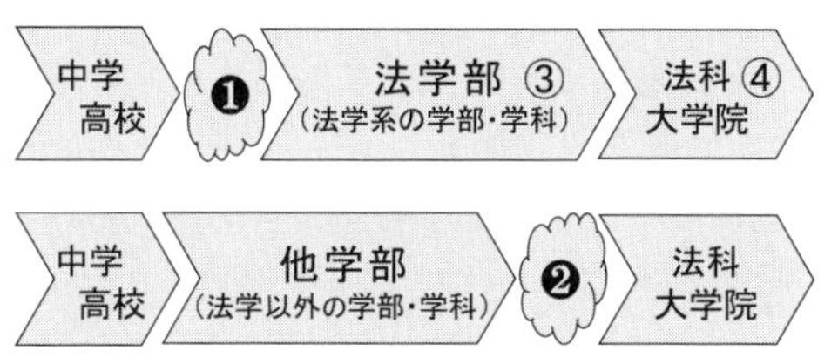

第1の想定読者は，勉強を始める前のモヤモヤ状況にある❶および❷の人たちです。全容が分からないまま憲法の森に突入すると，いま何を学んでいるのか分からなくなり，遭難するおそれがあります。

すでに授業を受けている，あるいは，ひととおり学んだけれども，どうも頭の中がスッキリしないという③の人たちも，ぜひ手に取ってみてください。勉強したのにスッキリしないのは，知識は頭に入れたはずなのに，どの引き出しに収納したかが整理できておらず，肝心なときに使いたいものが見つからないという，散らかった部屋のようになっているからかもしれません。

❶❷③の人たちに共通して必要なのは，勉強の全体像を把握する「見取り図」です。専門科目としての憲法の内容全体を精密に掌握することが到達目標だとしても，最初から膨大な情報の海にボートで漕ぎ出したのでは，判例・学説の波の前に力尽きるかもしれません。

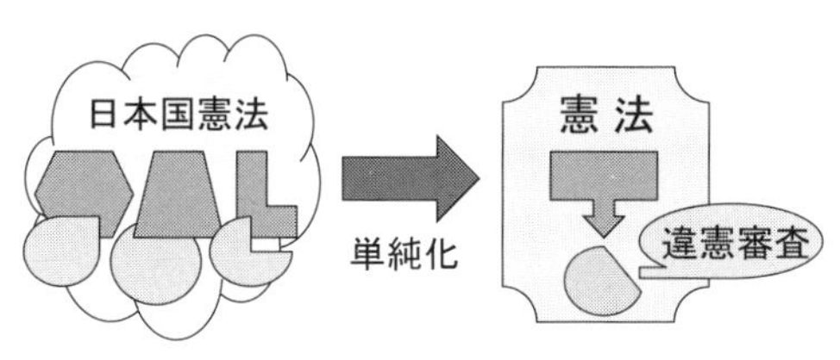

そこで，大量で複雑な勉強内容をできるだけ単純化して，全体の「見取り図」を描いてみました。詳細さ・精密さや網羅性は犠牲にしても，全体の大づかみな見取り図を提供して，憲法の勉強の「はじめの一歩」を応援することが本書の目的です。そのために，「図解」でイメージを掴んでもらう工夫をしました。もちろん，図解によって得られる理解の分量と正確性には限界があります。ただ，詳細でも厳

密でもないけれども，論点を手早く把握するのには役立つはずです。

この本は，憲法全体を満遍なく説明するものではありません。憲法の概要を薄い 1 冊に収めるために全体を一律に圧縮・簡素化する，という方法は採りませんでした。大学や法科大学院で憲法の勉強をスタートする学生を支援するために，力を入れるべき点を選んで 30 の章にまとめました。最後に，今後，憲法解釈に携わる上で避けられないであろう問題に 1 章を割きました。

見取り図を描くためには，どこに着目して「単純化」するかが重要だといわれます。本書は，違憲審査（法律などが憲法に違反していないかについての裁判所の審査）が憲法を学ぶうえでのカギとなることを意識しています。その意味では，法学部で勉強してロースクールに進んだ④の人たちが，判例を中心に突っ込んだ勉強を開始する前に，頭の中をザッと点検・整備するのにも役立つかもしれません。

そのように「力点」の置き方が一般的な教科書とは異なる本書は，教科書らしい教科書（?）に飽きたらない人にも，関心を持ってもらえるかもしれません。また，分量が少なくて図解が多いので，法学部以外の学生にも，また，「憲法について理解を深めたいけれども，法学部の教科書を読みたいわけではない」という方々にも，お試しいただければ幸いです。

本書は，最初から順に通読して意味が分かるように心がけて書きました。後のページで出てくる制度や概念を知らないと説明が理解できない，ということのないように気をつけました。そのため，一般的な学問体系を大きく変えない範囲で，標準的な教科書とは説明の手順を少し変えているところもあります。もちろん，小説ではないので，目次や索引をみて，関心のあるところから読んでくださっても構いません。

巻頭から通読することを前提に，本書の前半は，できるだけ基本的な事柄を大づかみに，かつ丁寧に説明するようにしました。そして，読み進めるに従って読者の頭脳が「憲法化」してくることを期待して，後半ではやや複雑な内容にも触れています。章によって，判例の取り上げ方にも差があることに気づくでしょう。これも，本書の役割分担を意識した「力点」の置き方です。

分厚い教科書・基本書では，細密な論点についての詳細な説明が文字だけでなされる一方で，各論点を繋ぐ全体像を知っている執筆者の思考のプロセスは，行間に埋もれていることがあります。読者の知識・理解がバラバラにならないように，本書では，パーツを繋ぐ説明も意識しました。順に読み進めてきた読者が，既読部分の知識・理解を有機的に再構成できるように，振り返りのための相互参照を工夫しました。第１～４部の扉ページの図解も，各部の「入口」で見つめるよりも，「出口」で振り返って眺めるのがよいかもしれません。

本書の構成において悩んだのは，〈しくみ〉と〈なかみ〉の説明の順序です。〈しくみ〉が分かっていないと〈なかみ〉の説明が的確に理解できず，しかし，〈なかみ〉が分かっていないと〈しくみ〉の説明は抽象的で理解しにくいでしょう。本書では，人権の〈なかみ〉を理解するうえで不可欠な違憲審査制の概要を，先に説明することにしました。これは，私の指導教官である中村睦男先生の流儀に倣ったものです。ただし，違憲審査制をめぐる詳細な説明は，学問上の体系性を犠牲にしても，初学者が読み進めて理解できる順に何度かに分けて説明するようにしました。

「どんなに大きくて精巧な宇宙ロケットも，お尻に火が付かないと飛び立たない」。ある憲法研究者の言葉です。本書は勉強のスタート支援が主目的ですが，補助ロケットのように「お役御免」になるのでは残念なので，発展的なコラムを設けました。❶❷の人は，《気になる？》は気にしないで読み飛ばしてください。勉強が進んだあとで，読み返してもらえばいいでしょう（それまでは本書を手放さないで！）。③の人は，躓きを解決する手がかりが見つかるかもしれないので，少し気にしてみてください。④の人は，《気になる？》の内容についても「気にならない！」といえそうか確認していただくとよいでしょう。

本書の内容については，いつもながら，中村門下の兄弟子の助言と指導を仰ぎました。『対話的違憲審査の理論』の著者である佐々木雅寿教授（北海道大学），『絵で見てわかる人権〈第３版〉』を刊行された岩本一郎教授（北星学園大学），『憲法 事例問題起案の基礎』を取りまとめられた木下和朗教授（岡山大学）です。ここに記して感謝申し上げます。

それでは，また巻末で。

〈目　次〉

《条　文》

法令は，いわば箇条書きの集合体です。条を書き並べたものが箇条書きであり，法令を構成する基本的な単位も「条」です。一般に，条の文章，または，条によって構成される箇条書きの文章を指して，「条文」といいます。

> 第 27 条　①すべて国民は，勤労の権利を有し，義務を負ふ。
> ②　賃金，就業時間，休息その他の勤労条件に関する基準は，法律でこれを定める。
> ③　児童は，これを酷使してはならない。

1 つの「条」の内容をさらに区分する必要がある場合には，改行して段落（パラグラフ）を分けます。各段落を「項」と呼びます。第 1 段落が第 1 項，第 2 段落が第 2 項です。市販の六法（世間では「六法全書」と呼ばれるようですが，法学部では「六法」ということが多いでしょう）においては，各段落に①，②，③……と番号が付してあります。

「条項」という言葉は，本来は，法令の規定のなかの「条」と「項」を指すものですが，法令の条文のなかで「条項」と書かれているときは，法令の規定を意味する場合があります。「規定」とは，法令中の個々の条項の定めをいうものです。

> 第 7 条　天皇は，内閣の助言と承認により，国民のために，左の国事に関する行為を行ふ。
> 一　憲法改正，法律，政令及び条約を公布すること。
> 二　国会を召集すること。
> 三　衆議院を解散すること。
> ［略］

「条」の内部に箇条書きを設ける場合には，漢数字で番号を付けて，第一号，第二号，第三号……と呼びます。

箇条書きの集合体である法令には，冒頭からの通し番号として条番号（条文番号）を付します。法令の原文では「第百二十三条」などと表記されていますが，縦書きの六法では「第一二三条」とし，横書きの文献では（多くの場合は「第」も略して）「123 条」と書くのが一般的です。

事後の法改正で新たな条を挿入することがあっても，そのたびに条番号を振り直したりはしません。たとえば，第45条と第46条の間に条を追加する場合には，「第45条の2」「第45条の3」とします（かつては，「ノ2」とカタカナで書いた）。これを「枝番号」といいます。第45条の2も，第45条や第46条と同格の一個の「条」であって，第45条の子分やオマケではありません。

法律を改正するには，「◯◯法の一部を改正する法律」を制定する方式が一般的です。このような「一部改正法」の内容は，「◯◯法第78条中「△△△」を「×××」に改める」というような修正指示を記した「改め文」で構成されています。報道などで「改正道交法が施行された」などといわれますが，実際には，「道路交通法の一部を改正する法律」の規定が元の道交法の規定に「溶け込む」ことによって改正が実現されているのです。こうした作業を官報などを確認しながら行って（条番号や項番号を分かりやすくするサービスなどもして）制作されるのが市販の六法です。

ところで，道路交通法は何度も改正されていますので，「道路交通法の一部を改正する法律」も多数制定されています。つまり，題名では法律を識別できないことになります。そこで，日本の法令には「法令番号」が付されています。法律であれば，毎年1月から制定された順に法律第1号，法律第2号，法律第3号……と番号が付されるのです。これに暦年（年度ではない）を組み合わせて「昭和45年法律第23号」などとすれば，法律を特定できます。六法や文献などでは「昭45法23」といったように略記されることもあります。

2017年から，政府は，現行法令の条文を「e-Gov法令検索」（https://elaws.e-gov.go.jp/）で提供するサービスを行っています。ただし，「法令データが官報で掲載された内容と異なる場合には，官報が優先」するとされています。

《判　例》

判例とは，裁判所の判断の参考となる「裁判上の先例」です。どのくらい参考となることを求めるかによって，「判例」という語の意味には，いくつかの用法があります。

⑴地方裁判所（地裁）や高等裁判所（高裁）のような下級裁判所（下級審）によるものも含めて，参考となるような個々の裁判を「判例」ということがあります。日本の裁判制度においては，必ず最高裁判所（最高裁）の判例の通りに判断しなければならないわけではありません。しかし，下級審が最高裁の判例と異なる判断をしても，最終的には最高裁によって覆される可能性が大です。つまり，「判例」として大きな影響力を有するのは，最高裁の判断です。そこで，下級審の先例については「裁判例」と呼ぶことがあります。

⑵裁判上の先例として参考になるのは，判断の決め手となった部分でしょう。そこで，裁判における結論の根拠となる理由づけ（判決理由）を「判例」ということがあります。それに対して，判決文の中で結論に直結しない部分は「傍論」と呼ばれます。

⑶参考になる（複数の）判断から看取ないし推測される，ある論点についての裁判所（とりわけ最高裁）の基本的な考え方を「判例」ということもあります。「判例は狭義説を採用している」などというときは，この用法でしょう。この意味では，「判例理論」という語が用いられることもあります。

裁判上の先例として参考となるものは，裁判所が編集・刊行する公式判例集や，民間の出版社による判例集（判例雑誌）に載ります。公式判例集については，伝統的に，判例が「登載」されるといいます。もちろん，裁判所で下されるすべての判決が，判例集に収められるわけではありません。逆に，同じ判決が複数の判例集に載ることもしばしばあります。

判例に言及する場合には，裁判所名・裁判年月日・判例集の掲載箇所を組み合わせて表示します。同じ裁判所が同じ日に複数の判決を下すことが（最高裁であっても）ありますから，判例集の巻・号・最初の頁を付記して特定するのです。判例の出典表示には，いくつかの方式があります。本書では，比較的簡便なスタイルを採っています。

ⓐ 最大判昭 53・10・4 民集 32 巻 7 号 1223 頁
ⓑ 最判平 24・12・7 刑集 66 巻 12 号 1337 頁
ⓒ 最大決令 3・6・23 判時 2501 号 3 頁

上記のⓐは，昭和 53 年 10 月 4 日の最高裁大法廷判決で，「最高裁判所民事判例集」の 32 巻 7 号 1223 頁以下に登載されていることを意味しています。ⓑは，平成 24 年の最高裁の小法廷判決で（第 1 ～第 3 の小法廷の区別を表示する方式もある），「最高裁判所刑事判例集」に登載です。ⓒは，令和 3 年の最高裁大法廷決定です。裁判所の判断は，口頭弁論を経ることの要否によって「判決」と「決定」に分かれます（本書を読むうえでは，両者をまとめて「判例」と受けとめて構わない）。ⓒは，「判例時報」（判時）という判例雑誌に掲載されています。判例雑誌は種々ありますが，判時と並んで著名なのが「判例タイムズ」（判タ）です。

民集・刑集に登載されるのは，最高裁の判例委員会が判例として価値があると判断したものであり，最高裁の判決・決定のごく一部に過ぎません。民集・刑集に登載された判例には，最高裁判所調査官による「最高裁判所判例解説」（いわゆる調査官解説）が公刊されます。また，判時・判タなどでは，掲載の各判例について解説する判例コメントが付されています。

なお，須賀博志教授による「憲法学習用基本判決集」（http://www.cc.kyoto-su.ac.jp/~suga/）は，判例を参照するのに大変便利です。

＊昭和 63 年末まで，条文や判決文では，拗音・促音（や・ゆ・よ・つ）を大きく書いていました。本書では，読みやすさを優先して，それらを小書きするとともに，旧漢字・旧仮名遣いも改めました。

＊六法などでは条文の項番号を丸つき数字①②③で表示するのが一般的ですが，本書の図解では，本文中の叙述との重複を避けるため，ローマ数字（時計数字）ⅠⅡⅢで表示しています。

第１部　憲法で人権を保障する意味

憲法とは，平たくいえば「国のかたち」だとされることがあります。そこでいわれる「かたち」とは，構造とか構成（の本質）といった意味合いのようです。それは，おもに統治の「しくみ」を念頭に置いたものでしょう。その意味で，憲法は「国家の統治制度の基本法」だと説明されます。

他方で，憲法といえば「人権」というイメージがあるでしょう。この本も，多くの頁を人権保障の説明に割いています。「国家の統治制度の基本法」と「人権」は，どういう関係にあるのでしょう。

いったい「憲法」とは，どういう意味の言葉なのか。憲法と法律は，どう違うのか（そもそも「法律」とはなにか）。憲法が保障しようとする「人権」とは，どのようなものか。まずはそのあたりから説明を始めましょう。

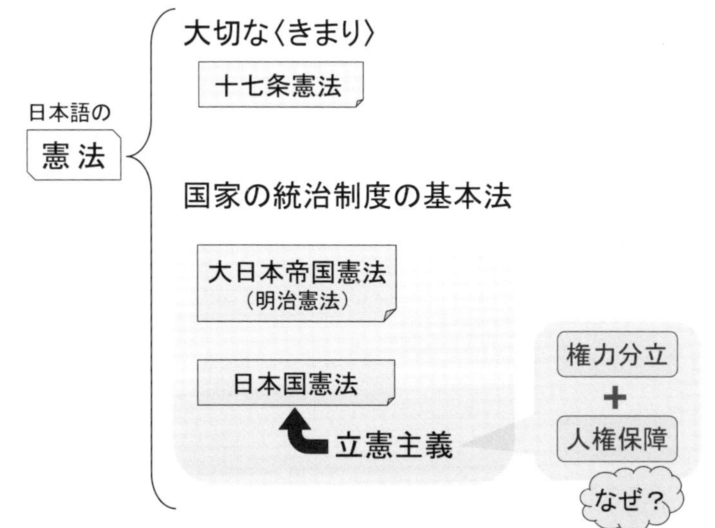

第１章　憲法とは何か

1　憲法と法律の違い

まず，憲法と法律を区別する必要があります。

「法律」の語には，大別して３つくらいの用法があるようです。

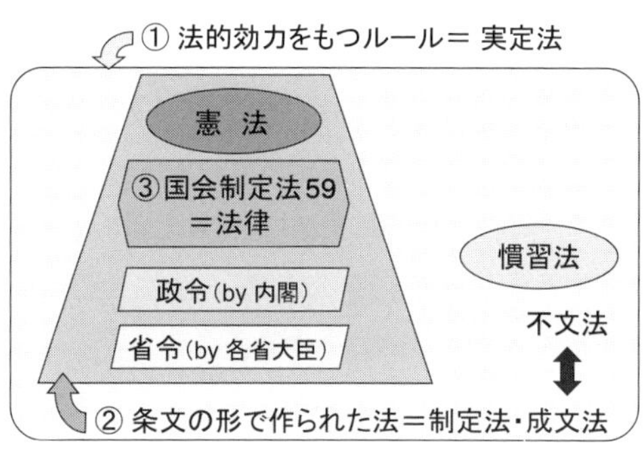

①社会規範（人間が社会生活を行ううえで従っている「きまり」）のうち，法的効力を有するものを「法律」と呼ぶことがあります。それは，実定法（実際に人間が定めた法）とも呼ばれます。「法律家」とか「法律学」という場合は，この意味でしょう。

②条文の形で定められたものを指して「法律」という場合があります。「定められた」＝権限を有する機関が制定したので，「制定法」といえます。「条文の形」＝文章になっているから，「成文法」とも呼ばれます。成文法に対するのが「不文法」，不文法の代表的なものが「慣習法」です。慣習法は，実際に社会生活のなかで人間によって形成されたので，実定法＝①には含まれます。

③国会が憲法 59 条に従って制定した条文（国会制定法）に限定するのが，「法律」の語の厳密な用い方です。憲法の教科書でも，「法律」と記述するとき，通常は③の意味の法律（法律③）を念頭に置いています。それに対して，①や②は単に「法」と呼ばれることがあります。

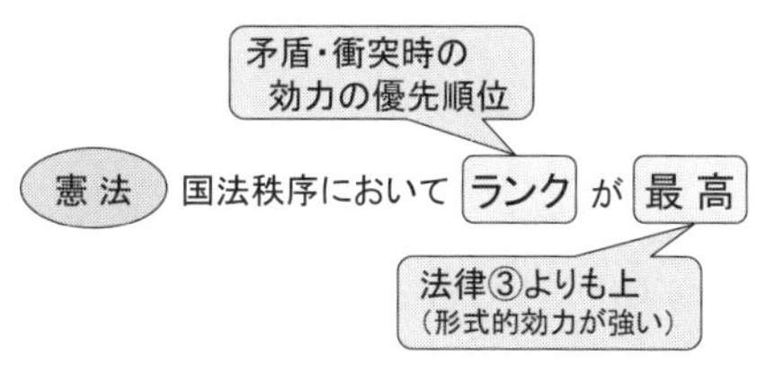

憲法，法律③，内閣が制定する「政令」，各省大臣の責任で定められる「省令」などの各種の法形式は，上下関係のある秩序を形成しています。国法秩序の段階構造（ヒエラルキー）において，憲法はランクが最高です。憲法と法律③の内容が食い違った場合には，憲法が優先します。これを〈法律③よりも憲法のほうが「形式的効力」が強い〉といいます。選挙で選

ばれた国民の代表である国会が多数決で制定した法律③よりも強いものは，他には考えにくいでしょう。そこで，法律③より強い憲法は，最高ランク（最高法規）とされるのです。

2 「憲法」という言葉の意味

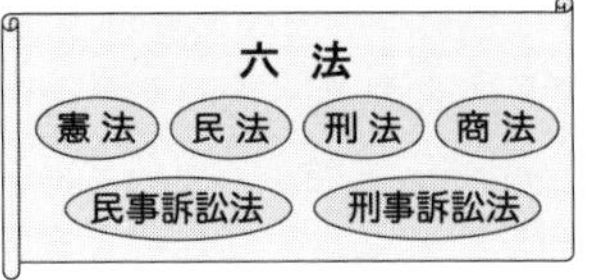

6つの基本法典を収めていることが「六法」という名の由来といわれます。「憲法」以外は，漢字の意味から，その内容が推測できそうです。刑法は，犯罪と刑罰について定めた法律で，市民の生活（契約とか慰謝料とか結婚・離婚とか相続とか）に関わるから民法なのでしょう。しかし，憲法は，字面をみても，よく分かりません。

ところで，憲雄くん，法子さん，その他に規子・則子・範子さん，『論語』の「心の欲する所に従えども矩を踰えず」の矩，これらの漢字は「のり」と訓みます。「のり」には，「おきて」とか「きまり」といった意味があります。

「きまり」を意味する文字を2つ重ねた場合，「森林」「河川」「港湾」「田畑」のように，さまざまな「きまり」を集めたものとか，「きまり」の総称とも考えられます（江戸時代に作られた『憲法類集』という法令集は，この意味かもしれません）。これに対して，「きまり」を2つ重ねたことで，「きまりの中のきまり」つまり「大切なきまり」というイメージにもなるでしょう。

「憲法」という日本語には，「物事の大原則となる約束事」とか「必ず守るべき最高の大原則」といった意味があるようです。これが，憲法という言葉の1つのイメージなのかもしれません。聖徳太子（あるいは厩戸王）が定めたとされる「十七条憲法」も，この意味で憲法なのでしょう。「わが家の憲法」とか「わが社の憲法」も，そうでしょう。

しかし，日本国憲法は，「大切なきまり」だから最高法規なのではありません。ここでの「憲法」は，英語の constitution（フランス語の constitution，ドイツ語では Verfassung）の訳語として用いられています。

constitution
(1) 構造、構成、組織
(2) 体質、体格
(3) 憲法

それぞれの英和辞典によって多少の違いはあるでしょうけれども，日本語としては随分と意味の違う訳語が並んでいます。ただ，constitution の語の使われ方に対応する日本語を探すとバラバラになるけれども，constitution はあくまで constitution であって，核心となる意味があるはずです。図の(1)～(3)に共通する中核の意味は，「しくみ」ということかもしれません。機械のしくみが「構造」，会社や役所のしくみが「組織」，生まれつきの身体のしくみが「体質」，国家を治めるしくみが「憲法」でしょう。つまり，「国家のしくみ」という意味での constitution の用法に対応した訳語として，「憲法」という言葉が用いられているのです。

constitution には，「国憲」や「国制」，「政体」，「政規」など，いろいろな訳語が考えられましたが，最終的に「憲法」という訳が定着したのです。

3　憲法の形式的意味と実質的意味

「憲法って何？」と訊かれたら，どう答えますか。

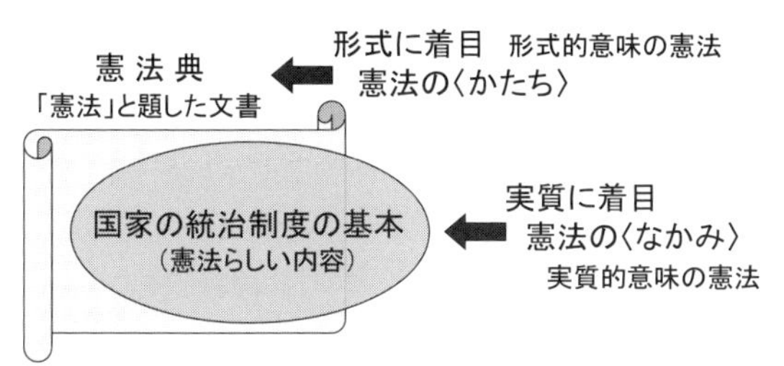

Ⓐ六法の最初のほうの頁を開いて「これだ」と示す。「憲法」と題した文書（憲法の法典＝憲法典）という〈かたち〉に着目して答える方法です。憲法が存在する形式を問題としているわけで，これを形式的意味の憲法といいます。

Ⓑ憲法とは「国家の統治制度の基本を定めたもの」と説明する。特定の内容，いわば「憲法らしい内容」を定めた法規範という，憲法の〈なかみ〉に着目して答える方法です。中身＝実質を問題としているわけで，これを実質的意味の憲法といいます。

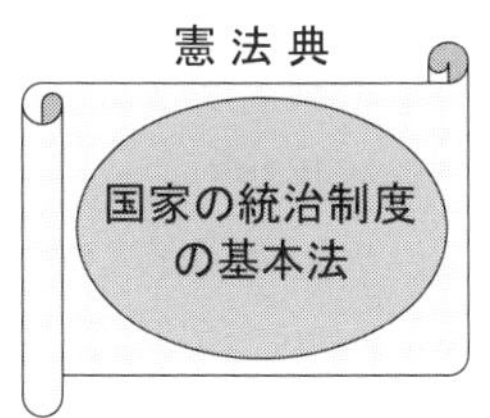

国家の統治制度の基本を定めた法（実質的意味の憲法）が憲法典（形式的意味の憲法）に盛り込まれている，つまり，憲法の〈なかみ〉と〈かたち〉が一致しているのが理想的かもしれません。しかし，各国の歴史的経緯や考え方の違いによって，上の図のように両者にズレが生じます。

イギリスは「憲法の母国」といわれますが，「イギリスには憲法がない」ともいわれます。イギリスには憲法典がありません。しかし，イギリスも国家として成り立っている以上，「国家の統治制度の基本法」はあるはずです。それらは，たとえば，古くからの法文書や，長い歴史の中で蓄積されてきた判例，あるいは法律などのなかに分散して存在していて，憲法典という〈かたち〉にはまとめられていないのです。

日本国の場合は，国家の統治制度の基本法が「日本国憲法」と題する憲法典に十分に盛り込まれていないことが指摘されます。

どこの国でも，国家を設立・運営するために必要な基本的な〈きまり〉の分量はほぼ一定だとすると，各国の憲法典の分量もほぼ同じになりそうです。しかし，実際には大きな差があります。世界の192か国の憲法典を英訳して，英語の単語数で比較した研究によれば，モナコ（1962年）3,814語，アイスランド（1944年）4,089語，ラオス（1991年）4,820語，ラトビア（1991年）4,917語に次いで，日本国憲法は世界で5番目に分量の少ない憲法典とされています。日本国の場合，実質的意味の憲法の少なくない部分が，国会の制定する法律の形で存在していると考えられるのです。

4　日本の憲法はすでに改正されている？

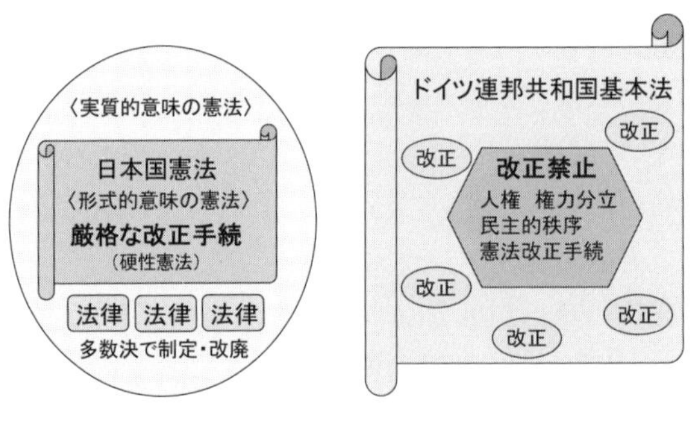

「日本国憲法は制定されてから70年以上も改正されないままなので，古くなって，時代に合わなくなっているのではないか」といわれることがあります。ドイツの憲法であるドイツ連邦共和国基本法（事情があって，あえて題名に「憲法」と謳っていない）は，日本国憲法とほぼ同じ頃に制定されたものですが，すでに60回以上の改正が行われています。しかし，条文の数や詳細さが，日本国憲法とは格段に異なります。多くの事柄を詳しく定めている分，憲法改正が必要になることも多いと考えられるのです。

日本国では，憲法典（形式的意味の憲法）は改正されていませんが，実質的意味の憲法は何度も大幅に変更されているともいえます。たとえば，裁判員制度の導入は，司法制度（統治制度の基本部分）の大幅な変更ですが，国会で法律を制定することで実現されています。国会議員の定数の変更，中央省庁の再編や地方分権も，法律を制定・改正することで進められてきました。

改正の難しい憲法を「硬性憲法」と呼びます。日本国では，実質的意味の憲法の中核部分はかなりハードですが，周辺部分はソフトになっていて，時代の変化に柔軟に対応できるようになっているともいえそうです。国家の統治制度の最重要部分だけをハードな憲法典に書き込んだのが日本国憲法なのです。実は，ドイツ連邦共和国基本法でも，一般の条文は改正のハードルが低いのに対して，核心部分は改正禁止とされています。

5　憲法の固有の意味と立憲的意味

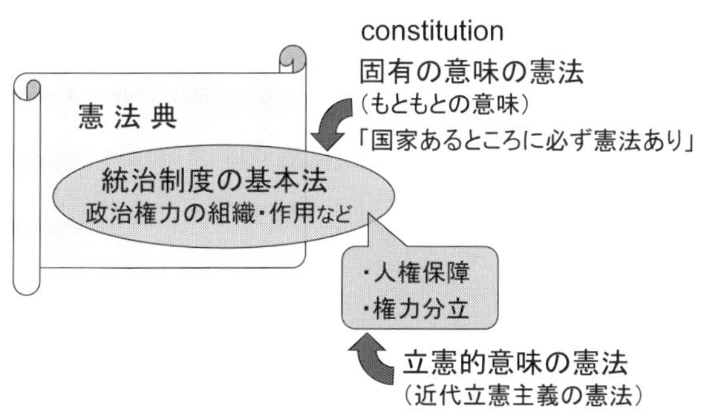

憲法の語は，constitution の訳語として用いられていると説明しました。constitution ＝憲法のもともとの意味は，「国家の基本的な統治制度の構造と作用」とか，「政治権力の組織と作用を定めたもの」ということです。「国家あるところに必ず憲法あり」といわれます。国家がある以上は，国家の統治制度の基本についての〈きまり〉が存在しているはずです。これが憲法の「固有の意味」です。「固」の字には，「もともと」とか「元から」という意味があります。「固有の意味の憲法」とは，憲法の語がもともと持っている意味として，国家の統治制度の基本法を指しています。

それに対して，近代になると，憲法の内容として，人権の保障と権力の分立を定めることが必要だと考えられるようになりました。

> フランス人権宣言16条
> 　権利の保障が確かでなく，権力分立も定められていないような社会はすべて，憲法をもつものではない。

このような考え方に基づく憲法は，「立憲主義の憲法」とか「立憲的意味の憲法」と呼ばれます。

織田信長や豊臣秀吉は，個人の力量やカリスマで，土地や人々を支配していたのでしょう。本人が死ぬと，その政権は崩れて，他の有力者が支配することになりました。それに対して，徳川幕府は，250年以上続きました。15人の将軍のうちには頼りない人もいたのに，それでも長きにわたって支配を継続できたのは，統治制度の基本的な〈きまり〉が定まっていたからではないでしょうか。「徳川幕府憲法」といった法典はなかったにしても，統治の〈しくみ〉が定まっているならば，そこには「固有の意味の憲法」があるといえます。

しかし，「徳川幕府にも憲法があった」というと，多くの人は違和感を覚えるかもしれません。それは，「憲法」というときに，近代の立憲主義に基づく憲法を念頭に置いているからでしょう。

6　立憲主義

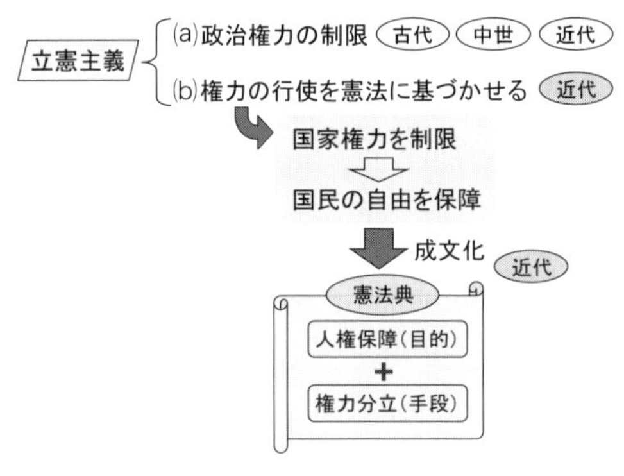

立憲主義という言葉も，いろいろな意味で用いられます。

図の(a)は立憲主義の最も広い意味です。このような立憲主義は，古代でも中世でも存在したといえそうです。それに対して，近代の立憲主義は，(b)憲法という〈きまり〉を立てて（作って），権力の行使を憲法に基づかせることによって，国家権力を制限し，国民の自由を保障しようとする考え方です。

近代になると，国家の統治の〈しくみ〉が定まっているだけでは憲法としては不十分であって，「人権の保障」と「権力の分立」が盛り込まれていなければ憲法とはいえないと考えられるようになったのです。しかも，人権保障と権力分立には，目的と手段という関係があるとされます。

近代の人々は，このような憲法の内容を文章の形にする＝成文化することを考えました。そのようにして作られた法典である憲法典は，議会が制定する法律よりも強い効力を有する特別の法形式だとされました。これが近代の立憲主義に基づく憲法の特徴である「憲法の最高法規性」です。

日本国憲法も立憲主義の考え方に基づく最高法規だとされます。

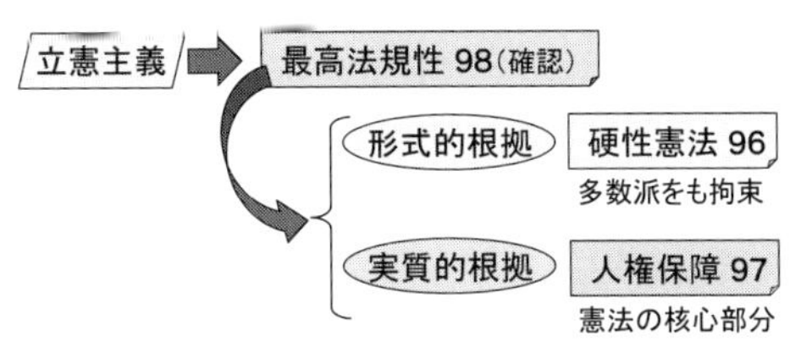

もちろん，憲法の条文に「この憲法は最高法規である」と定めれば最高法規になるわけではありません（「俺は正直者だ」と自称する人が本当に正直者だとは限らない）。憲法98条は，日本国憲法が最高法規だと「確認」しているだけであって，最高法規だといえる「根拠」は別のところにあります。

憲法96条は，日本国憲法の改正手続を定めています。国会の過半数（単純な多数決）で制定・改廃できる法律に比べて，厳格な手続が求められています。このような憲法を「硬性憲法」というのでした。改正しにくい法形式のほうが，守らせる力は大きいと考えられるのです。したがって，憲法は法律よりも形式的効力が強い，つまり最高法規だといえます。

しかし，これは，憲法の最高法規性の根拠を形式的に説明したにすぎません。なぜ硬性憲法としているのかが問われます。硬性憲法は，国会の過半数の賛成だけでは改正できません。つまり，国会の多数派も，自由に改正できないのです。憲法は権力を行使する側によって遵守されなければならないものであって，代表者の多数決だけで改正されるべきでないと考えられるのです。

日本国憲法の第10章「最高法規」の最初に〈基本的人権の永久不可侵性〉を規定した97条があるのは，人権保障が憲法の核心部分だということでしょう。人権侵害に直面するのは，多くの場合，少数派の人々だと考えられます。選挙で選ばれた国民の代表が国会で多数決をして法律を作るのですから，多数派の人権に深刻な打撃を与える法律が制定されることは考えにくいでしょう。少数派にこそ重要な人権保障が，その時々の多数派によって容易に変更されることのないように，憲法を最高法規としているのだと考えられます。

そうすると，なぜ人権保障が憲法の核心部分とされるのかが問題です。「国家の統治制度の基本法」である憲法に，統治のしくみが定めてあるだけでは足りず，なぜ人権の規定が必要とされるのでしょうか。次の第2章で扱います。

第２章　憲法と人権保障

1　国家と憲法

近代の立憲主義の考え方に基づく憲法において，国家の統治の〈しくみ〉が定まっているだけでは憲法としては不十分であって，人権の保障が盛り込まれていなければならないとされる理由を考えてみます。

憲法は「国家の統治制度の基本法」だと第１章で説明しました。

国家とは何でしょうか。たとえば，「南の島で，新しい国家が誕生した」というニュースに接したら，❶一定の地域（南の島）に，❷定住している人々がいて，❸政府がある（リーダーが大統領か総理大臣かは分からないが）という光景を思い浮かべるでしょう。つまり，国家は，領土（領域）・国民・政府という３つの要素で成り立つと考えられるのです（国家三要素説）。

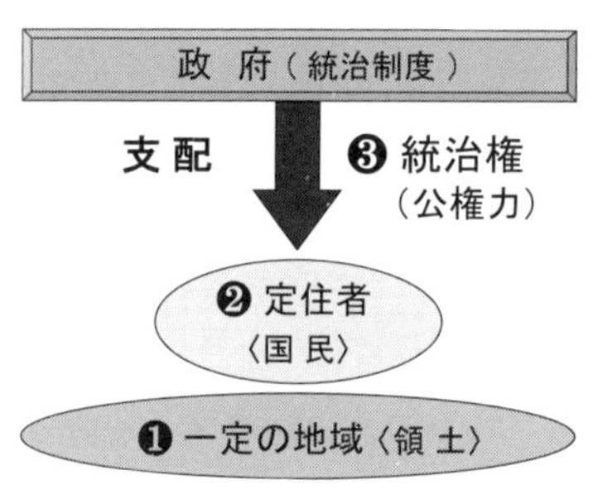

ところが，憲法学においては，「国家」という言葉は，しばしば「政府」と同じ意味で用いられます。ここでいう「政府」とは，立法権・行政権・司法権や地方自治体まで含めて，統治を具体的に担当する組織のことです。「政府」は，「公権力」を有しています。「公権力」とは，土地と人を支配（統治）して，人々に命令・強制する力のことです。

日本国政府がなくても，日本列島は存在するし，そこに住む人々はいます。それに対して，土地と人を統治する「政府」があるときに，「国家」が成立していることになります。憲法が「国家の統治制度の基本法」だとすると，憲法学の関心は，３要素のうちの❸統治制度のあり方，つまり，政府のしくみに向けられることになります。

2　生まれながらの人権

さて，「国家の統治制度の基本法」である憲法に人権保障を盛り込む意味について考えるために，「もしも国家が無かったら？」と想定してみましょう。ここでの「国家」とは，政府＝統治制度のことです。国家すなわち政府がなくても，一人ひとりの人間，すなわち個人は存在します。

国家や憲法が無くても，人間には，誰でも，「人がただ人間であるということのみに基づいて当然に有する権利」があると考えられます。これを〈人間の権利〉と呼ぶことができます。〈人間の権利〉は，個人の周りを繭や殻のように包み，守っているイメージです。

〈人間の権利〉を略して「人権」ということもできるでしょう。人間として生まれたというだけで当然に認められること（固有性）から，「生まれながらの人権」といえます。それは，人間である限り奪われず，不当に侵害・制約されないこと（不可侵性），人種，性別，身分などによって区別されず，すべての人間に等しく認められること（普遍性）といった特徴を有します。そのような権利を保持する存在であることが，「人間の尊厳」の意味でしょう。

〈人間の権利〉は，条文に定めることで認められる（条文に書いてあるから存在する）というわけではありません。そういうものがあるはずだ，あるいは，そうあるべきだと考えられているのです。〈人間の権利〉が存在すると頭の中で考えているという意味で，「理念的権利」です（これ以降は，個人について，人間の形を描くのは省略する）。

3　社会契約論

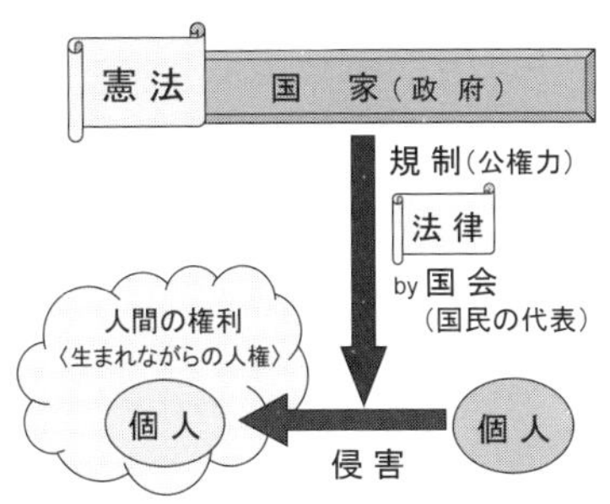

社会生活において他の人から〈人間の権利〉を侵害されても，「もしも国家が無かったら？」という想定なので，警察も裁判所もありませんから，自分で対処する（自力救済）しかありません。弱肉強食の世界（弱い者は泣き寝入り）です。それはイヤなので，人々は，〈人間の権利〉を他者による侵害から守るために，国家を設営する合意をするのでしょう。社会契約論とは，大雑把にいえば，そ

のような考え方です。このとき，政府を組織する〈きまり〉が「国家の統治制度の基本法」としての憲法です。

そして，憲法の定めに従って，選挙で選ばれた国民の代表である議会が法律を定め，その法律に基づいて，政府が公権力を行使して，〈人間の権利〉を侵害する行為を規制することになるのです（もちろん，議会の制定した法律に基づいて公権力が行使されるようになるまでには，歴史上は，しばらく時間がかかった）。

4　公権力による人権侵害への防御

しかし，政府も，神様ではなく人間が運営するものですから，間違いを犯します。やり過ぎたり，見落としがあったり，デタラメなことをするかもしれません。そうした誤った公権力行使によって，〈人間の権利〉が侵害されるかもしれません。

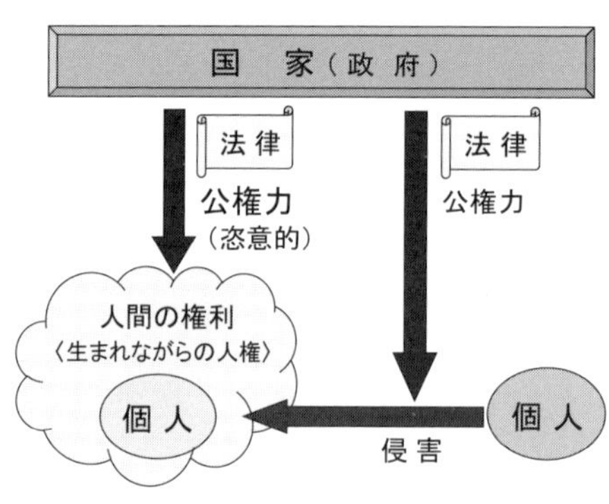

ところが，恣意的な（デタラメな，勝手気ままな）公権力の行使に対して「やめてくれ！」といっても，政府は，「国民の代表が定めた法律に基づいて行っているのだ」というでしょう。でも，「政府が法律に従ってやっていることなら，逆らえない」と泣き寝入りするのでは，国家（政府）を作った意味が疑われることになります。

そこで，〈人間の権利〉を守るために作った国家が，逆に個人の〈人間の権利〉を侵害するような場合に，「やめてくれ！」といえるようにするのが，憲法の人権保障なのです。

つまり，〈人間の権利〉を最高法規である憲法に書き込むことにしたのです。これによって，自分の〈人間の権利〉に対して政府の恣意的な公権力行使がなされたときに，「やめてくれ！」と主張することができます。政府が「法律に基づいて行っている」といっても，憲法に違反する法律は効力がない（政府が公権力を行使する根拠にはできない）ことになります。

〈人間の権利〉は，憲法の条文に書き込まれて「憲法上の人権」となります。頭で考えているだけの理念的権利ではなく，「法的権利」となるのです。日本国憲法は，このような「憲法上の人権」を「基本的人権」と名づけています（11条・97条）。

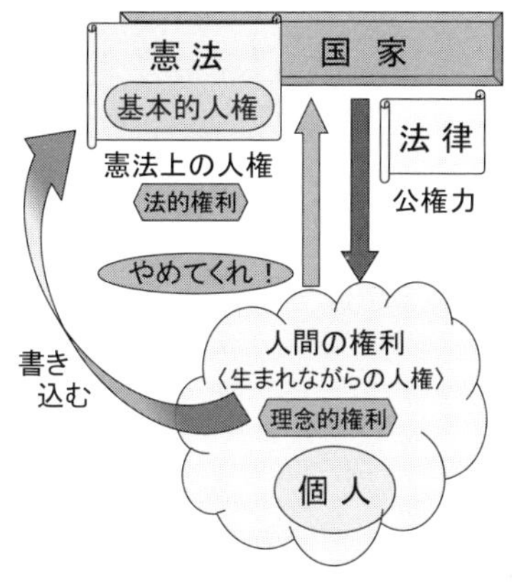

政府による公権力の行使によって〈人間の権利〉が侵害されることを防ぐために，「国家の統治制度の基本法」である憲法に〈人間の権利〉の内容を書き込んだのです。憲法11条は，2で触れた固有性・不可侵性・普遍性という「人権の観念」を受けとめたものとされます。つまり，日本国憲法は，個人の「生まれながらの人権」を国家（政府）との関係において保障するために，基本的人権の規定を置いたと考えられるのです。

昔の王様が領地と領民を支配していたのは，「曽祖父が凄い人だったから」「神のお告げがあったから」「神の末裔だから」といった理由かもしれません。しかし，近代になると，政府があるのは〈人間の権利〉を守るためだと考えるようになりました。そのような政府の設営を定める憲法＝「国家の統治制度の基本法」に，政府自身が〈人間の権利〉を侵害するのを防ぐしくみ＝人権保障を組み込むことが必要だと考えられるようになったのです。

ところで，日本では，市民に意識調査をすると，人権侵害に該当するものとして，職場の同僚や学校の級友による差別やイジメ，近隣の住民からの嫌がらせや迷惑行為を挙げる人が多いとされます。〈人間の権利〉を他者による侵害から守るために国家＝政府を設営するという考え方が憲法の基礎にあるなら，憲法は，他の市民による人権侵害から個人を守ってくれるのでしょうか。第3章で考えます。

第3章　憲法上の人権

1 「暮らしのなかの人権」のイメージ

内閣府「人権擁護に関する世論調査」（2022年8月）
人権侵害と思う事柄（全国の18歳以上の日本国籍を有する者3000人に調査）

あらぬ噂，他人からの悪口，かげ口（54.4％）
職場での嫌がらせ（30.1％）
名誉・信用のき損，侮辱（22.9％）
プライバシーの侵害（18.8％）
学校でのいじめ（18.1％）（複数回答，上位5項目）

一般の市民感覚では，同僚・級友・隣人などによる嫌がらせやイジメが「人権侵害」としてイメージされているようです。そうした「暮らしのなかの人権」問題においては，個人の人格に対する侵害や差別が「人権」侵害とされているのでしょう。個人が，他の誰かから身体的にも精神的にも傷つけられず，差別も受けないということは，「人がただ人間であるということのみに基づいて当然に有する権利」としての〈人間の権利〉だと考えられているのでしょう。

しかし，〈人間の権利〉は，「職場での嫌がらせ」や「学校でのいじめ」といった，市民相互の関係において生じる「暮らしのなかの人権」の場合と，国家（政府）による公権力の行使との関係で問題になる場合とで，扱いが異なってくるのです。

2 憲法と法律の役割分担

〈人間の権利〉は，侵害する者が誰であっても，誰に向けても（万人に対して）主張できるものです。それに対して，「憲法上の人権」は，国家に向けられたもの・国家に対して主張するもの（対国家の権利）です。憲法は「国家の統治制度の基本法」として政府を拘束します。政府が〈人間の権利〉を侵害した場合は「憲法違反」とされるでしょう。他方，「イジメは人権侵害だ」と考えている人も，学校で酷いイジメをしている生徒に対して「キミの行為は憲法違反だ」とはいわないでしょう。

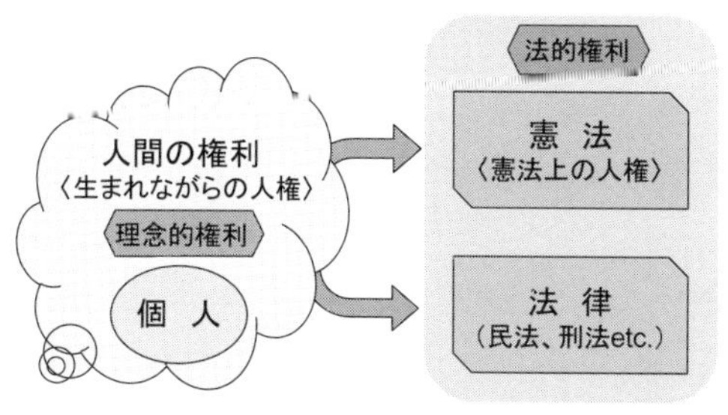

日本国憲法は，国家の運営を代表民主制によって行うことにしています。国家を設立した目的である，他者による侵害からの〈人間の権利〉の保護は，国民の代表が国会で法律を制定して実現することになります。つまり，理念的権利としての〈人間の権利〉は，憲法典に書き込まれるだけでなく，国会が作る法律にも流れ込んでいるのです。

「職場での嫌がらせ」や「学校でのいじめ」は，対国家の「憲法上の人権」が問題となる場面ではありません。ただ，それが〈人間の権利〉を侵害するものであれば，民法によって損害賠償を求めたり，刑法による処罰を期待することができるでしょう。

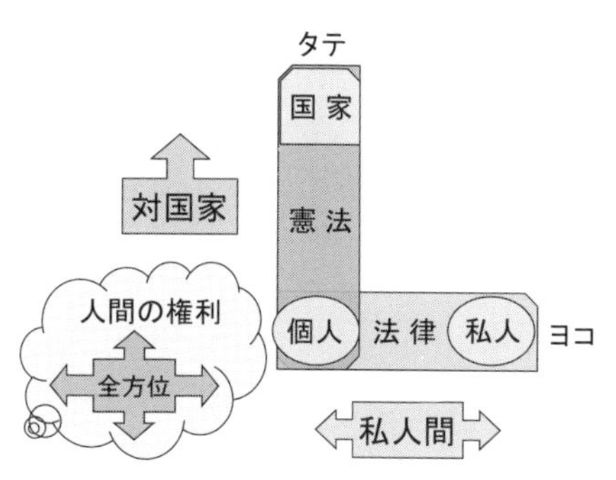

図式的には，「憲法上の人権」は，国家と個人の間のタテの関係において問題となります。それに対して，社会における人々の関係の規律は，国会で法律を制定して行うのが基本です。私人と私人との間（私人間）のヨコの関係は，国会が制定する法律が扱う問題なのです。

憲法の人権保障は国家による〈人間の権利〉の侵害に対するもの（対国家）だといっても，現在の日本国は，ワガママな王様が気まぐれな政治をしているわけではありません。法律を制定する国会議員は，選挙で選ばれた代表者，換言すれば，多くの国民から支持を得た人たちです。しかし，それゆえに，法律は多数派の利害を反映しやすいことになります。しかも，多くの人が賛同したことでも，誤りがないとはいえません。そこで，法律によっても踏みつぶされてはならない〈人間の権利〉を国民代表による多数決から守るために，「憲法上の人権」が必要となるのです。

3　生まれながらの人権と憲法上の人権

憲法による人権保障を考えるときには，〈人間の権利〉という考え方と，それを国家の統治制度の基本法に取り込んだ「憲法上の人権」との区別が重要です。これについて，著名な概説書（芦部信喜〔高橋和之補訂〕『憲法〈第8版〉』（岩波書店・2023年）84頁）の記述は，図のように読み解くことができるでしょう。

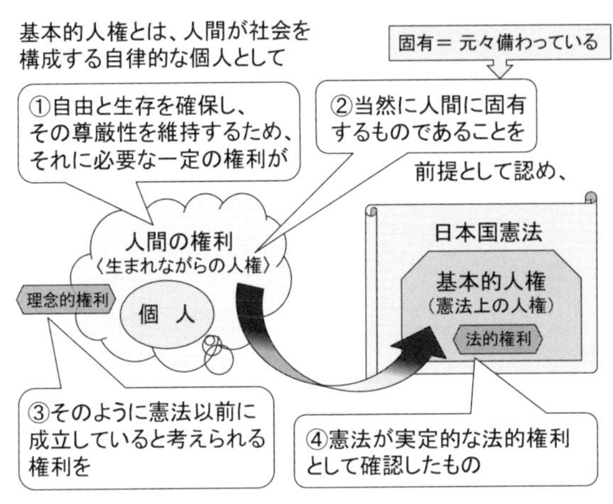

〈個人の自由と生存を確保し，尊厳性を維持するために必要な一定の権利〉が，日常生活の場面において侵害されたと感じられるのが，「職場での嫌がらせ」や「学校でのいじめ」でしょう。他方，「国家の統治制度の基本法」としての日本国憲法は，このような〈人間の権利〉を国家との関係において保障するために，基本的人権の条文を定めていると考えられるのです。

人間の権利（生まれながらの人権）	憲法上の人権
理念的権利 （固有性・不可侵性・普遍性）	法的権利 （実定的権利）
全方位（誰に対しても主張できる）	対国家（国家に対して主張できる）

＊「全方位」に主張できるというのは，繭や殻で包まれているようなイメージで，あらゆる方向からの侵害に対して守られているということです。ただ，侵害は，タテ方向（国家）とヨコ方向（他の私人）からだとすれば，「縦横両方向」というのが適切かもしれませんが。

憲法の人権保障の根拠は「個人の尊厳」，換言すれば，自律的な個人の「人格」ないし「人間性」の尊重という意味での「個人主義」にあるといわれます。かつては，「神によって与えられた」とか，自然法や自然権といった考え方に人権保障の根拠を求めていましたが，現在はそうではないとされるのです。

4　人権と基本的人権

ところで，日本国憲法の条文には「人権」という言葉は登場せず，「基本的人権」(11条・97条）という文言が用いられています。しかし，憲法の教科書でも論文でも，人権と基本的人権は同じ意味の言葉として用いられています。〈基本的人権という言葉は，人権のうち基本的なものという意味ではなく，人権が人間にとって基本的なものであることを明らかにしたもの〉なので，「人権」と「基本的人権」を区別して考えるべきではないと理解されているのです。したがって，基本的人権の他に「応用的な人権」や「発展的な人権」があるわけではありません。

☆　近年の教科書では，憲法上の法的権利と，その背後にある「生まれながらの人権」という思想の区別を強調するために，両方に「人権」の語を使うことを避けて，「憲法上の権利」とか「憲法が保障する権利」という表現を用いることもあります。しかし，従来，憲法が規定する基本的人権あるいは憲法上の権利を「人権」と呼ぶのが一般的で，「人権保障」「人権規定」「人権制限」などの用語が定着していることもあり，本書では「憲法上の人権」と書きました。以下では，単に「人権」と書くこともあります。もちろん，そこでいう「人権」は，憲法上の法的権利としての「憲法上の人権」です。

ここまでは，〈人間の権利〉を守るはずの国家が逆に〈人間の権利〉を侵害するような場合に「やめてくれ！」といえるようにするのが憲法の人権保障だ，ということに焦点を合わせて述べてきました。しかし，日本国憲法が規定する「憲法上の人権」は，〈やめてくれ〉型だけではありません。そこで，第2部では，日本国憲法の人権のカタログを簡単に確認したうえで，憲法上の人権の保障のしくみを概観します。

第２部　人権保障の〈しくみ〉

人権保障の〈しくみ〉を説明するために，まず，〈やめてくれ〉型の他に，日本国憲法がカタログに揃えた人権の性格を確認しましょう。

国会が法律を制定して人々の行為などを規制することは許されるとしても，法律による制限が限度を越えれば，憲法で保障されている人権の侵害になります。日本国憲法は，人権を制約する手がかりとして「公共の福祉」について規定しています。人権の制限が「公共の福祉」の範囲内かを裁判所がチェックするのが違憲審査制です。そこで，裁判所による違憲審査の基準を明らかにすることが重要です。法律の〈どこをチェックするか〉だけでなく，〈どれくらい厳しくチェックするか〉が論点になります。

「人がただ人間であることのみに基づいて当然に有する権利」である〈人間の権利〉は，人間として生まれただけで誰にでも・どんなときも認められる「生まれながらの人権」です。日本国憲法が保障するのは，理念的権利としての〈人間の権利〉が憲法に書き込まれて法的権利となった「憲法上の人権」です。それは，誰に保障されるのか，どのような場面で保障されるのか，特別な制限がありうるのかといったことも問題になります。

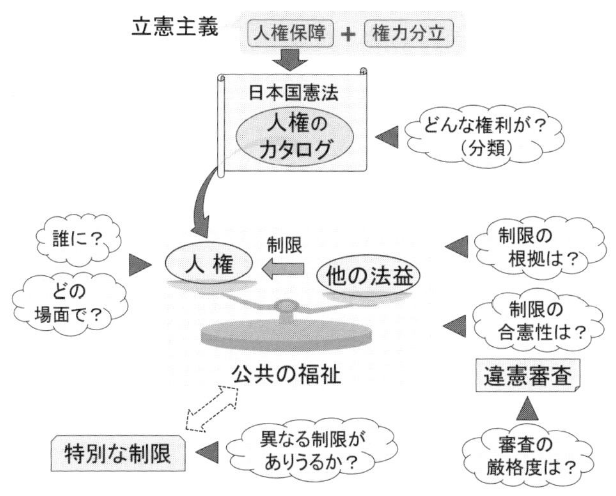

第4章　人権規定の分類

1　〈なんとかしてくれ〉型の人権

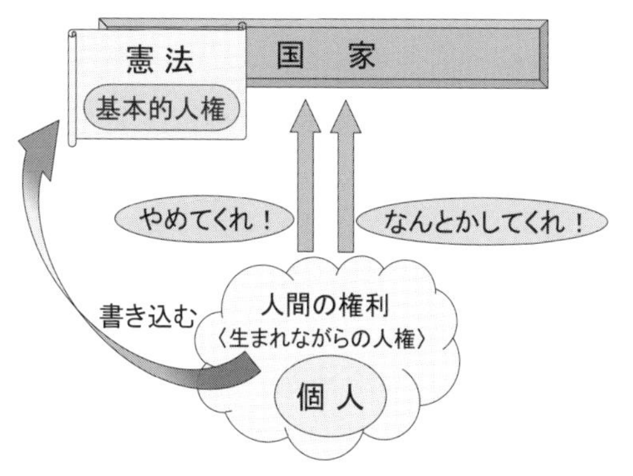

国民の代表が制定した法律であっても，「みんなで決めたのだから」という理由で踏みつぶされてはならない〈人間の権利〉があるはずです。立憲主義の憲法において人権を保障するのは，民主主義の下でも個人の〈人間の権利〉を守る必要があるからです。法律に基づく公権力の行使に対して「やめてくれ！」といえるようにするために，憲法に人権の規定を置くのです。

しかし，日本国憲法が保障する基本的人権は，〈やめてくれ〉型だけではありません。

たとえば，憲法25条は，生存権を保障しています（条文には「生存」の語はないが，25条の権利は「生存権」と呼ばれる）。自分の力では「健康で文化的な最低限度の生活」を営むことができない人は，国家（政府）に対して「なんとかしてくれ！」と求める権利があるのです。

> 日本国憲法25条
> ①すべて国民は，健康で文化的な最低限度の生活を営む権利を有する。
> ②国は，すべての生活部面について，社会福祉，社会保障及び公衆衛生の向上及び増進に努めなければならない。

しかし，「なんとかしてくれ！」といわれても，憲法25条の条文だけでは，実際に，どのような場合に・どのような人に・どのようなことを・どれくらい行うのかなどが明確ではありません。そこで，国会が法律で社会保障制度などの具体的な内容を定めます。

〈やめてくれ〉型の人権は，国会で制定される法律に対抗するために，法律よりもランクが上の憲法に書き込んでおくことが必要でした。これに対して，〈なんとかしてくれ〉型の人権は，国会が法律で適切な制度を作ることで実現されるものです。かりに憲法 25 条が無くても，人々は，「働けない人は飢え死にしても構わない」，「お金のない人は病院に行けなくても仕方がない」などとは考えずに，話し合って，助け合うしくみを作るのではないでしょうか。そうだとすれば，〈なんとかしてくれ〉型の人権を憲法に書き込む必要はなさそうです（諸外国の憲法で，生存権のような規定がないものも珍しくはない）。

しかし，日本国憲法は，「健康で文化的な最低限度の生活を営む権利」はとても重要だと考えて，「憲法上の人権」として条文に書き込んだのです。国会の判断にすべて任せるのではなく，憲法を制定する段階で，生存権について一定の判断を行ったわけです。つまり，国会で話し合って制度を作ればよいという「政策」の問題ではなく，単純な多数決では変更できない憲法レベルの「権利」として，生存権の保障が政府に義務づけられているのです。

《気になる？》

生存権については，〈国家によって制度が設営されてはじめて実現される権利であって，国家が無くても存在する「生まれながらの人権」ではない〉といわれることがあります。たしかに，そのような説明は可能かもしれません。しかし，そのような理屈立てをして生存権を低く扱うのは，適切ではないでしょう。

日本国憲法が〈人間の権利〉をめぐって思い描いた人間像がどのようなものかを考えるべきでしょう。怪我や病気などで十分に働けなくても困窮せずに生きていける，経済的に恵まれない環境にあっても学校で勉強できる，そういったことも〈人間の権利〉の内容として日本国憲法は想定したのではないでしょうか。同様に，共同生活の運営や基本的な決定に参加したり自分の意見を反映させることができる，トラブルが生じたら適切な手順によって公平・公正に解決してもらえる，といったことも，〈人間の権利〉だと日本国憲法は考えているのではないでしょうか。なぜなら，そうしたことが〈人間の権利〉として守られている社会が，「個人の尊厳」を維持するためには必要だからです。これが，第 3 章 3 で説明したことの意味でしょう。

2　日本国憲法の人権カタログ

各国の憲法典（「憲法」と題されている法典）で，人権について定めている部分を「権利章典」あるいは「人権宣言」と呼ぶことがあります。いわば，権利のカタログです。日本国憲法が保障する基本的人権のカタログについては，次のように説明することができそうです。

犯罪の取り締まり，各種の制度の設営，福祉の増進などのように，人々が国家を作って行おうとしたことは，法律を制定して実現します。国家は，社会の運営や人々の関係の規律について，法律に基づいて公権力を行使するのです。

その際，法律をどのように定めるか（あるいは定めないか）については，原則として，国会に広い「裁量」があります。

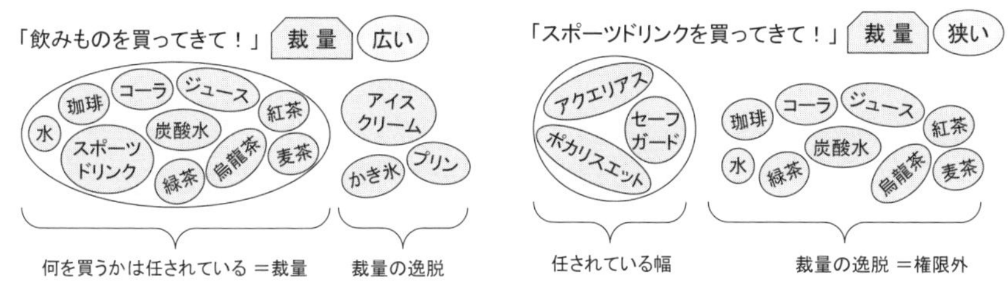

裁量とは，その機関に任された「判断の幅」です。法律の制定について国会に任されている幅を「立法裁量」といいます。どのような法律を作るかについて，国会の判断の幅がほとんど限定されていないような場合には，「立法政策」の問題だといわれることがあります。その場合は，どのような選択をしても「ルール違反」といわれることはなく，政策として「よい選択」だったかが評価されるだけです（選択の是非は法的に判断できる問題ではない）。

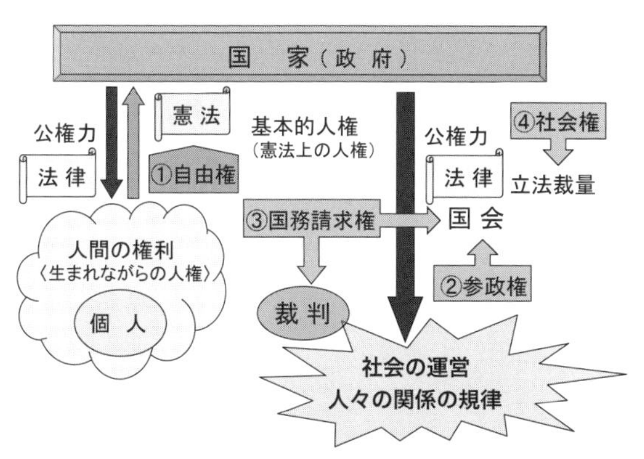

しかし，①国家が仕事をする（そのために公権力を行使する）に際しても，侵害してはならない〈人間の権利〉があるはずです。そこで問題になるのが〈やめてくれ〉型の人権としての「自由権」です。②国家の運営に

参加する権利が「参政権」です。国家に対して「やめてくれ！」とか「なんとかしてくれ！」といわなければならない状況を減らすために，国家の運営への参加が重要です。③国家を作る以上は当然に用意すべきしくみ（紛争の裁判や請願の受理など）があるはずです。それらを整備して行うべき国家の職務を，個人の権利の側からみたのが「国務請求権」です。「やめてくれ！」とか「なんとかしてくれ！」ということを裁判で訴えたり，政府に伝えたりできるようにして，人権保障を確実にする意味があり，「人権を確保するための人権」と呼ばれます。④国家を作って実現すべき事柄（たとえば社会保障）のなかでも〈人間の権利〉に関わる重要なものを，単に国家の努力目標とか政策のプログラムとしてではなく，「憲法上の人権」として規定しています。それが「社会権」であり，個人の存立を支えるものです。

日本国の運営は，代表民主制の下で法律を作って進めていくことになっています。しかし，日本国憲法は，国会が制定する法律にすべて委ねるのではなく，国家の運営に関する重要事項を「基本的人権」として定めていると解されます。そのようにして，日本国憲法は，幅広い人権カタログを備えているのです。

3　人権の分類

憲法が列挙（リストアップ）している人権を性質に応じて類型化（グループ分け）して，その法的特徴を明らかにすることは，人権の理解のために有益だとされます。しかし，日本国憲法自体は，人権の分類を示していません。そこで，講学上の（学問を講じる上での）便宜から，いろいろな分類が考えられてきました。

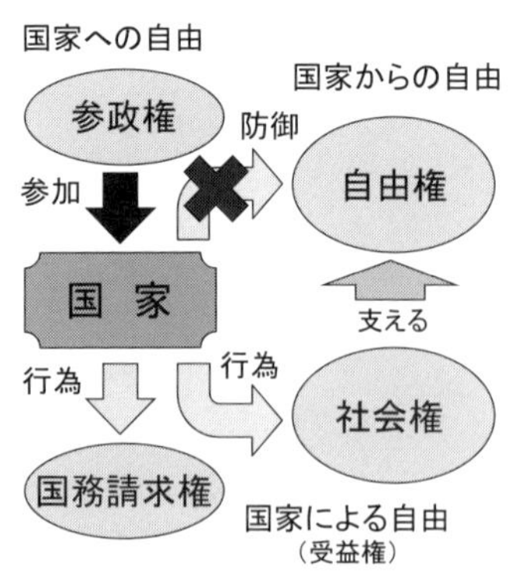

著名な分類は，19世紀のドイツの法学者であるイェリネックの理論に由来するものです。イェリネックは，国民が国家との関係でどのような地位に置かれているかを論じたのであって，「生まれながらの人権」に由来する「憲法上の人権」という考え方とは異なります。しかし，〈国家と個人の自由との構造的な関係の分類〉として理解するなら，人権の分類のためにも役立つと考えられたのです。

そのようにして，「国家からの自由」と呼ばれる自由権，国政への参加によって国民としての自由が実現されるという意味で「国家への自由」とも呼ばれる参政権，国家の積極的な活動によって個人の自由が確保されるという意味で「国家による自由」と呼ばれる受益権が説明されます。

国家に対して「なんとかしてくれ！」と求める社会権も，国家の積極的な活動を要求する「受益権」に分類されそうです。しかし，伝統的な受益権が自由権とともに19世紀から認められていたのに対して，社会権は自由権（とくに経済的自由）がもたらした弊害を是正するために20世紀になって認められた権利なので，通常は社会権を別の類型として扱います。伝統的な受益権については，国務請求権という呼び方が一般的です。

ただし，こうした分類は，それぞれの人権の中心的な性格に着目して，大まかに区分するものにすぎません。たとえば，自由権の代表的なものとされる表現の自由は，国家に対して積極的に情報の開示を請求する〈なんとかしてくれ〉型の権利の要素も含むとされます。社会権に分類される人権も，〈やめてくれ〉型の面を有しています。これを「社会権の自由権的側面」などと呼びます。人権の分類は相対的な（状況に応じて変化する）ものであり，分類の体系を絶対的な（どのような場合でも常に変わらない）ものと捉えるべきではないとされるのです。

また，憲法13条の幸福追求権と14条の法の下の平等は，このような分類には収まらないものです。教科書の目次でも，独立の項目とされたり，人権の「総則」として扱われるのが一般的です。

4　不作為請求権と作為請求権

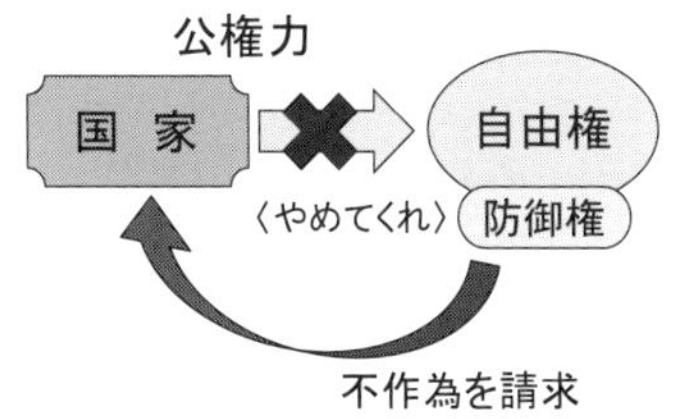

〈やめてくれ〉型の人権である自由権は，公権力から個人の自由を守る，国家による介入・侵害に対して個人を防御するという意味で，「防御権（防禦権）」と呼ばれます。公権力による規制が少ないほど個人の自由が確保されると考えて，国家の消極性を求めるから，「消極的権利」ともいわれます。また，国家に対して不作為（何もしないこと）を求めるものとして，不作為請求権とも呼ばれます。国家に不作為を求めるだけですから，政府が「やるべきこと」の内容を法律で定める必要

はなく，憲法の条文だけを根拠として裁判で主張できる「具体的権利」です。

これに対して，〈なんとかしてくれ〉型の人権である社会権は，国家に対する作為請求権です。国家の作為（何かすること）を求めるので，請求権的性格を有するものといえます。国家に対して積極的作為を要求することから，「積極的権利」ともいわれます。また，国家の作為の内容（やるべきこと）が法律で具体化されてはじめて裁判所で権利を主張できるようになるので，憲法上の人権としては「抽象的権利」です。「なんとかしてくれ！」といっても，その要求に具体的に応える方策（実現方法）は複数ありえます。どの方法を選択して社会権の具体化を実現するかは，まずは国会の判断に委ねられています。

自由権が国家の介入を排除する〈やめてくれ〉型の人権で，社会権が国家による給付を求める〈なんとかしてくれ〉型の人権だという区別は，国会と裁判所の権限分配にも関連しています。日本国憲法は，たとえ国会の制定した法律であっても，それが憲法上の人権を侵害していないかを裁判所が審査できる「違憲審査制」を採用しています。〈やめてくれ〉型の人権では，裁判所の違憲審査権は，自由を制限する公権力行使（その根拠となっている法律）を排除して，個人の自由を回復することに向けられます。〈なんとかしてくれ〉型の人権の場合には，その内容を具体化する法律を国会が制定していることを前提に，法律の内容が十分なものかを審査することが中心となります。この違いが，裁判所による違憲審査の厳格度（どのくらい踏み込んだ違憲審査ができるか）にも関わってくるのです。

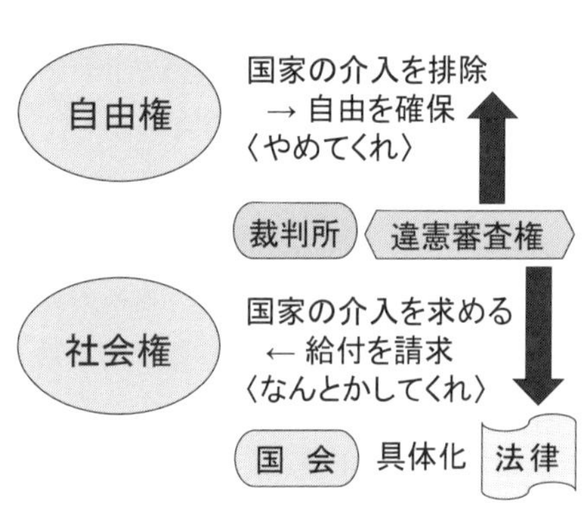

5　人権と基本権

教科書では，「基本権」という語もよく見かけます。「人権」の語は，〈人間の権利〉という意味での人権や，「生まれながらの人権」という考え方を生み出した人権思想との結びつきがあり，憲法で法的に保障される以前の理念的権利をも含む意味合いがあります。さらに，「人権」の語は，前国家的権利（国

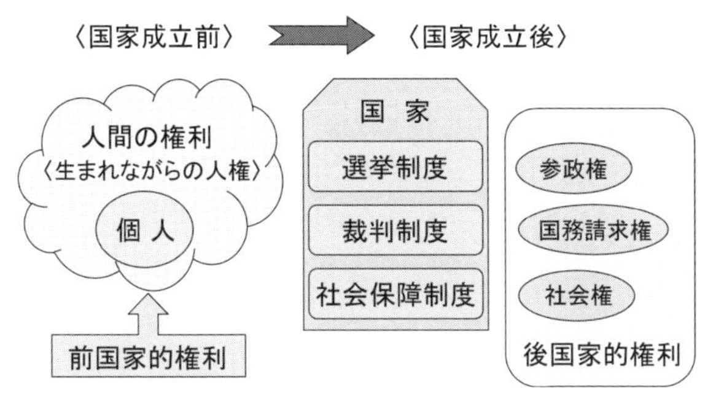

家ができる前から存在すると考えられる権利）とされる自然権の性格を強調して，後国家的権利（国家の成立後に保障される，国家を前提とする権利）とされる参政権や社会権は真の（本当の意味での）人権ではないというニュアンスを伴う場合もあります。

「基本権」の語は，もともとは，ドイツの憲法であるドイツ連邦共和国基本法で保障されている権利を指す用語です。自然権的な性質の有無などに関わりなく，憲法で保障される権利をまとめて「基本権」というのです。

ポツダム宣言第 10 項

……日本国政府ハ日本国国民ノ間ニ於ケル民主主義的傾向ノ復活強化ニ対スル一切ノ障礙ヲ除去スヘシ　言論，宗教及思想ノ自由並ニ基本的人権ノ尊重ハ確立セラルヘシ

日本国憲法の「基本的人権」の語は，ポツダム宣言第 10 項に由来するものとされますが，憲法の文言としては，自然権的な性格の権利に引きつけて限定的に理解する立場と，憲法に規定された法的権利としての「憲法上の人権」を広く指すものと理解する立場とがあります。

日本国憲法 11 条

国民は，すべての基本的人権の享有を妨げられない。この憲法が国民に保障する基本的人権は，侵すことのできない永久の権利として，現在及び将来の国民に与へられる。

このような理解の相違が生じるのは，「基本的人権」の語は「人権」と同じ意味で用いるとされる一方，日本国憲法の人権規定には「生まれながらの人権」とはいえないものが含まれているのではないかと考えられたためです。たとえば，国家賠償請求権（17 条）や刑事補償請求権（40 条）は，「この憲法が国民に保障する自由及び権利」（12 条）ではあるけれども，「基本的人権」（11 条・97 条）ではないといわれることがあります。

日本国憲法12条
この憲法が国民に保障する自由及び権利は，国民の不断の努力によつて，これを保持しなければならない。又，国民は，これを濫用してはならないのであつて，常に公共の福祉のためにこれを利用する責任を負ふ。

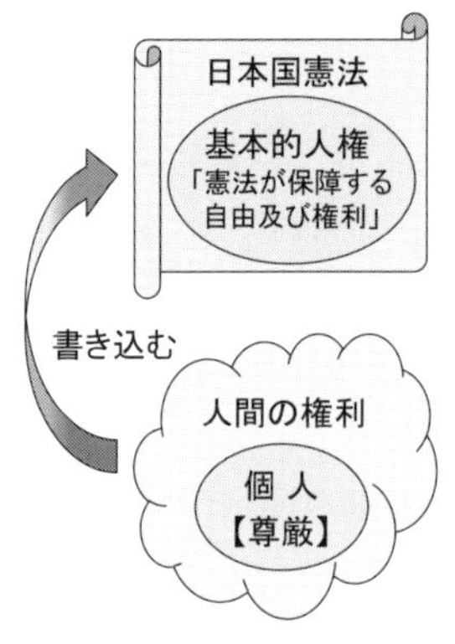

しかし，現在では，憲法上の人権の根拠は，（神様から与えられた）自然権ではなく「個人の尊厳」に求められます。参政権も社会権も，個人の尊厳に不可欠であり，憲法上の人権としての「基本的人権」に含まれると解されます。また，人権の根拠が個人の尊厳にあるならば，社会の全体利益のために特定の個人が犠牲になることは許されないはずです。それゆえ，国家賠償や刑事補償の請求権（17条・40条）も，基本的人権の性格を備えていると説明されます。したがって，11条の「基本的人権」と12条の「自由及び権利」は同じものと理解してよいでしょう（区別を強調する考え方もあるが，区別を気にしなくても間違いではない）。

このように考えれば，憲法解釈において「人権」といえば「憲法で保障されている人権」すなわち「憲法上の人権」を指すのが通常なので，厳密には種々の議論がありうるものの，教科書で見かける「人権」・「基本的人権」と「基本権」は，とりあえず，区別を気にしなくてもよいでしょう。

6 「憲法上の人権」と客観法

権利章典には，「主観的権利」（自分の権利）とは異なる「客観法」（みんなのルール）とか「制度」が含まれていることがあるといわれます。憲法上の客観法は，国家を義務づけるだけで，個人の権利を保障していません。たとえば，宗教を信じる「信教の自由」は，個人の「憲法上の人権」です。しかし，「政教分離の原則」は，人権（主観的権利）ではなくて「客観法」だといわれます。

「憲法上の人権」であれば，個人が「やめてくれ！」とか「なんとかしてくれ！」といって裁判所に訴えることができます。それに対して，国家の客観法違反を個人が直接に裁判所に訴えることはできません（それを問題とする特別な制度が法律で定められている場合は別として）。

第5章　人権の制限と公共の福祉

1　人権の制限

憲法11条・97条は，基本的人権を「侵すことのできない永久の権利」としています。「生まれながらの人権」は「不可侵」であり，それに由来する憲法上の人権は，国会が制定する法律によっても侵害できないのです。他方で，12条や13条では，憲法上の人権は「公共の福祉」によって制約されるようにみえます。22条1項・29条2項にも「公共の福祉」の語があります（「制限」「制約」「規制」は，互換性のある語として文脈に応じて用いられる。これらは直ちに違憲であるわけではない。制限などが合憲とされることは少なくない。それらが違憲となる場合は，憲法上の人権の「侵害」といわれることが多い）。

> 日本国憲法13条
> 　すべて国民は，個人として尊重される。生命，自由及び幸福追求に対する国民の権利については，公共の福祉に反しない限り，立法その他の国政の上で，最大の尊重を必要とする。

憲法上の人権について，(a)不可侵だとしても，限界ないし制約があるのではないか，(b)その場合，憲法が規定する「公共の福祉」を根拠に，法律で人権を制限できるのか，ということが議論されてきました。

2　初期の学説

人権の制約根拠に関する初期の学説は，〈一元的外在制約説〉あるいは〈抽象的「公共の福祉」論〉などと呼ばれるものです（学説の名称は「あだ名」ないし「ニックネーム」なので，同じ学説でもいろいろな呼び方がある）。憲法12条・13条の「公共の福祉」とは，人権の外にあって（外在），すべての人権を制約する根拠だとされました。

12条・13条の「公共の福祉」	すべての人権を制約する一般的な原理
22条・29条の「公共の福祉」	特別な法的意味はない（注意的なもの）

大日本帝国憲法（明治憲法）にも「臣民ノ権利」の条項はありました。そして，（当時の）欧州の憲法に学んで，「法律の留保」（帝国議会の同意がなければ権利を制限できないという原則）によって権利を保護していました。しかし，軍部の方針を追認するような翼賛体制の下で，「法律の留保」は，「法律さえ作れば，権利を制限できる」ことになってしまいました。そこで，日本国憲法は，法律（国会の判断）などが憲法に違反していないかを裁判所が審査する「違憲審査制」を導入したのです。

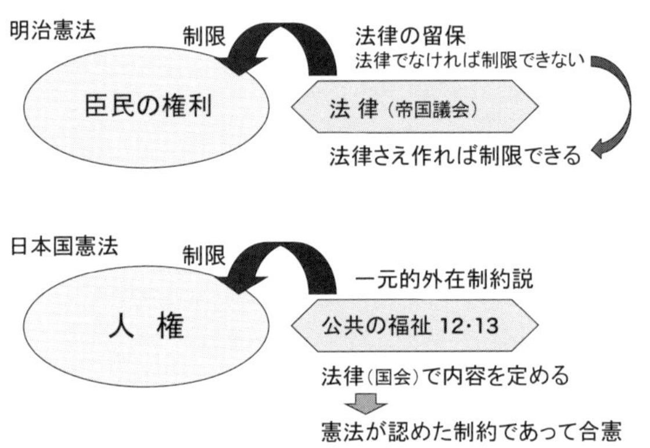

ところが，公共の福祉の内容が「公益」といった抽象的なものだとすると，人権制約が容易に認められかねないと批判されました。国会が「公共の福祉のため」として人権を制限する法律を制定すれば，その法律は「憲法が認めた制約であって合憲」と判断されるおそれがあります。実際，初期の最高裁の判例には，そのような傾向がありました。公共の福祉が人権の外側から（人権とは別の論理で）制限をかけるものだとすると，克服しようとしたはずの明治憲法時代の歯止めのない制限と同じような構図になってしまいます。

3　内在的制約か「公共の福祉」か

人権の限界としては，「他人の人権を侵害してはならない」という他者加害禁止原理（危害原理）が人権に内在（人権の内部に存在）していると考えられます。そこで，人権の制約根拠として，Ⓐ人権の「内在的制約」と，Ⓑ憲法の「公共の福祉」条項のいずれを重視するかが問題になりました。

Ⓐ他者加害禁止（内在的制約）	人権制約には憲法上の根拠が必要では？
Ⓑ公共の福祉（一般条項）	人権全体に広汎な制約をもたらすのでは？

Ⓐ憲法上の人権の制約根拠として内在的制約を重視する考え方は，〈内在・外在二元的制約説〉あるいは〈12条・13条訓示規定説〉などと呼ばれます。

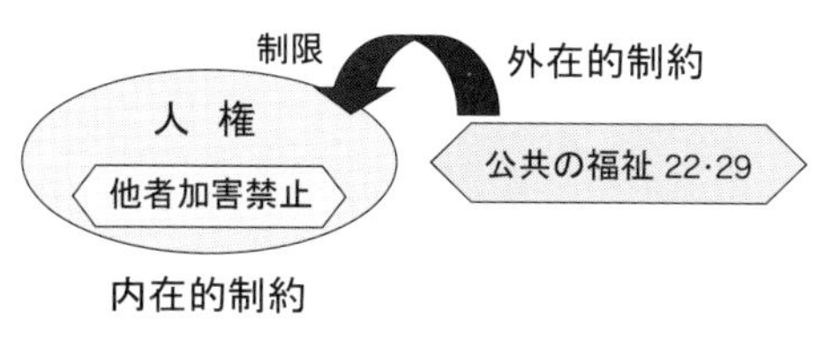

Ⓐ説では，人権に対する外在的制約は，個別に「公共の福祉」を規定している憲法22条・29条だけに認められます。他の人権は，内在的制約のみに服します。したがって，制約根拠として12条・13条は必要ないことになります。

12条・13条の「公共の福祉」	訓示的・倫理的規定（法的効力なし）
22条・29条の「公共の福祉」	経済的自由の外在的制約（法的効力あり）

Ⓐ説は，「公共の福祉」を根拠として抽象的な公益による規制が人権規定全体に及ぶのを防ぐために，憲法12条・13条は法的意味のない規定だとします。ところが，憲法第3章には規定されていないプライバシー権などの「新しい人権」を保障する根拠として，13条の規定する「幸福追求権」を用いることが論じられるようになりました。13条の法的効力を否定するⒶ説では，「新しい人権」の根拠として13条を用いることができない（13条の「幸福追求権」を人権の根拠としながら，「公共の福祉」には法的効力を認めないのは首尾一貫しない）という弱点を抱えることになります。

そこで登場したのが，Ⓑ制約根拠として「公共の福祉」条項を重視する，〈一元的内在制約説〉あるいは〈「公共の福祉」内在制約説〉と呼ばれる考え方です。Ⓑ説は，とくに憲法13条の「公共の福祉」が人権の制限根拠になることを肯定します。そして，「公共の福祉」は，〈人権相互の矛盾・衝突を調整するための実質的公平の原理〉だとします。

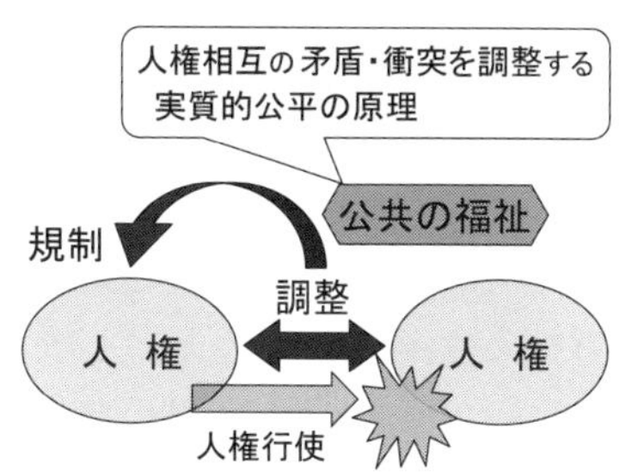

そのような「公共の福祉」は，人権に論理必然的に内在するとされます。ただし，自由権相互の衝突の調整（自由国家的公共の福祉）と社会権保障のため

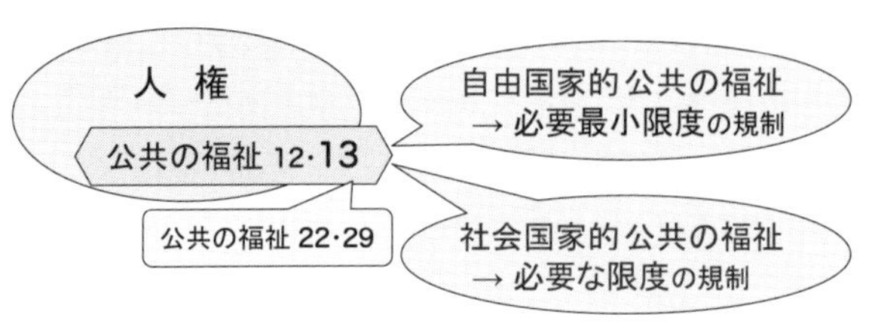

の経済的自由の制約（社会国家的公共の福祉）とでは，許される規制の強さが異なるとします。憲法22条・29条は，経済的自由については制限の可能性が大きいことから，確認的に重ねて公共の福祉に言及したものとされます。

12条・13条の「公共の福祉」	人権の一般的制約根拠（法的効力あり）
22条・29条の「公共の福祉」	経済的自由の制約（確認的）

憲法13条の「公共の福祉」に法的効力を認めることには，❶憲法上の人権の制限について，憲法上の明文根拠を示すことができる，❷「新しい人権」を保障した規定として13条を用いることができる，という利点があります。

〈一元的内在制約説〉は，公共の福祉を「人権相互の矛盾・衝突」の調整とみます。「人権の制約根拠は他者の人権だけ」と考えることによって，漠然とした「公益」を排除して，公共の福祉の内容を限定しようとしたのです。

4　一元的内在制約説の見直し

ところが，通説的見解となった〈一元的内在制約説〉の最大のポイントに，疑問が示されるようになりました。

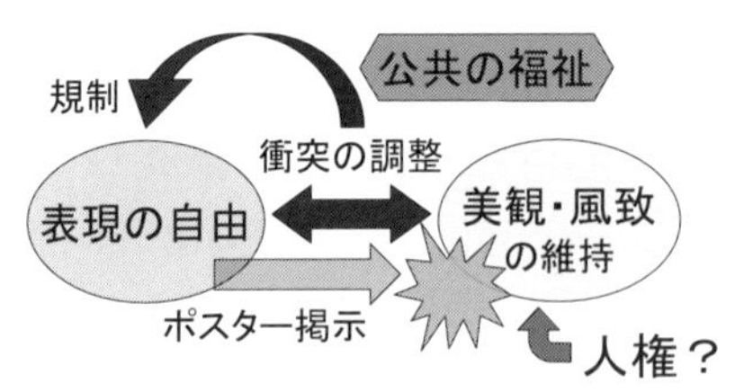

「人権の制約根拠は他者の人権だけ」とすると，人権を制限するには対立する他の「人権」を示すことが必要になります。そのため，規制根拠を無理に人権に結びつけることになりかねません。たとえば，ポスターなどの掲示物の規制によって表現の自由が制限されるとき，規制の目的は「美観・風致の維持」などのはずです。それも「人権」だというなら，何でもかんでも人権になりかねません（人権のインフレ化・希薄化などといわれる）。

また，「社会権保障のための経済的自由の制約」といっても，個人の経済活

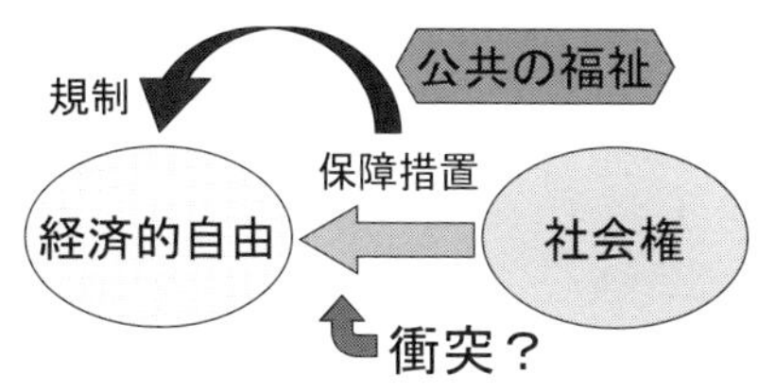

動が直接に他者の社会権を害するわけではなく，「自由権相互の衝突の調整」とは様相が異なります。それでも，〈一元的内在制約説〉は，これも「人権相互の衝突の調整」だと説明したのです。しかし，経済的自由については，政府の経済政策に基づく規制も可能と考えられており，それは，「弱者保護」や社会権の実現を目的とするものばかりではないはずです。

《気になる？》

積極規制
政策的制約　22・29条　22・29条
他者加害禁止　権利内在　13条
消極規制
内在・外在二元的制約説　㊪内在・外在二元的制約説？

個人の自由の制限としては，㋐他者の生命・身体・財産その他の権利・自由に対する危害の防止（他者加害禁止，「消極規制」ともいう）と，㋑経済活動に関する政府の政策による規制（政策的制約，「積極規制」ともいう）とが考えられます。〈内在・外在二元的制約説〉は，㋐について，Ⓐ制約根拠として内在的制約を重視する考え方を採り，憲法13条（公共の福祉）の法的効力を否定したために，新しい人権への対応に窮することになりました。そこで，㋐について，Ⓑ制約根拠として13条（公共の福祉）を重視する見解が示されるようになりました。この見解は，新〈内在・外在二元的制約説〉と呼ばれることがあります。しかし，〈内在・外在二元的制約説〉と〈一元的内在制約説〉の対立点は，㋐他者加害禁止のための人権制限を，Ⓐ各人権の内在的制約という不文の根拠で説明するか，Ⓑ明文の「公共の福祉」条項を根拠とするかにあったはずです。Ⓑ13条の「公共の福祉」条項を制約根拠とする見解を〈内在・外在二元的制約説〉の系譜に位置づけるのは議論を混乱させそうです。

初期の〈一元的外在制約説〉を克服すべく，〈内在・外在二元的制約説〉は，外在的制約の及ぶ範囲を経済的自由だけに限定しようとしたものと解されます。それに対して，〈一元的内在制約説〉は，すべての制約が「人権相互の衝突の調整」として憲法13条の「公共の福祉」に基づくものだとしました。経済的自由の制約根拠も13条に求められるので，22条・29条の「公共の福祉」は「念の

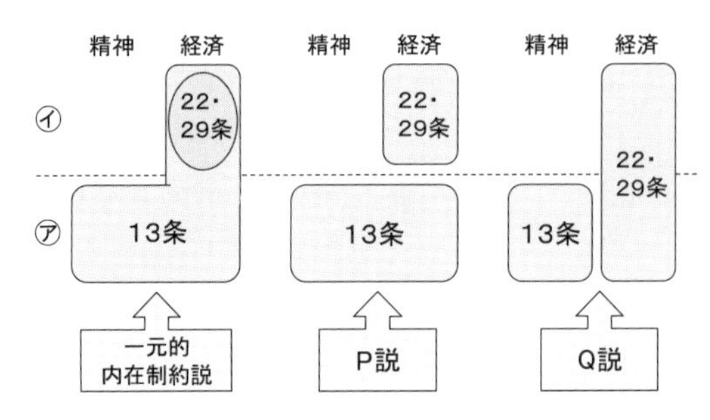

ため」のものとされます。これに対して，新〈内在・外在二元的制約説〉に分類されることもある図のP説やQ説は，経済的自由には政策的制約があることを認め，(それを「外在的制約」と称するかはともかく) 22条・29条にその根拠を求めようとします。精神的自由と経済的自由をめぐる各説の根拠を図示すると，それらはⒷ13条の「公共の福祉」条項を人権の制約根拠とする理解のなかのサブカテゴリとみることができそうです。

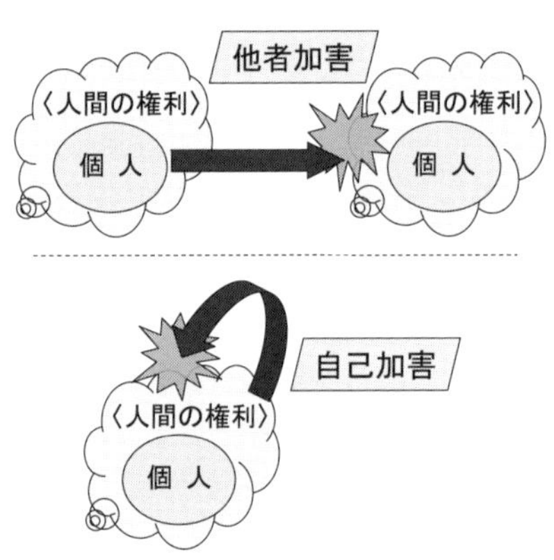

さらに，子どもとか，病気や加齢によって判断能力が十分でない人が，自分自身にとって取り返しのつかないような損害をもたらす行為をしてしまうのを防ぐために，たとえ人権として保障された本人の行為であっても政府が制限できるかという問題があります。他者の人権との衝突の調整（他者加害禁止）のみが人権の制約根拠だとすると，このような自己加害防止のための規制は認められないことになります。

そこで，「公共の福祉」の内容の再検討が進められ，国家の役割は「人権相互の衝突の調整」に限定されないとして，それ以外の理由での人権制約も認めるようになっています。

5　違憲審査基準論への移行

「公共の福祉」をめぐる論争には，2つの異なる論点が混在していました。

ⓐ 人権には限界があるか
ⓑ 人権の制限はどのような場合に違憲となるか

ⓐは，人権一般についての基本的問題です。ⓑは，具体的な場面で問題となる法律の合憲性の問題です。実際の憲法問題・人権問題をめぐっては，ⓐの抽象的な議論よりも，ⓑの検討が重要でしょう。また，初期の最高裁判例は，ⓐについて「人権は公共の福祉によって制限される」ことを強調して，ⓑについての具体的な審査をせずに安易に法律を合憲にしていると批判されていました。〈一元的内在制約説〉も，人権の制約根拠を説明したにとどまり，「人権相互の衝突の調整」をどのように行うのかは，十分に説明していませんでした。

そこで，人権を制限する法律の合憲性を具体的に判断するための基準（違憲審査基準）を，それぞれの人権の性質に応じて個別に解明することへと議論の焦点が移っていきました。つまり，憲法上の人権について考えるには，違憲審査基準が重要なポイントになるわけです。では，そもそも違憲審査とはどのようなものなのでしょうか。次の第6章では，日本国憲法が採用している違憲審査の制度について説明します。

《気になる？》

権利章典に人権制限の可能性を明示するかは，国によって異なります。

①一般的制限条項方式	特定の条文で一般的な人権制限の正当化事由を規定
②個別的制約条項方式	個々の人権保障条項にその制限の正当化事由を規定
③制限可能性を明示せず	文言上は制限可能性を明示しない（実際の制限は可能）

日本国憲法の「公共の福祉」は①です。諸国の憲法には②も多いようです。

六法の最初に載っている日本国憲法と，六法の最後のほうに収録されている「条約」のなかの国際人権条約の条文を見比べてください。たとえば，「市民的及び政治的権利に関する国際規約」（「B規約」あるいは「自由権規約」と略称される）の規定は②によるもので，日本国憲法とは対照的に詳細です。B規約19条から22条までのそれぞれ分量の多い条文が扱う内容が，日本国憲法では21条の簡潔な1か条になります。

日本の憲法学説は，③のタイプのアメリカ合衆国憲法についての判例・学説を参考にしながら，違憲審査の方法や基準を考えてきました。他方で，学説の前提となっている①の方式に対しては，②方式をとるB規約の見地から，「公共の福祉」は曖昧・無制限ではないかとの懸念が繰り返し示されています。

第 6 章　違憲審査制

1　立憲主義と民主主義

〈議会の定めた法律などが憲法に違反するかどうかについて審査・判断する権限を，裁判所のような独立した機関に与える〉ものが違憲審査制です。選挙で選ばれた国民の代表が多数決によって法律を制定するという民主主義のしくみに対して，一握りの裁判官が「この法律は憲法違反で無効だ」と判断するのです。この点を強調して，違憲立法審査制と呼ぶこともあります。

違憲審査制が多くの国で採用されるようになったのは，第 2 次世界大戦後です。日本でも，明治憲法に違憲審査制はありませんでした。ずっと以前から違憲審査制を運用していたのが，アメリカ合衆国です。ただし，アメリカ合衆国憲法には裁判所の違憲審査権を定めた条文はなく，連邦最高裁判所における 1803 年（徳川幕府は第 11 代将軍で，寛政の改革が終わった頃）のマーベリー対マディソン事件判決で打ち出され，維持されてきました。

違憲審査制は，勝手気ままな王様による人権侵害ではなく，国民代表の多数決から個人の人権を守るしくみであって，現代の立憲主義の要請だといわれます。究極のところで，立憲主義と民主主義は対立する可能性があるのです。

2　違憲審査制の性格

違憲審査制を採用する国でも，具体的にはさまざまな制度（違憲審査のやり方）があります。教科書的には，2 つのタイプに大別されます。違憲審査制の「性格」と呼ばれる問題です。すなわち，付随的違憲審査制あるいは司法裁判所型の違憲審査制（代表例はアメリカ合衆国）と，抽象的違憲審査制あるいは

アメリカ型 司法裁判所型（付随的審査）		ドイツ型 憲法裁判所型（抽象的審査）
最高裁判所とすべての下級裁判所	審査の主体	特別の憲法裁判所だけ
司法権の行使に付随 → 具体的事件が必要	権限行使	通常の司法権から独立 → 具体的事件とは無関係（抽象的）
具体的事件の当事者 → 一般国民も可能	違憲の主張	一定の国家機関のみ → 政府・議会関係者
その裁判では使えない → 法律の廃止は議会	違憲判断の効果	判決の結論が「違憲」 → 法律は自動的に廃止

憲法裁判所型の違憲審査制（代表例はドイツ連邦共和国）です。

付随的審査制では，司法裁判所（民事・刑事などの裁判を行う通常の裁判所）が，具体的な訴訟事件の裁判にあたって，法律の違憲審査を行います。その事件に適用されるはずの法律が憲法に違反している場合，裁判所としては違憲の法律に基づいて判決を下すわけにはいかないので，「この法律は裁判には使えない」と判断することになります。しかし，違憲とされた法律の条文そのものが裁判所によって正式に廃止されるわけではありません。

抽象的審査制では，特別な憲法裁判所が設置され，具体的な事件の裁判とは別に，法律の規定そのものの違憲性について審査します。法律が制定された途端に（自分に適用されるかどうかとは関係なく）「憲法違反だ！」と主張できるわけですが，国民の誰もが違憲審査を求めることができるのではありません。憲法裁判所が法律を違憲とする判決を下せば，その法律の条文そのものが自動的に（議会の判断を待たずに）廃止されます。

《気になる？》

司法裁判所型と憲法裁判所型の区別の背後には，次のような考え方の相違があるとされます。

司法裁判所型は，〈違憲審査権は，司法権に属する〉という考え方です。そこで，①違憲審査権は司法権を有するすべての裁判所にあり，下級裁判所の違憲審査権も認められる，②司法権は具体的な事件の裁判において行使されるものであり，違憲審査も司法権の範囲内で具体的事件の裁判に付随して行われる，③違憲とされた法律の改廃はあくまでも立法権＝議会の役割だ，とされるのです。

これに対して憲法裁判所型は，〈違憲審査権は，伝統的な司法権とは異質のものだ〉という考え方に立っています。そこで，①通常の訴訟事件を扱う裁判所とは異なる，特別の憲法裁判所に違憲審査を行わせる，②伝統的な司法権の範囲内に限定する必要はないから，具体的事件の裁判とは切り離された抽象的審査も認める，③憲法裁判所の判決には法律を廃止する効力も与える，とされるわけです。

司法裁判所型では，法律の合憲性を現実の事例に即して検討できます。ただし，下級裁判所で訴訟が提起されて，最高裁で憲法論争に決着がつくまでには時間がかかります。逆に，裁判となる具体的事件が起きなければ，違憲の疑いも放置されることになります。憲法裁判所型では，具体的事件の発生を待たずに，違憲の疑いのある法律について速やかな審査が可能です。ただし，裁判所は，実際の事件が起きていない段階での判断を迫られます。

3　日本国憲法の違憲審査制

日本国憲法が採用した違憲審査制は，どちらのタイプなのでしょうか。

> 日本国憲法81条
> 　最高裁判所は，一切の法律，命令，規則又は処分が憲法に適合するかしないかを決定する権限を有する終審裁判所である。

最高裁は，法律などが「憲法に適合するかしないかを決定する権限」を有するとされていますので，抽象的違憲審査制の性格を認められているようにもみえます。そこで，問題は，最高裁が付随的審査権のみを有するのか，それに加えて憲法裁判所的役割を果たすことも認められているのかです。付随的審査制か抽象的審査制かの二者択一ではありません。

憲法制定時には，憲法81条は抽象的審査制を定める趣旨ではないと説明されていました。憲法の施行に合わせて整備された裁判制度において，違憲審査制は司法裁判所型の設計となっていました。そのようななかで，違憲審査制の性格が正面から問題とされたのが，警察予備隊違憲訴訟判決（最大判昭27・10・8民集6巻9号783頁）です。

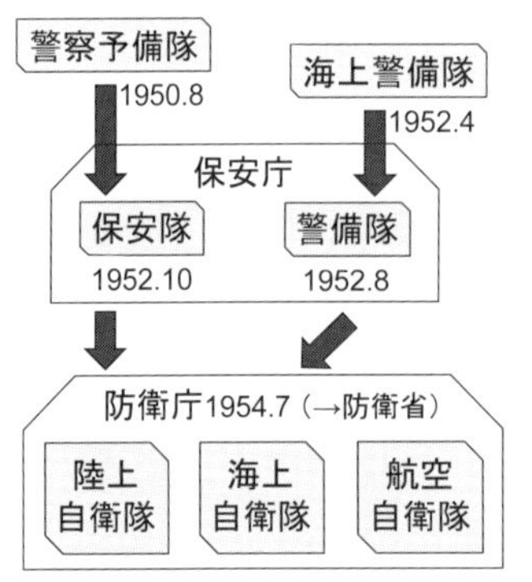

1950年に自衛隊の前身のそのまた前身の警察予備隊が設置されたのに対して，当時の日本社会党委員長（衆議院議員）が原告となり，「国がした，警察予備隊の設置・維持に関するいっさいの行為は無効である」として，最高裁に訴えを提起したのです。もちろん，警察予備隊ができたことによって，原告に具体的な実害が生じたわけではありません。しかも，下級裁判所ではなく，いきなり最高裁に訴えたのです。

これに対して，最高裁は，〈裁判所に「現行の制度上与えられているのは司法権を行う権限」であり，「具体的な争訟事件」が提起されていないのに将来を予想して憲法や法律などの解釈について「抽象的な判断」を下すような権限は裁判所にはない〉としました。

もし，具体的事件の裁判と関係なく法律や政令などの「無効宣言をなす権限」を最高裁が有するとしたら，国会が法律を制定しても内閣が閣議決定しても，違憲訴訟が頻発して，最高裁の違憲審査を待たなければ何も決まらないことになるでしょう。その結果，最高裁は「すべての国権の上に位する機関」のようになり，三権分立の原理に背馳する（背を向けて走る）おそれがあると説明されています。これだけ重大な権限なのに，憲法には明確な規定がなく，それを 81 条の解釈だけで導き出すのは無理がある，というわけです。

このように，日本国憲法の違憲審査制は，アメリカ型の付随的審査制だとされ，実際の運用も「ほぼ」その理解に沿っているとされます。

《気になる？》

警察予備隊判決は，「現行の制度上与えられているのは」とか，「現行の制度の下においては」とか，抽象的違憲審査権については「憲法上及び法令上何等の根拠も存しない」といった表現をしています。そこで，現行法上はできないけれども，法律を制定すれば抽象的審査も可能ということではないか，という疑問が生じます。

憲法 81 条の解釈として，次の 4 つの説が考えられます。

(a) 81 条は付随的審査制のみ規定しており，抽象的審査権を法律で付与するのは違憲
(b) 81 条は付随的審査制を規定しているが，法律で抽象的審査権を付与することは可能
(c) 81 条は抽象的審査制も含むが，手続法が制定されていないので行使できない
(d) 81 条は抽象的審査制を付与しており，手続法なしでも 81 条だけで行使可能

警察予備隊判決が(d)を否定しており，また，最高裁は別の判例ですでに(c)も否定していましたが，(b)は否定されていないと理解することも可能とされます。

そもそも，違憲審査制にはさまざまな制度があるのに，両極端の司法裁判所型と憲法裁判所型という極度に純粋化されたモデルを設定して，「どちらなのか？」と問うことにも疑問があります。諸国の違憲審査制がすべてこの 2 類型に当てはまるわけではないのです。

しかも，司法裁判所型の代表例とされたアメリカ連邦最高裁判所と，憲法裁判所型の代表例とされたドイツ連邦憲法裁判所も，類似の機能を有するようになり，違憲審査のあり方は相互に接近してきて，2 つの類型には「合一化傾向」が指摘されるようになりました。

日本国憲法についても，違憲審査権の基本的性格が付随的審査制なのを承認しつつ，一定の形態の抽象的審査権も憲法は禁じていないと主張されます。2 つの典型モデルの間に分布する諸外国の制度に学びながら，具体的な制度の検討を行うべきとされるのです。

4　客観訴訟における違憲審査

実は，日本の裁判所が行っている違憲審査にも，典型的な付随的違憲審査から一定の距離のあるものが含まれています。司法権が行使される本来の対象は，個人の権利・利益に関わる「法律上の争訟」だとされます。他方で，個人の権利・利益の保護・救済に直接には関わらない，法秩序や公益の維持を目的とする訴訟についての制度があります。「客観訴訟」と呼ばれるもので，裁判所法3条1項の「その他法律において特に定める権限」として裁判所に裁判権が付与されています。

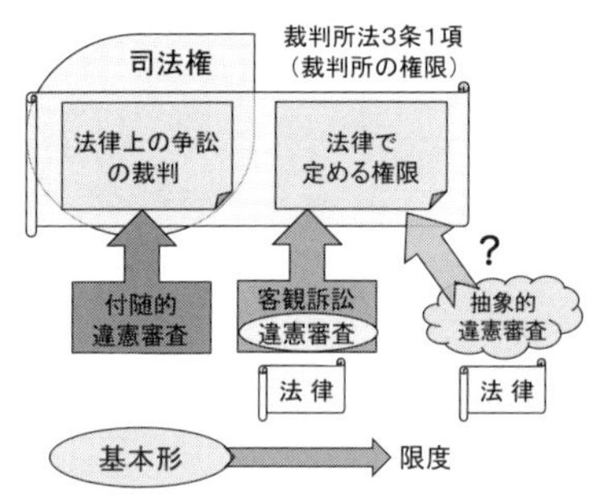

ところが，本来の司法権の範囲外であり，司法権の行使に付随して違憲審査を行うとはいえないはずの客観訴訟において，最高裁は，何度も違憲審査をし，違憲との判断も下してきたのです。法律で裁判所に付与された権限の範囲内で違憲審査を行うのだから問題はないと考えるならば，(b)説の主張するように，法律で抽象的審査権を裁判所に付与することも可能にならないでしょうか。

学説は，いろいろな説明を考えて，客観訴訟における違憲審査は憲法に違反しないとしています。ただし，特別な制度を法律で設けることにも限度があるとされます。付随的審査制が憲法の認める基本形であって，そこからあまりに離れた制度の導入は，無理だとされるのです。

5　司法裁判所型・付随的審査制における違憲審査

日本国憲法の下での付随的違憲審査のイメージを，刑事事件の例で説明しましょう（もちろん，違憲審査は，有罪か無罪かを争う刑事裁判でだけ問題になるわけではない)。刑法XX条が定める犯罪を犯したと疑われて，起訴された被告人が，「刑法XX条は憲法違反であって無効だから，それに基づいて自分を処罰することは許されない」と主張して，無罪判決を求めたとします。このような場合に，裁判所は，具体的事件について判決を下すために，違憲審査を行う可能性があります。刑法が定める犯罪成立要件を満たしていても，適用すべき条文（刑法XX条）が違憲なら有罪判決の根拠にすることはできず，無罪になる可能性があります。

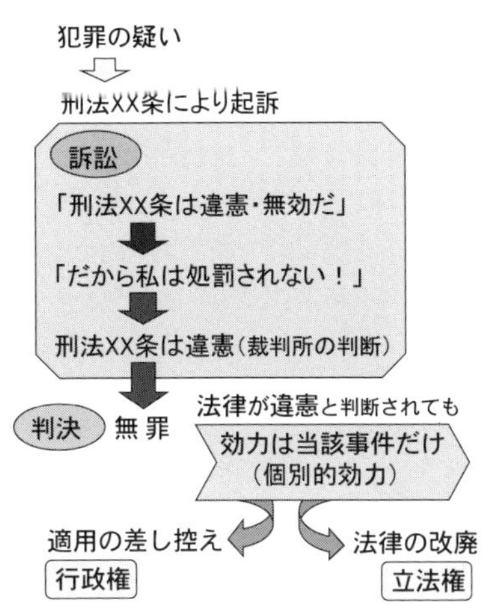

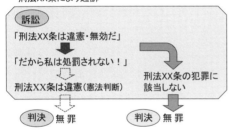

そのようにして，憲法で保障された人権を侵害する法律は，裁判所によって適用されないことになります。ただ，裁判所としては，違憲と判断された法律の規定を，この裁判で適用しないというだけです。違憲とされた法律の改正・廃止は，立法権を有する国会の役割です。法律が（とりわけ最高裁によって）憲法違反と判断されると，多くの場合，国会はすみやかに法律を改廃します。法律が改廃されるまでの間，行政機関はその法律の適用を差し控えることがあります。

ただ，被告人が裁判において「刑法 XX 条は憲法違反だ」と主張しても，裁判所が必ず違憲審査をするとは限りません。裁判所は，事件を解決するために必要な場合にだけ違憲審査をするのが原則です（必要性の原則）。裁判所が「刑法 XX 条は憲法違反だ」と判断した場合の影響を考えれば，違憲審査権の行使は慎重に行うべきだと考えられるのです。もし，被告人の行為がそもそも刑法 XX 条の定める犯罪成立要件に該当しないと考えられるなら，「刑法 XX 条は憲法違反だ」という判断をしなくても，同じく「無罪」の結論を出すことができます。つまり，違憲審査は不要です。付随的審査制では，当事者が憲法違反の主張をしても，裁判所がそれに応えて違憲審査をするとは限らないのです。

このように，日本国憲法の違憲審査制が司法裁判所型の付随的審査制であることは，裁判で憲法違反を争う場合の種々の論点と関わってくるのです。そこで，次の第７章では，違憲審査というしくみにおいて，何が行われるのかを大づかみに捉えることにしましょう。

第７章　比較衡量と比例原則

1　対立・衝突する利害のバランスを考える

社会において利益の対立・衝突があるときに，両者のバランスを考えて調整するのが，法的問題の根本にある要請でしょう。「利益」といっても，経済的ないし金銭的な利得という意味ではなく，また，プラスだけでなくマイナスも含みます。「利害」といってもいいかもしれません。

対立する利害の重要度を比較して検討すること（天秤のイメージ）を，「利益衡量」とか「比較衡量」といいます（「衡量」は「較量」や「考量」と書かれることもある）。写真は，旧札幌控訴院（戦後は札幌高裁）の石造りの庁舎の外壁のレリーフを撮影してきたものです。比較衡量は，基本的な法的思考です。

「正義の女神」像は，Ⓐ目隠しをしてⒷ天秤とⒸ剣を持っていることが多いようです。それは，Ⓐ見かけには惑わされず，Ⓑ関係者の利害を考え合わせて（比較衡量して）判断し，Ⓒそのようにして導き出された結論を執行する（強制力をもって従わせる）という意味だといわれます（最高裁の大ホールに飾られている像は目隠しがない。たしかに，目隠しをすると天秤が見えず，剣を振るうと危ない）。

利害対立が具体的なものであれば，丁寧に比較衡量することで問題を解決できるかもしれません。たとえば，社会問題を調査して報道・出版する側の自由と，関係者の名誉やプライバシーが衝突する場合は，両者の利害を比較衡量して判断することも可能でしょう。

書き立てられた人が，無名の一市民か，政府の要職者や公職選挙

の候補者かによって，バランスのとり方は違ってきます。つまり，比較衡量の前提として，入念な「場合分け」が大切です。

人々の間で対立・衝突する利害の調整は，通常は，まず国会が行います。国会は，社会における一方の利益を保護するために，他方の利益を法律によって規制することがあります。

法律の規制によって自由を制限された個人は，〈やめてくれ！〉と主張するかもしれません。これが，憲法上の人権としての自由権です。憲法上の人権は，対国家（国家＝政府に対抗する場面）において力を発揮するのでした。しかし，日本国憲法は，「公共の福祉」を根拠に憲法上の人権を制限することを認めています。国会の制定した法律が，対立する利害を衡量して，その公平な調整として規制を定めたものならば，「公共の福祉」を根拠として憲法上の人権を制限することが許されるでしょう。

しかし，国会による調整（利益衡量）に疑問が生じる場合もあります。

人権の制限（法律による規制）が「公共の福祉」の範囲内とはいえないのではないかと疑われるとき，裁判所で「法律の規定が憲法に違反していないか」（憲法の保障する人権を侵害していないか）が争われます。これが，裁判所による「違憲審査」の場面です。

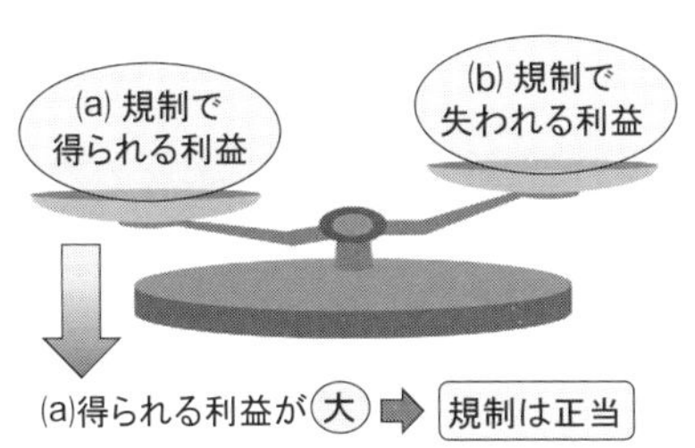

国会による利害調整（利益衡量）が適切だったかどうかは，基本的には，(a)〈人権の制限（規制）によって得られる利益〉と，(b)〈規制によって失われる利益〉を比較衡量して，(a)得られる利益のほうが大きければ規制は許される（規制を定める法律は合憲）と考えることになります。

2 「やり方」も考慮に入れる

裁判所が行う比較衡量について，最高裁の判例では，よど号ハイジャック記事抹消事件判決（最大判昭 58・6・22 民集 37 巻 5 号 793 頁）が示した定式（やり方）が代表的なものとして知られています。

> 自由の制限が必要かつ合理的といえるかは
> (a)目的のために制限が必要とされる程度……〈得られる利益〉の問題
> (b)制限される自由の内容・性質………………〈失われる利益〉の問題
> (c)具体的制限の態様・程度……………………〈規制手段〉の問題
> を比較衡量する

ここでは，(a)制限によって得られる利益と(b)制限によって失われる利益を比較するだけでなく，(c)「具体的制限の態様及び程度」を考慮要素に挙げている点が注目されます。

たとえば，(a)学校の授業環境を保護するために，(b)周辺で拡声機（スピーカー）を用いて演説や宣伝を行うことを規制する法律があったとして，その合憲性が問題となる場合を考えてみます。この場合に，(a)〈生徒が静かに授業を受けられる利益〉のほうが，(b)〈政治問題についての情報提供・意見表明による利益〉よりも大きいとして，学校周辺での拡声機による大音量での表現行為（演説など）を規制することが許されるとしても，どのような規制をしても構わないわけではないはずです。具体的な規制の方法や，制限の大きさ・強さの度合いなども考慮に入れて，比較衡量を行うべきだとされるのです。

かりに，音量の制限ではなく拡声機や宣伝カーの使用を一切禁止するとか，曜日や時間の区別なく（学休日や放課後も含めて）一切の音声表現行為を許さない，といった規制方法をとっていたとしましょう。その場合，(a)〈生徒が静かに授業を受けられる利益〉が重要だとしても，当該規制は不均衡だ（バランスがとれていない）と考えられないでしょうか。つまり，「規制の〈目的〉は間違っていない」としても，それだけで結論が決まるわけではなく，規制の〈手段〉も問題となるのです。

> ☆　法令や判例などにしばしば出てくる「当該」とは，平たくいえば「その」という意味です。「当該規制」とは，「その規制」という意味です。

「制限の態様・程度」を考慮して比較衡量することは，規制の〈目的〉と〈手段〉のバランスを考えることにつながります。重要な〈目的〉のためであれば強力な〈手段〉を採用することも許されるでしょうが，それほど重要でない〈目的〉にも同じくらい強力な〈手段〉を用いたら，「やり過ぎだ」ということになるでしょう。

規制の〈目的〉に対して〈手段〉が釣り合っていなければならないという考え方を「比例原則」といいます。比例原則も，基本的な法的思考です。

3　天秤に替わるハードル

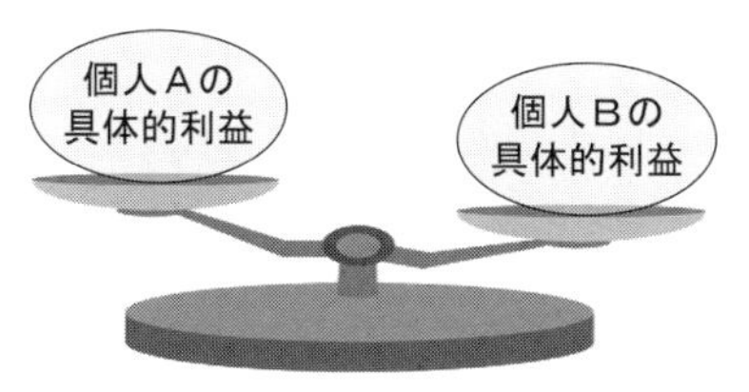

利害の対立が具体的なものであれば，個々の事情について丁寧に比較衡量することで問題を適切に解決できるかもしれません。その意味で，具体的な事案ごとに個別に利益較量を行う方法は，具体的妥当性の高い，つまり，個々の事情にピッタリ合った結論を導けるかもしれません。他方で，実際に裁判官がどのような衡量を行うかの予測は難しいことになりそうです。

拡声機による大音量での表現行為の規制によって保護しようとする利益が，「住宅街の平穏」とか「静かな生活環境」といった，多くの人に広く・薄く存在するようなものだと，比較衡量は難しくなりそうです。比較衡量は「天秤のイメージ」といっても，社会のさまざまな利害は，荷物の重さのように同じ単位（kg など）で比較できるものではありません。何が・どれほど大切かの評価は，人によって違うでしょう。質の異なる利益を計測する共通の「ものさし」がないとすると，比較衡量が裁判官の主観的判断になってしまうのではないかと懸念されます。

しかも，法律によって規制がなされている場合，(a)〈規制によって得られる利益〉は社会の多くの人々にとっての利益，いわば公共の利益とされるのに対して，(b)〈規制によって失われる利益〉は一部の（不平・不満を抱く）個人の私的利益とみられそうです。国家機関としての裁判所に所属する裁判官は，「公益」のほうを優先しがちかもしれません。

そこで，比較衡量の方向づけを行う基準を設定して，裁判官の判断を拘束する必要があると考えられるようになりました。

《気になる？》

違憲審査において「比較衡量論」は克服すべきものとされることがあります。ただし，比較衡量について，2つのレベルを区別する必要があるでしょう。

そもそも比較衡量は，基本的な法的思考です。法的問題のいろいろな場面で，対立・衝突する利害の比較衡量が行われるはずです。基本的な法的思考としての比較衡量が憲法の人権規定の解釈の場面に現れたものは，「解釈方法としての比較衡量」といわれることがあります。

これに対して，具体的な事案の違憲審査において〈規制によって得られる利益〉と〈規制によって失われる利益〉を基準もなく直接に比較衡量するような「個別的な比較衡量」あるいは「アドホックな比較衡量」は，予測可能性が低く，「公益」が優先されがちだという問題があります。「違憲審査の基準としての比較衡量論」として批判されるのは，後者です。

比較衡量をコントロールする1つの考え方は，①規制の〈目的〉の合理性と，②その目的を達成するための規制の〈手段〉の合理性を審査して，①と②がいずれも合理的であれば，(a)〈規制によって得られる利益〉が大きいとみなすというものです。人権の制限は，国会が制定する法律で定めなければなりませんから，規制目的は，そのような法律を作った目的，すなわち「立法目的」とも呼ばれます。

チェックポイント

ハードルの高さ	立法目的	目的達成手段
厳 厳格審査	必要不可欠	必要最小限度
中 厳格な合理性の審査	重 要	目的との 実質的関連性
緩 (単なる)合理性の審査	正 当	目的との 合理的関連性

これが，多くの場面で用いられる汎用的な違憲審査基準となります。法律を制定した目的（立法目的）と，その目的を達成するために採られた措置（目的達成手段）を違憲審査のチェックポイントとする〈目的・手段審査〉です。立法目的（人権制限の目的）の合理性と，手段の合理性（目的に対する手段の関連

性ないし適合性）が審査されることから，「合理性の審査」あるいは「合理性の基準」とも呼ばれます。

しかも，裁判所がどれくらいの厳しさで審査を行うかについて，制限される人権の性質などに応じた３段階の厳格度（ハードルの高さ）をあらかじめ設定して，「この場合には，このくらいの厳格度で審査せよ」という形で裁判官の判断を拘束しようとするのです。

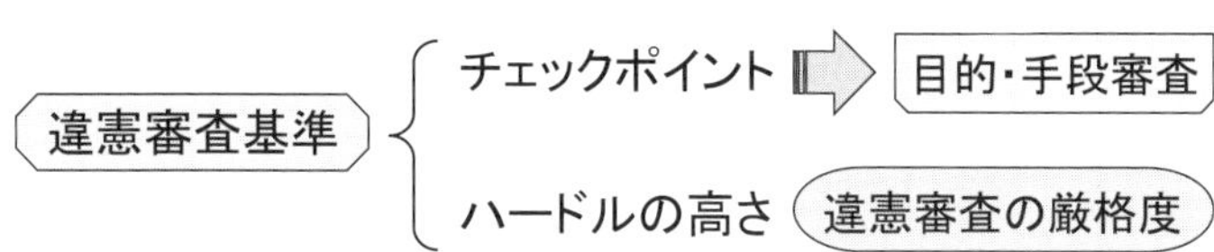

３段階の「違憲審査の厳格度」ないし「違憲審査のスタンス」は，「厳格審査基準」,「厳格な合理性の基準」,「合理性の基準」と説明されることもあります。また，「厳格な合理性の基準」は，「中間審査基準」と呼ばれることもあります。「合理性の審査」というと，全体を指しているのか，緩やかな審査を指しているのか紛らわしいので，後者については「単なる合理性の審査」と呼ぶこともあります。

このようにして，違憲審査の基準を決めておくというのが，比較衡量をコントロールする第１の考え方です。これは，アメリカにおける違憲審査の判例の積み重ねから導き出されたものです。「違憲審査基準論」あるいは「審査基準論」などと呼ばれます。

4　ハエを打つにはハエ叩き

比較衡量をコントロールする第２の考え方は，比例原則を重視するものです。〈規制によって得られる利益〉と〈規制によって失われる利益〉を比較する共通の「ものさし」がなく，裁判官が論理で優劣を決められないなら，裁判所は，比例原則による〈手段〉の審査に力を注ぐべきだというのです。

ドイツでは，法律の違憲審査は基本的に図の①～③の順で３段階の手順を踏んで審査されます。これを「三段階審査論」と呼ぶことがあります。このうちの③の段階で，まず，憲法上の人権の制約に法律上の根拠があるかが審査され，そして，憲法上の人権の制約が実質的に正当化できるかについて，比例原則による審査が行われるのです。

三段階審査と比例原則

① 憲法上の人権の**保護範囲**に入っているか
② 憲法上の人権の**制約**（介入）があるか
③ 制約の**正当化**が可能か
形式的正当化→ **法律上の根拠**があるか（法律の留保）
実質的正当化→**比例原則**
(a) 手段の**適合性** 目的達成に役立つか
(b) 手段の**必要性** より制限的でない方法がないか
(c) 狭義の**比例性** 利益は均衡しているか

〈目的〉と〈手段〉のバランスがとれていなければならないという比例原則の考え方については，「雀を撃つのに大砲を使ってはならない」と説明されたりします（「やり過ぎ」というよりも命中しないかも）。しかし，数学の問題ではないので，比例しているか否かをどう確かめるのかピンと来ないかもしれません。難しい（正確な）説明はさておき，日常生活に引きつけて考えると次のようにいえるでしょうか。

たとえば，家計のやり繰りのなかで，必要なもの・重要なものにはそれなりの出費をしてもよいが，それほど必要でもないものに大きな支出はしないようにしたいと考えているとします。実際には，買い物をする際に，①その商品が自分の求めているものか（それで用が足りるか）を確かめ，②本当にその商品が必要なのか（他の安価な品物で用が足りるのではないか）を考え，必要だとしても，③商品の効用と価格が釣り合っているか（コスパに問題はないか）を検討することになるでしょう。そうすれば，必要性・重要性に比例した出費に限定することができそうです。こうした判断の際に，いろいろな考慮要素をアレコレとたくさん頭に入れれば，脳内の密度が高まって，それなりに慎重に考えることになるでしょう。逆に，考慮要素が少なければ，それほど考え込まなくても済みそうです。どれくらいの考慮要素を念頭に置くかは，それぞれの買い物の場面に応じて決まってくるでしょう。

5　2つの「3段階」

〈目的・手段審査〉における「違憲審査の厳格度」を3段階に分類するというアメリカ由来の議論と，「違憲審査の手順」を3段階に整理して，その最終段階で比例原則による審査を行うというドイツの方式を参考にした議論とは，全く別の話ですが，「三段階審査」という表現によって混同しそうです。

比例原則を重視すべきだという立場からは，3段階の厳格度（厳・中・緩）の「審査基準」をあらかじめ定めておく方法は，硬直化しやすいと批判されま

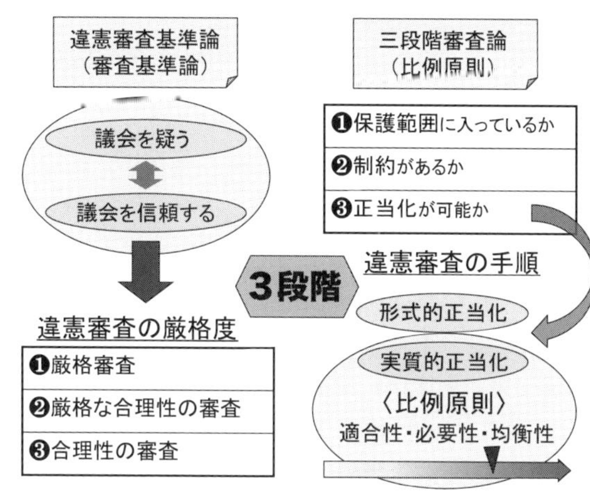

す。３段階といっても，厳しい審査ではほとんどの場合に違憲となり（ごく例外的な場合しか規制が認められない），緩やかな審査ではほとんどの場合に合憲となる（明らかに不合理な規制でさえなければ認められる）とすると，結局は，多くの場合に「中くらい」の厳格度で審査しようとすることになりがちだと指摘されるのです。それよりも比例原則のほうが，それぞれの場合に合わせた柔軟な判断ができるといわれます。

それに対して，あらかじめ「審査基準」を設定しておかなければ，どれくらい厳しく（踏み込んで）審査を行うべきかについて裁判官をコントロールできないとの反論がなされます。どれくらいの要素を考慮するかが裁判官の判断に任されるならば，重要な人権が関わっているのに「考慮要素少なめ」で簡単に判断することを許してしまうのではないかと懸念されるのです。

どちらの考え方が優れているか（どちらを採るべきか）については，憲法学者の間でもいろいろな議論があり，両者の折衷（いいとこ取り）や融合（組み合わせ）も提唱されます。本書では，従来の多くの教科書と同様に，違憲審査の厳格度をあらかじめ定めておく方式を前提に説明することにします。そこで，次の第８章では，違憲審査の厳格度について，もう少し説明します。

《気になる？》

「違憲審査基準論」あるいは「審査基準論」と呼ばれる考え方はアメリカの判例・学説に学んだものですが，「比例原則」は，ドイツの「三段階審査論」の構成要素であるばかりでなく，諸外国の裁判所や国際的な人権機関においても採用されているといわれます。日本の最高裁判例も，「比例原則」のほうがよりよく説明できるともいわれます。

本書の目的は，憲法の勉強を始めるための大まかな見取り図を提供することですので，次のように割り切ることも許されるでしょう。

「審査基準論」も「比例原則」も，裁判官による比較衡量をコントロールするための工夫なのは共通しています。また，人権を制限すること自体が認められる場合でも，規制が行き過ぎたものであってはならないとして，防ごうとする害悪と規制手段のバランスを問題にする比例原則の考え方は，「審査基準論」による〈目的・手段審査〉においても考慮されるものです。

憲法上の人権の保障において，実際に大きな問題となるのは，裁判所による違憲審査の厳格度です。つまり，国会の制定した法律の合憲性について，裁判所がどれくらい踏み込んだ審査を行うことができるか（あるいは，行うべきか）という問題です。違憲審査の厳格度は，「審査基準論」において論じられるだけでなく，「比例原則」においても「審査密度」として問題になるといわれます。つまり，違憲審査の厳格度は，どちらの立場にも共通の関心事だといえるでしょう。

そうだとすれば，勉強を始める段階では，制限される人権に応じて違憲審査の厳格度をあらかじめ分類・整理しておこうとする「審査基準論」のほうが，見通しが効いて好都合ではないか，というわけです。

第８章　違憲審査の厳格度

1　違憲審査の厳格度と「二重の基準」論

違憲審査の厳格度をあらかじめ定めておく「審査基準論」において，違憲審査の厳格度を決めるための大枠となる考え方が，「二重の基準」論です。すなわち，経済活動の自由を制限する法律が問題となっている場合は，裁判所は法律の合憲性を緩やかに審査する（あまり細かくチェックしない）が，精神活動の自由，とりわけ表現の自由を制限する法律の場合は，裁判所は法律の合憲性について厳しく審査するという考え方です。

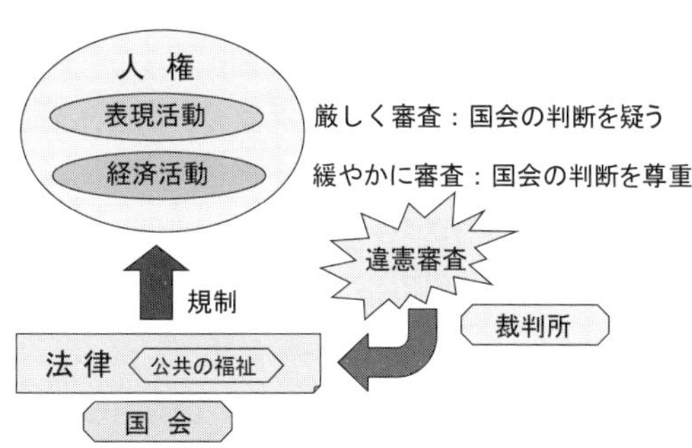

経済的自由を規制する法律については，国会が定める法律は合憲のはずだ（国会が違憲の法律を制定するはずはない）という推定をはたらかせて，国会の判断を尊重するのに対して，精神的自由を規制する法律については，「合憲性推定の原則」を及ぼすことなく，国会の判断を信頼せずに，踏み込んだ審査を行うわけです。つまり，「ダブル・スタンダード」です。そのように違憲審査の厳格度を変えることが，なぜ許されるのかが問題です。

2「二重の基準」論の根拠

違憲審査の厳格度を使い分ける「二重の基準」論の根拠については，(a)人権の価値による序列に基づく考え方と，(b)議会（国会）と裁判所の役割分担に根拠を求める「機能論」と呼ばれる考え方とがあります。

(a)に関しては，精神的自由の人権としての重要性とか，「表現の自由の優越的地位」がいわれました。精神的自由，とりわけ表現の自由は，経済的自由に比べて，より深く個人の人間的存在に根ざしていることから，人権として優越性があり，人権の価値のランクが高いというのです。しかし，研究者が経営者よりも人間性や精神性において優るわけではないでしょうし，政府の規制に直面する経営者にとっては表現の自由よりも経済的自由のほうが重要でしょう。

これに対して，(b)機能論の代表的なものが，民主政における裁判所の役割を根拠とする説明です。

違憲審査を行う裁判所は，選挙で選ばれた国民の代表が多数決で法律を作るという民主主義の政治のプロセス（民主的政治過程）の外にあるといえます。

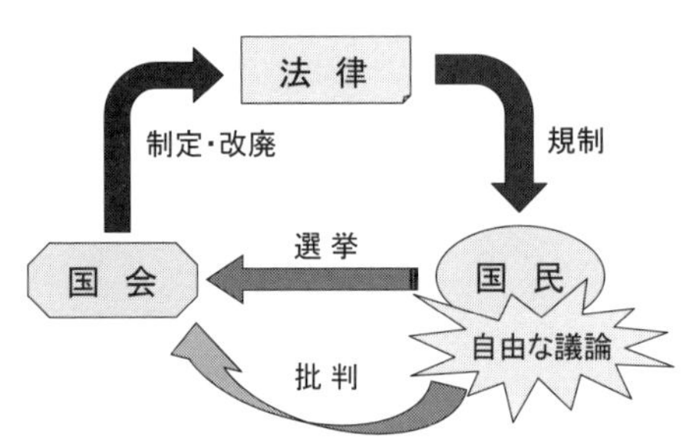

経済的自由を規制する法律が制定されたが，その内容が不当なものである場合，民主的政治過程によって法律を是正ないし排除することが可能です。経済的自由を制限する法律について，人々は自由に議論することができ，法律に対する批判が強まれば，国会も法律を改廃するでしょう。この場合，民主的政治過程の外側にいる裁判所は，基本的に国会の対応に委ねることが許されるはずです。逆に，国会を中心とする民主的政治過程から生み出される法律について，裁判所が常に厳しい審査をするならば，民主主義と衝突することになりかねません。

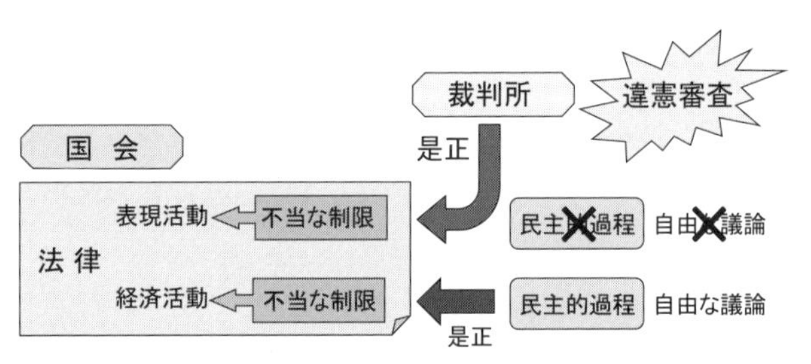

しかし，表現の自由を不当に制限する法律によって人々が自由に議論することができなくなっている場合には，民主的政治過程そのものが傷つけられているため，国会による法律の改廃を期待できなくなります。このような場合こそ，民主的政治過程の外側にいる裁判所が積極的に介入して，表現活動に対する不当な制限を取り除き，民主的政治過程を正常なものに回復する必要があるはずです。つまり，裁判所は，法律を制定した国会の判断を疑って，厳しく違憲審査を行うべきだとされるのです。

(b)議会と裁判所の役割分担に根拠を求める機能論の考え方としては，「裁判所の審査能力の限界」も挙げられます。経済的自由の規制は，政府の社会・経済政策と関係していることが多く，複雑な利害調整や政策判断が求められます。

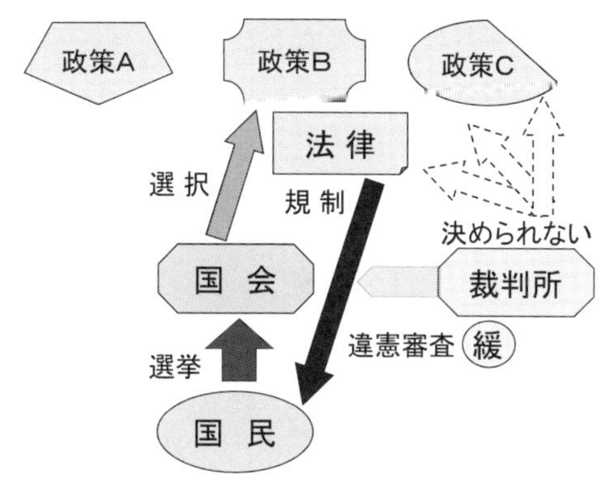

たとえば，経済政策として複数の選択肢があり，それぞれに長所・短所があって，どの政策が最も効果的かを事前に正確に予測することは難しい場合，裁判所は，どの政策が「正しい」かを法律の解釈によって判断することはできないし，政策選択の結果について責任をとることもできません。どの政策を採用するかは，選挙で選ばれた代表が多数決で決めることになるでしょう。ただし，特定の政策を実行した結果，明らかに特定の人々の人権に酷いシワ寄せが生じていれば，裁判所も違憲と判断するでしょう。それに対して，精神的自由については，政策的な規制は許されないと考えられており，裁判所の審査能力の不足はそれほど問題とならないから，踏み込んだ審査ができることになります。

付随的違憲審査制の母国のアメリカでは，(b)機能論の考え方が強いといわれます。ただ，アメリカ合衆国憲法とは異なり，日本国憲法には社会権の規定があります。〈なんとかしてくれ〉型の人権である社会権は，まずは国会が法律を作って実現していくことになります。その際には，政策的な判断も必要になります。そこで(b)機能論を貫くと，国会の判断を尊重して，社会権についても緩やかな違憲審査だけになりそうです。しかし，それでは社会権規定を設けた意味が損なわれかねません。したがって，(b)機能論を基本としながら，日本国憲法の規定に合わせた修正を加えるべきではないかといわれます。

3　目的・手段審査と3段階の厳格度

「二重の基準」論は，違憲審査において裁判所のとるべき基本的なスタンスを論じたものとされます。「二重の基準」論は，具体的な違憲審査基準を導き出すための大枠を示すものです。具体的な事案において，厳しい違憲審査／緩やか違憲審査という2分類がそのまま用いられるわけではありません。学説は，表現の自由に対する規制であっても，常に厳格審査が求められるわけではないと説明します。判例も，経済的自由に対する規制でも，踏み込んだ審査をする場合があります。つまり，「二重の基準」論を基礎にしながら，第7章でみた

〈目的・手段審査〉の3段階の厳格度が導き出されることになるのです。

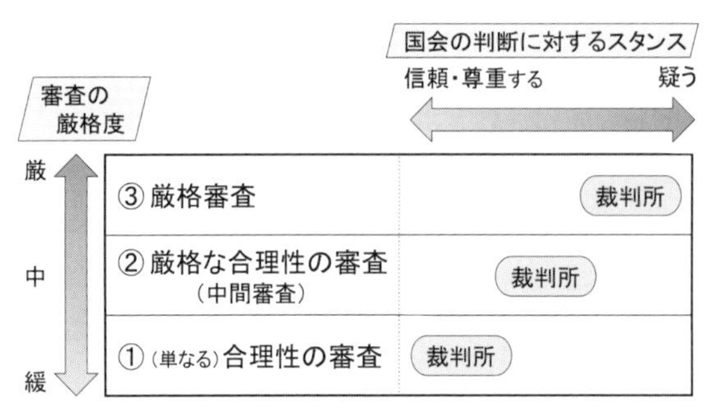

あえて単純化していうと，「厳格審査」とは，法律が原則として違憲とみられ，やむを得ない場合に例外的に合憲性が認められることがあるというイメージです。逆に，「(単なる）合理性の審査」は，国会の判断が尊重され，例外的にヒドい場合だけ違憲となるイメージです。その中間にある「厳格な合理性の審査」は，国会の判断を鵜呑みにせず，裁判所自身で法律の合憲性について詳しく審査するという感じです。

法律（国会の判断）の合理性について「踏み込んだ審査」がなされる場合には，裁判所による「立法事実」の審査が1つのポイントになります。立法事実とは，〈法律の合理性を裏づけ支える社会的・経済的・文化的な一般事実〉とされます。平たくいえば，「なぜ，このような法律が必要なのか」を説明する根拠となるものです。裁判所が国会の判断を信頼・尊重するなら，「国会が必要だと考えたから，法律を制定したのだろう」と推定され，立法事実の詳しい審査にまでは踏み込まないでしょう。裁判所が「この法律による規制が本当に必要なのか」を疑うスタンスのときに，立法事実の有無について裁判所が自ら立ち入って審査することになります。また，法律の制定時には立法事実があった（そのような法律が必要だった）としても，「時の経過」によって当該事件の時点では立法事実が失われていたとされることもあります。

3段階の「違憲審査の厳格度」あるいは「違憲審査のスタンス」は，おおよその目安であって，常にキッチリ3分類されるわけではありません。たとえば，「やむにやまれぬ利益の基準」は，厳格審査の代表的なものとされます。どうしても必要な利益の保護のための，注文して仕立てた服のようにピッタリ合った規制でなければ許されない（少しでも行き過ぎがあってはならない）というイメージです。他方，かなり緩やかな合理性の審査として，「著しく不合理であることが明白」（かなりヒドいことがハッキリしているレベル）でなければよいという「明白の原則」があります。

国会の民主的決定を尊重する①「(単なる) 合理性の審査」を出発点とすると，②や③は「厳しい違憲審査」といえます。なお，②「厳格な合理性の審査（中間審査)」こそが裁判所の行うべき「通常審査」だと考えて，そこから③に厳格化するか，①へ緩和するかを考えるという説明もあります。

《気になる？》

〈目的・手段審査〉は，比較衡量をコントロールする枠組みです。法律による規制の目的も手段も合理的だと認められれば，〈規制によって得られる利益〉のほうが大きいとみなされます。つまり，〈得られる利益〉と〈失われる利益〉の比較衡量が，〈目的・手段審査〉に置き換えられると学説は考えているのです。

最高裁の判例でも〈目的・手段審査〉はしばしば行われています。ただし，最高裁は，多様な考慮要素を取り込んだ総合的な比較衡量を行いつつ，その際の「判断指標」として，学説のいう違憲審査基準を参考にしているといわれます。

つまり，学説は，裁判官に比較衡量を委ねることを避け，違憲審査基準を設定して裁判官の判断を拘束しようと考えているのです。それに対して，最高裁は，具体的な事案に応じて（学説が示す）違憲審査基準も手がかりとして裁判官が適宜選択しながら比較衡量する，というスタンスだといえるかもしれません。

なお，〈目的・手段審査〉が行われるのは，おもに，自由権＝〈やめてくれ〉型の人権が法律によって規制されている場合と，法律によって設けられた取扱いの区別が「法の下の平等」(憲法14条) との関係で問題になる場合です。それとは異なって，〈なんとかしてくれ〉型の人権である生存権（憲法25条）は，国会が法律を定めて「なんとかする」ことで実現されるものです。個人による自由な生存権の行使が法律で規制されるわけではないので，規制目的と規制手段を審査する〈目的・手段審査〉の出番は限られます。その他にも，政教分離の原則に関する「目的・効果基準」などのように，特定の領域で用いられる違憲審査基準があります。しかし，〈目的・手段審査〉以外の場合でも，どれくらい踏み込んで違憲審査を行うことができるか／行うべきかという「違憲審査の厳格度」の問題は存在します。

4　最高裁の違憲審査の現況

日本の最高裁は，人権を制限する法律を緩やかな違憲審査によって合憲とすることが多いとされてきました。それに対し学説は，踏み込んだ違憲審査を求めていました。最高裁が明示的に法律を違憲と判断したのは，日本国憲法の施行以降2023年12月までで12件です（この他に，地方自治体の行為をめぐって，憲法の政教分離の原則に違反すると判断して注目されたⒶ～Ⓒの判決がある）。このうち黒丸数字の6件が憲法14条違反に関わるものでした。

❶尊属殺重罰規定違憲判決（1973年）
②薬事法違憲判決（1975年）
❸衆議院議員定数不均衡訴訟判決（1976年）
❹衆議院議員定数不均衡訴訟判決（1985年）
⑤森林法違憲判決（1987年）
　Ⓐ愛媛玉串料違憲判決（1997年）
⑥郵便法違憲判決（2002年）
⑦在外邦人選挙権制限違憲判決（2005年）
❽国籍法違憲判決（2008年）
　Ⓑ空知太神社違憲判決（2010年）
❾非嫡出子相続分差別違憲決定（2013年）
❿再婚禁止期間違憲判決（2015年）
　Ⓒ孔子廟違憲判決（2021年）
⑪在外邦人国民審査権制限違憲判決（2022年）
⑫性同一性障害特例法違憲決定（2023年）

最高裁の違憲判決が少ない背景として，国会で制定される法律の多くは政府（内閣）が原案を作成しており，その際に内閣法制局の厳密な審査を経ていることが指摘されます。内閣法制局には，法制知識に精通した各省庁のエース級の官僚が集められ，政府が国会に提出する法案を一字一句まで審査するといわれます。そのため，違憲と疑われるような法律が成立する可能性は低かったのです。それでも，憲法施行から50年ほどの間で5件しかなかった法律の違憲判決が，21世紀に入ってからの20年ほどで7件を数えています。最高裁が積極的に違憲審査権を行使するようになってきていることが指摘されます。

さて，付随的審査制において裁判所が法律を合憲あるいは違憲だとする判断は，どのように示されて，どのような帰結をもたらすのでしょうか。次の第9章で概説します。

第９章　憲法判断のあり方

1　憲法訴訟における憲法判断

裁判所で法律などの違憲性を争うことを「憲法訴訟」とか「憲法裁判」と呼ぶことがありますが，そのための特別の訴訟・裁判の制度があるわけではありません。日本国憲法の違憲審査制は，司法裁判所型の付随的審査制であり，具体的な事件の裁判のなかで違憲審査を行うしくみです。したがって，「違憲判決」と呼ばれるものも，判決の結論（日本の裁判所では「主文」といわれる）に「この法律は憲法違反である」と書かれているわけではありません。

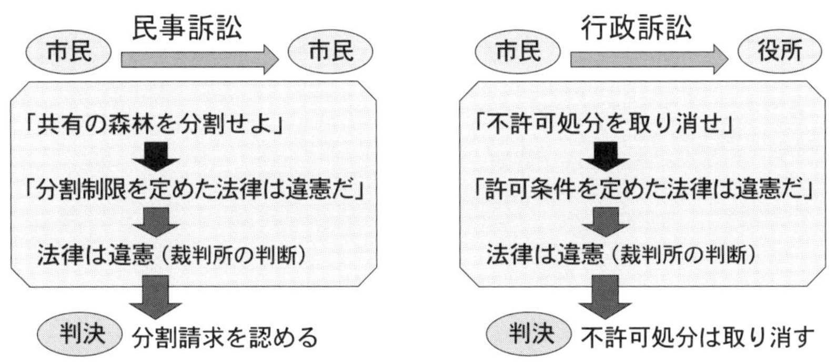

裁判所が扱う具体的な事件の裁判は，刑事訴訟法，民事訴訟法，行政事件訴訟法などの法律に基づいて行われます。判決の「主文」に示されるのは，有罪／無罪とか，損害賠償を支払えとか，行政処分を取り消すとか，控訴や上告を棄却するということですが，なぜそのような結論になるのかについての「理由」において，法律の合憲・違憲に関する判断が示されるのです。

2　最高裁の個別意見制度

最高裁の裁判は，裁判官 15 人全員で構成される大法廷と，5 人ずつ所属する第 1 ～第 3 の 3 つの小法廷で行われます。新たに合憲・違憲の憲法判断をするときと，判例変更を行うときは，大法廷でなければなりません。従来の判例の枠内で判断するときには，小法廷でよいことになります。大法廷を開くのはいろいろと大変なので，従来の判例を引用して小法廷で処理しようとする傾向があると指摘されます。

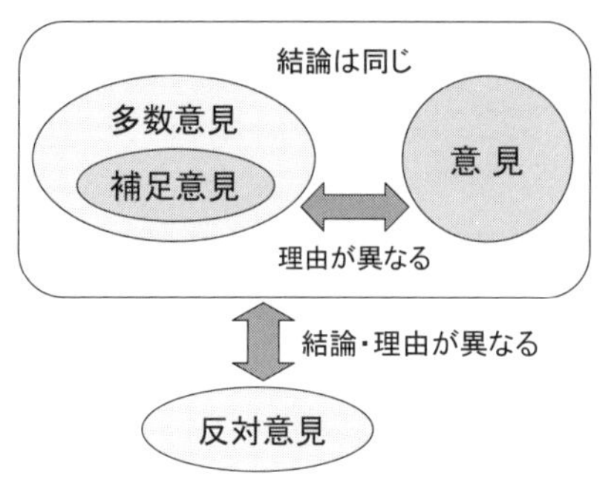

最高裁には，個別意見制度（意見表示制度）があります。地裁・高裁などの下級裁判所は，複数の裁判官で事件を担当する場合でも，合議のうえで1つの意見に集約して判決を書かなければなりません。それに対して，最高裁は，各裁判官が個別の意見を判決に表示することができます。多数となった意見が，最高裁の結論になります。意見または反対意見がある場合に，多数を形成した意見を「多数意見」といい，補足意見だけが付されている場合に，全員一致の部分は「法廷意見」と呼ばれます。

多数意見　　個別意見に対して多数を形成したもの
補足意見　　多数意見に加わった裁判官が付加するもの
意　　見　　結論は多数意見と同じだが理由が異なるもの
反対意見　　結論・理由ともに多数意見に反対するもの

3　憲法判断の手法

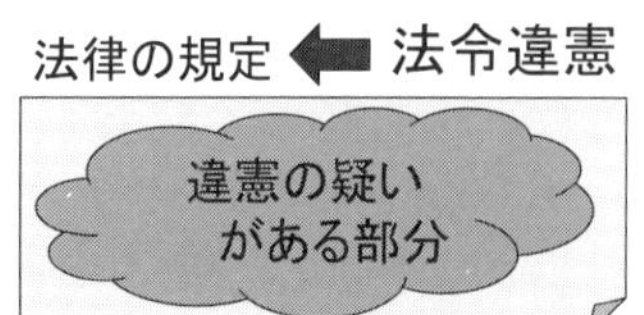

具体的な事件のなかで，適用されるはずの法律の合憲性を判断する場面では，いくつかのやり方があります。

「法令違憲」は，法律の規定を違憲とするものです。問題とされた法律の規定が，誰にどのように適用しても違憲になると考えられる場合には，法令違憲となります。もちろん，合憲的に適用できる場合が全く無いわけではないかもしれません。しかし，その規定の本来の適用場面，あるいは，中心的な意味においては，「使える部分がほとんど残っていない」という感じです。

法律の規定
違憲の疑い
がある部分
合憲的に
適用できる部分

法令違憲は，その法律を制定した国会の判断を正面から覆すものですから，法的・社会的な影響は大きく，違憲審査と民主主義の関係からも慎重さが求められそうです。そこで，法律の条文が一見したところ違憲の疑いを含むようだとしても，その条文を限定解釈して，実は法律が規制の対象にしているのは合憲的に適用可能な部分に限られると説明するのが「合憲限定解釈」です。

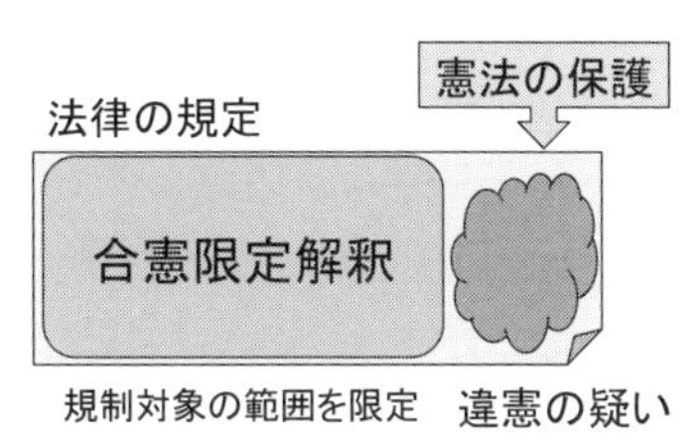

ところで，本来の合憲限定解釈は，法律の規定の一部が違憲だという評価を含んでいます。〈憲法上の人権として保護されるはずの部分までもが，法律による規制の対象となっている〉との判断が前提となっているのです。これに対して，法律に違憲となる部分があるわけではないが，憲法の趣旨を考慮して法律の限定解釈をする場合があります。

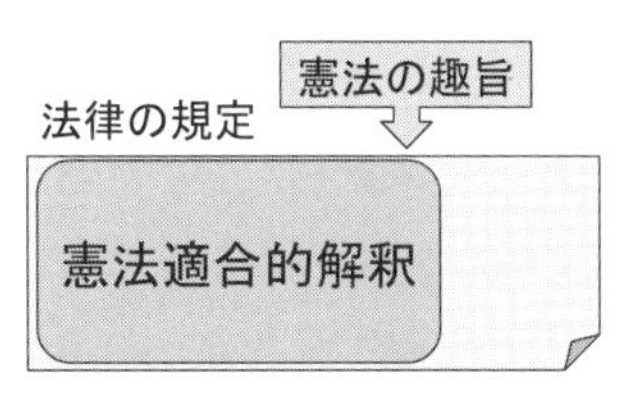

〈このように解釈したほうが，憲法の趣旨によりよく適合する。しかし，こう解釈しなければ法律が違憲となるわけではない〉ということです。従来は，これも合憲解釈とされました。しかし，近年は，合憲限定解釈と区別して「憲法適合的解釈」と呼ばれることがあります。

もっとも，実際の事例が「合憲限定解釈」と「憲法適合的解釈」のどちらなのかは微妙な場合もあります。

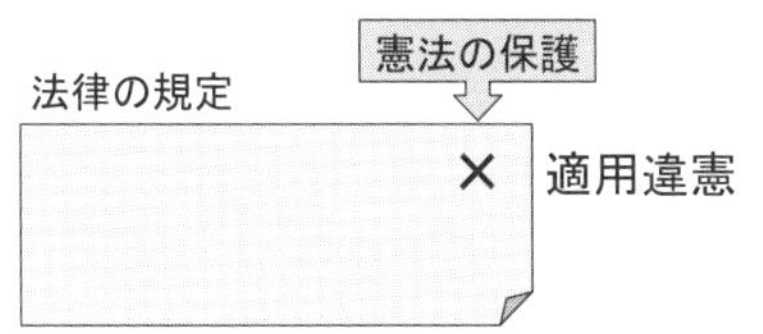

他方で，法律の規定がこの事件に適用される限りで違憲だとするのが「適用違憲」です。裁判の対象になっている事件が図の×印だとすると，憲法の保護を受けるはずの行為（憲法で保障されている人権の行使）までが法律による規制を受けており，それは許されないと考えられるときに，法律の規定全体が違憲（法令違憲）と判断するのではなく，この事件に適用するのは違憲だとするのです。

事件の解決に必要な限りで違憲審査を行うのが付随的審査制だとすると，この事件（×印）に法律を適用することが違憲かどうかだけを判断するのが本筋だともいえそうです。また，法律の規定ぶり（条文の書き方）によっては，合憲限定解釈がうまくいかない場合もあるでしょう。

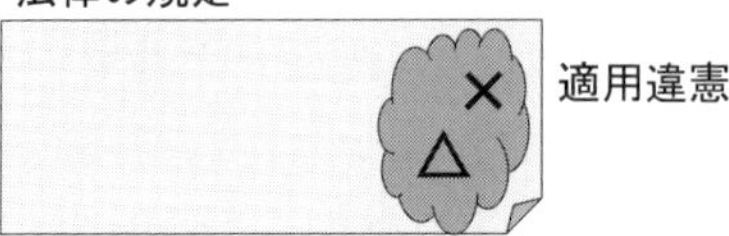

しかし，適用違憲は，その事件で問題となった行為（×印）に関する限りで違憲と判断するものです。したがって，類似する他の行為（△印）にその法律を適用した場合については，合憲か違憲か分かりません。適用違憲では，違憲となる場合があるとされた法律が，どこまで有効に適用できるのか不明となり，法的安定性に問題が生じます。

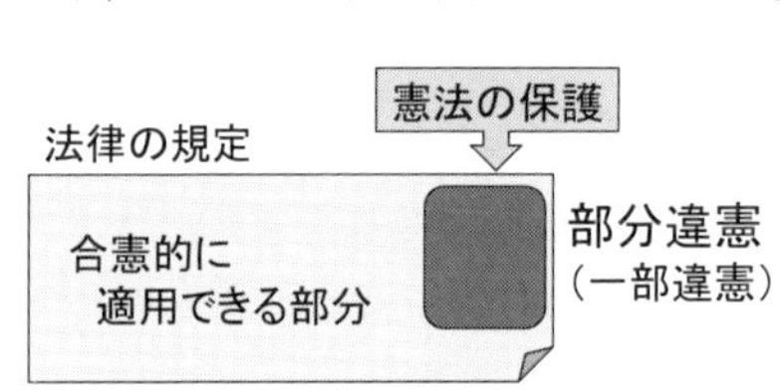

これに対して，「部分違憲」（「一部違憲」とも呼ばれる）は，法律の規定の一部を違憲とするものです。適用違憲は，その事件に適用する限りで違憲だという以上の判断は含まない，つまり，それ以外の場合については合憲とも違憲とも判断していません。それに対して，法律の規定の合憲性を一般的に検討したうえで部分違憲の判断が下されている場合には，違憲とされなかった部分は合憲だという趣旨が読みとれることになります。最高裁は，適用違憲の手法については消極的でしたが，部分違憲については，近年，積極的に用いる傾向にあるといわれます。ただし，違憲となる部分を切り取って，残りの部分を生かそうとするのが部分違憲の手法ですので，①違憲部分を切り離せない場合，②違憲部分を切り取った残部だけでは意味不明になる場合，③違憲部分を切り離すと意味が大きく変わってしまう場合などには，部分違憲の判断はできないことになります。

《気になる？》

部分違憲（一部違憲，一部無効）には，「文言上の一部違憲（量的部分違憲）」と「意味上の一部違憲（質的部分違憲）」があるとされます。ただし，2類型の定義は明確ではなく，具体的な判例がどちらに分類されるかにも見解の相違があるようです。しかも，どちらの類型に分類されても結果は変わりません。

〈法律に違憲の部分がある〉という場合には，(a)「条文の文言に違憲の部分がある」「この文言を削除すれば違憲ではなくなる」と考えられることもあるでしょう。他方，(b)条文の文言の「ここを削れ」と明示できるわけではないが，

「この事柄が条文の適用対象に含まれているのは違憲だ」「この事柄も規制されるという意味では違憲だ」とされることもあるでしょう。(a)と(b)の呼称はともかく，どちらも「部分違憲」だというわけです。

4　法律の合憲性と行政処分の適法性

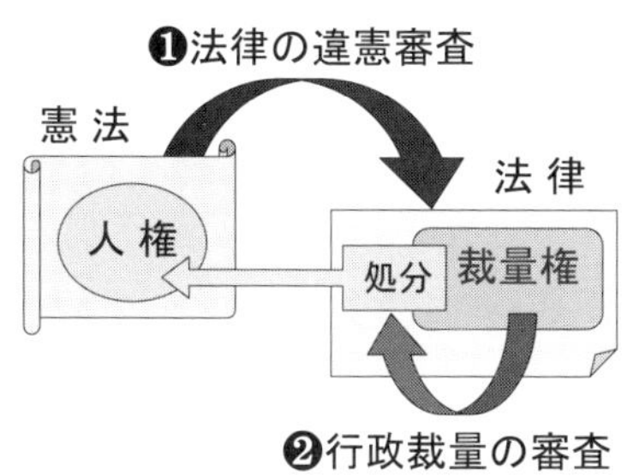

行政機関の判断（「処分」と呼ばれるもの）によって人権が侵害されたという場合，まず，❶処分の根拠となっている法律の合憲性が問題となるでしょう。法律が合憲とされた場合には，❷処分が法律によって与えられた裁量権の逸脱・濫用に当たるかが問題となるでしょう。

国民の代表が定めた法律（そこに示された判断）をひっくり返すためには，憲法を持ち出す必要があるというのが，❶違憲審査（法律の合憲性審査）の問題でした。それに対して，行政機関の判断に疑問があるならば，❷それが法律に違反していないか（行政処分の適法性）が問題のようにみえます。行政機関が個人の権利を制限する場合には，法律の根拠に基づかなければなりません（「法律による行政の原理」）。不当に権利を制限する処分については，処分の根拠となる法律の違憲性ではなく，処分の違法性が問題になりそうです。ところが，法律が行政機関に広い裁量を認めている場合などに，法律が裁量権を与えたこと自体は違憲ではないとしても，処分が個人に打撃を与えていることがあります。そこで，法律が違憲だといえなくても，処分が憲法上の人権を侵害しているとして，「処分違憲」とする可能性が論じられます。

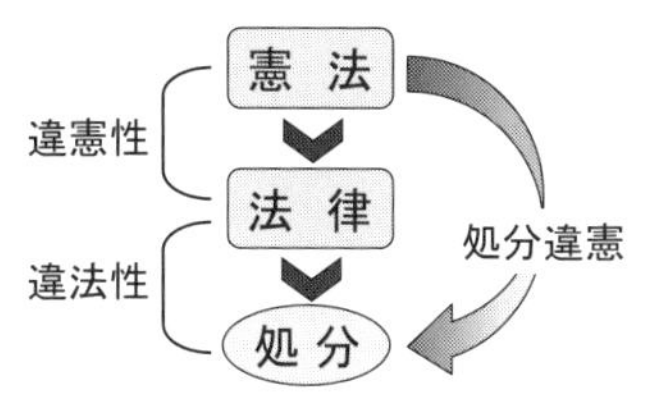

《気になる？》

処分が個人に打撃を与えている事態が生じた原因を，法律に帰責できるかが手がかりになりそうです。ⓐ不当な処分がなされたのは，法律の規定に原因がある（そうした処分を許すような不備がある）といえるならば，当該事案に法

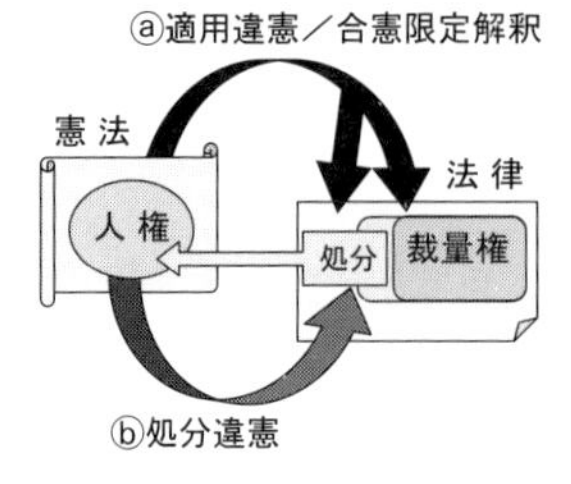

律を適用したことを「適用違憲」としたり，そのような処分の可能性を排除するように「合憲限定解釈」することが考えられるでしょう。ⓑ法律の不備に帰責できない場合は，裁量の逸脱・濫用の審査において，人権を考慮要素とすることが求められるでしょう。人権の重要性を十分に考慮しなかった処分は違法となりえます。そして，〈そのような処分は，ひいては，違憲と判断されることもある〉というのが「処分違憲」という議論かもしれません。

5　違憲判決の効果

司法裁判所型の付随的審査制では，裁判所で違憲とされた法律の規定は，その裁判では使えません。しかし，その条文が正式に廃止されて法令集から自動的に削除されるという「一般的効力」が認められるわけではありません。違憲とされた規定は，その事件で適用されないだけで，国会が改廃するまでは形式的には存続します。これが違憲判決の効力についての「個別的効力説」という考え方です。このことは，最高裁が「法令違憲」の判断をした場合でも同じです。

ただ，違憲判決の「効力」についての理屈は個別的効力説なのですが，実際の「効果」に注意が必要です。法令違憲の判断は，その規定が「誰にどのように適用しても違憲になる」という裁判所の解釈を示しているはずです。したがって，最高裁が「法令違憲」とした場合，その規定は「すでに死んでいる」あるいは「凍結」状態と考えられ，国会は速やかに改廃すべきとされるのです。

《気になる？》

かつては，「適用違憲」は，法律の条文には問題がないが，本来は適用すべきでない場合にまで規制を及ぼす〈適用行為〉が問題だ（国会は悪くなく，行政機関が悪い）ということと考えられていました。しかし，現在は，本来は規制してはならない（憲法で保護されている）場合にまで適用できてしまう条文に問題がある（やはり国会も悪い）と考えて，適用違憲も〈適用行為〉ではなく〈法律の規定〉を問題とするものだという理解が有力になってきました。

たとえば，多くの人々が利用する施設において，利用規則で「建物内を下着姿で歩くことは禁止」と定めていたとします。しかし，それがスポーツ施設で，シャワー室や更衣室があるとすれば，利用規則の規定はそれらの場所を規制対象に含まないと「限定解釈」されるべきでしょう。もし，シャワー室前の脱衣場で着替え中の利用者に対して，施設管理者が利用規則を示して「規則違反だ」と叱責したら，管理者の適用行為も疑問ですが，大雑把な利用規則の定め方に問題があるというべきでしょう。「シャワー室について，利用規則を持ち出しちゃダメだろう」ということになったとしても，スポーツ後に更衣室で汗がひくまでパンツ1枚で涼んでいてよいかは不明です。その施設にはサウナや温浴設備もあるとなると，もはや利用規則の「問題部分」を特定するだけでは足りず，大雑把すぎて意味不明な利用規則そのものに「ダメ出し」すべきでしょう。

「公衆の目に触れる場所で尻，股間その他身体の一部や下着をみだりに露出した者」を処罰する法律があったとして，若者がフンドシ1枚で神輿を担いで街を練り歩く伝統の「裸みこし祭」の参加者をこの法律で一網打尽にするのは，おかしいでしょう。ここで，条文自体の合憲性を評価する「文面上」判断と，法律が適用されるはずの行為が憲法上保護されているか否かを評価する「適用上」判断の区別がいわれることがあります。江戸時代から続く「裸みこし祭」という神事への参加が宗教行為として憲法上の人権に含まれるとすれば，憲法上保護された行為を規制してはならないとする「適用上」判断の場面となりそうです。しかし，憲法上保護された行為に対する規制を許してしまう法律の条文そのものが違憲と評価されるならば，「文面上」判断ともいえそうです。

「文面審査」と「適用審査」の区別が論じられることもあり，それを再構成する提案も種々なされています。他方で，適用審査と適用違憲が当然に結びつくわけではないともいわれます。つまり，病院に例えていえば，どのような検査をするかよりも，結論として重要なのは，どのような処置をするか（部分切除か全摘出か内科的治療か）でしょう。そして，「この症状には，この検査」とか，「この検査をしたら，この手術」と形式的・固定的に決まっているわけでもないでしょう（一般的な傾向を見出すことは可能かもしれませんが）。

憲法論としては適用違憲とか合憲限定解釈といって議論しますが，刑罰法規のレベルでは，〈フンドシ1枚で街を練り歩く〉行為が「公衆の目に触れる場所で尻，股間その他身体の一部や下着をみだりに露出」したという犯罪構成要件に該当するとしても，伝統の「裸みこし祭」における行為だから違法性は阻却されるとか，そもそもこの法律は「みだりに露出」した者を処罰すると規定しているから犯罪構成要件に該当しないなどと考えることになりそうです。

ここまでに，憲法上の人権を保障する〈しくみ〉としての違憲審査制について説明してきました。個々の人権の〈なかみ〉の説明をする前に，人権保障の〈しくみ〉に関わってもう1つ，誰に・どのような場面で憲法上の人権が保障されるのかについて，以下の第10章から第12章で確認しておきます。

第10章　人権の主体

1　人権享有主体性

「生まれながらの人権」は，すべての人間に固有のものであり，すべての人間が等しく有する（人種，性別，身分などによって区別されない）という普遍性を有しています。しかし，憲法は，そのような「生まれながらの人権」そのものを保障しているわけではありません。

憲法上の人権は誰に保障されるのかという論点は，「人権享有主体性」とか「人権の主体」の問題と呼ばれます。日本国憲法の権利章典である第3章の標題は，「国民の権利及び義務」となっており，また，憲法上の人権の根拠が「個人の尊厳」にあるとされることを考えれば，一般の国民個人には，人権享有主体性が認められるでしょう。

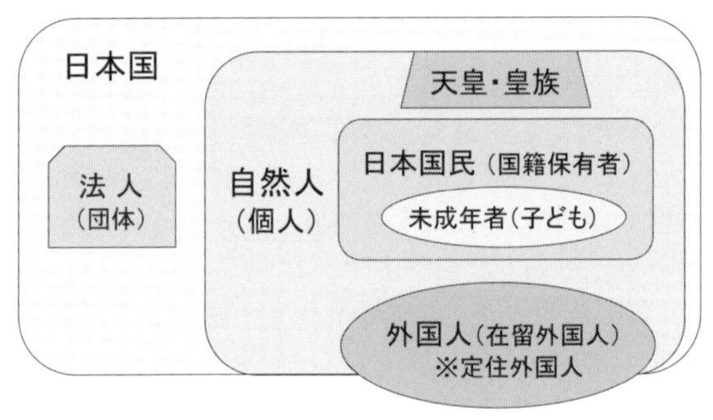

国民は，未成年であっても，当然に人権享有主体です。しかし，未成年者は，判断能力が未成熟なことを理由に，一部の人権行使を制限されます。憲法15条3項は，「公務員の選挙については，成年者による普通選挙を保障する」と規定しています。日本国憲法が明文で未成年者の人権を制限しているのは，選挙権だけです。ただし，子どもに対して，法律によって，大人とは異なる理由で人権を制限することがあります。第5章4でも触れたところですが，「自己加害防止」を理由とする制限です。なお，判断能力が不十分なことが未成年者の人権制限の根拠ですから，たとえば奴隷的拘束を受けない権利（18条）のように，個人の判断能力が要素とならない人権は，成人と同様に保障されます。

人権享有主体性の有無については，従来，天皇・皇族，外国人，法人のように，一般の国民個人とは質的に異なる者について論じられてきました。ただし，それぞれ対比の観点が異なっています。

天皇・皇族	世襲の身分を有する自然人
外国人	日本国籍を有しない自然人
法　人	自然人ではないが，法律上の権利・義務の主体

「自然人」とは，生身の人間のことです。法律上の権利・義務の主体となります。自然人以外で，法律上の権利・義務の主体としての資格を与えられているのが「法人」です。たとえば，社長の個人名義でしか契約や資産所有ができないのは不便ですから，会社名義でできるようにするのが法人という技術です。

2　天皇・皇族の人権

天皇・皇族も日本国籍を有していますが，人権享有主体としての「国民」に含まれるかについては，肯定説（従来の通説的見解）と否定説（近年の有力説）があります。

日本国憲法の象徴天皇制は，公職の世襲制です。これは，憲法自体が容認した「法の下の平等」の例外です。その地位と職務のために，天皇・皇族は，一般の国民とは異なり，多くの主要な人権が強く制約されています。もちろん，天皇と他の皇族とでは，制約の度合いに相違があります。

天皇・皇族の人権享有主体性を認めながら，大幅な人権制限を正当化する肯定説の背景には，〈人権享有主体性を否定すると，天皇は「人間以外の存在」ということになりかねない〉という懸念があるのかもしれません。しかし，〈憲法が規定する象徴天皇制に基づく人権制限として許される〉という肯定説の考え方では，憲法に手がかりがあれば，同様に広汎で強力な人権制限が他の場合にも認められることになりかねません。

そこで，天皇・皇族の人権享有主体性を認めないのが，否定説です。天皇・皇族は「門地」によって国民から区別された特別の存在だと考えるのです。人間だと認めながら人権の享有を否定することは，人権の観念に例外を認めることになります。また，一般の国民が婚姻によって皇族になると人権享有主体性を失うとすれば，人権は自らの意思によっても譲渡したり放棄したりできないという説明とも衝突しそうです。それでも，人権享有主体性を認めたうえで広汎な人権制限を容認するよりは，立憲主義に対するダメージが小さいと考えるのです。

ただ，天皇・皇族の人権享有主体性について，肯定説・否定説のどちらをとっても，現行の法的取扱いについて異なる結論に至ることはないと考えられています。あくまで人権についての考え方をめぐる対立です。

《気になる？》

人権享有主体性を認めながら多くの人権をほとんどゼロまで制限してしまうのと，人間だが人権享有主体とは認めないとするのと，どちらも説明としては苦しそうです。ここでも，理念的権利としての〈人間の権利〉と，法的権利としての「憲法上の人権」の区別が有用でしょう。天皇・皇族も，人間ですから〈人間の権利〉は認められます。しかし，日本国憲法のしくみとしては，国家（政府）と特別の関係を持ち続ける（勤務時間外は政府から退出して「一市民」になる一般の公務員とは異なる）天皇・皇族は，対国家の「憲法上の人権」を享有しないこととしたといえそうです。

3　外国人の人権

憲法上の人権が，人間に固有の「生まれながらの人権」に基づくものならば，それは日本に在留する外国人にも保障されないのかが問題となります。

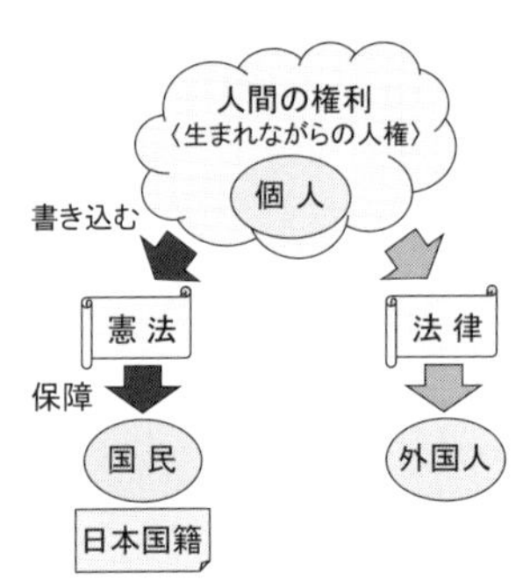

憲法第3章の標題が「国民の権利及び義務」なのを重視して，憲法の人権保障の対象は日本国民（日本国籍保有者）に限られるとする考え方もあります。外国人の人権は，法律によって保障が図られるのが望ましいが，憲法によって保障されているわけではない，というのです。憲法上の人権の享有主体性を否定することから，否定説とも呼ばれます。

しかし，憲法上の人権は，国家や憲法が存在しなくても人間が当然に有しているとされる「生まれながらの人権」に基づくものです。他方，「国家」ができてはじめて「国籍」の制度ができ，国家のメンバーである「国民」と，そうでない「外国人」の区別が生じます。そうすると，「生まれながらの人権」に基づく憲法上の人権は，国籍に関わりなく，同じ人間として外国人にも保障されるはずです。そこで，外国人にも憲法による人権保障が及ぶとする肯定説が，通説的見解となりました。

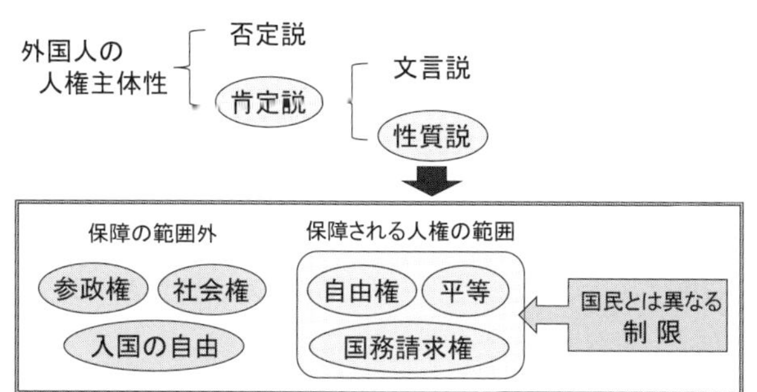

ただし，外国人の人権享有主体性を認めるとしても，すべての憲法上の人権が国民と全く同様に外国人にも保障されるとは考えにくいでしょう。

では，どのような人権が外国人にも保障されるのでしょうか。憲法の条文のなかで「国民は」と定めているものは日本国民だけ，「何人も」と定めているものや主体を明示していないものは外国人にも及ぶとする「文言説」も唱えられました。しかし，日本国民だけが対象となるはずの「国籍離脱の自由」について定める憲法22条2項は「何人も」となっており，憲法の規定は必ずしも厳密な用語の使い分けをしていないといわれます。

そこで，どのような人権が外国人にも保障されるかについては，権利の性質によって判断するという「性質説」が通説的見解となりました。外国人にも保障される人権の範囲には入らないものとしては，参政権（国民主権の原理があるから），社会権（各人の所属する国家＝国籍国によって保障されるべきだから），入国の自由（国家には外国人の入国を認める義務はなく，一定の場合に入国を拒否しても国際法に違反しないから）などが挙げられました。他方，外国人にも保障される人権についても，国民とは異なる制限があるとされます。

最高裁は，早くから，基本的に外国人の人権享有を認めていました。しかし，〈いかなる基準でいかなる人権が外国人に保障されるか〉を明確にしてはいませんでした。マクリーン事件判決（最大判昭53・10・4民集32巻7号1223頁）は，憲法の人権保障は，「権利の性質上日本国民のみをその対象としていると解されるものを除き」，在留外国人に対しても「等しく及ぶ」として，性質説による判断基準を示したのです。

4　外国人在留制度と法務大臣の裁量

マクリーン判決は，〈国際慣習法上，外国人の入国の許否（許す／許さない）は国家の自由裁量により決定でき，特別の条約が存しない限り，国家は外国人の入国を許可する義務を負わない〉という従来の判例の立場を継承しています。入国する自由がない以上，外国人には，日本に在留し続ける（入国を継続する）権利もないとされます。他方，国家は，外国人の入国・在留について条件を定めることができるとされます。日本に在留する外国人は，出入国管理及び難民認定法（入管法）に基づき，原則として，在留資格（特定の活動を行うことを目的とするものと，地位・身分等に基づくもの）と，それに応じた在留期間（外交・公用・永住者を除き最長5年で，更新可能）を定められています。

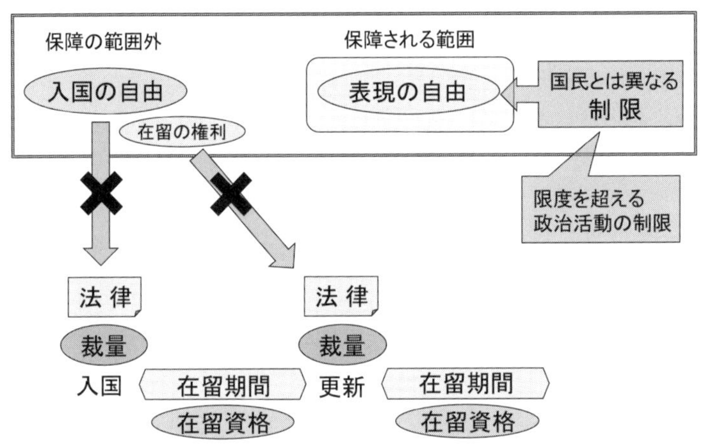

入国や在留について憲法上の人権の保障はないので，入国の許否や在留期間の更新の判断について政府に広い裁量を認めている法律を，違憲とする手がかりはないことになります。

ところで，マクリーン判決は，外国人の人権保障は，「外国人在留制度のわく内」で与えられるとしています。つまり，在留期間中は憲法の保障を受ける行為であっても，在留期間の更新の際に不利な考慮要素とされる可能性があります。たとえば，在留外国人が，在留中に日本政府を批判したとしても，外国人にも保障される表現の自由の範囲内であれば，直ちに在留資格を取り消されて強制的に国外に退去させられることはありません。しかし，当初の在留期間が満了するので期間の延長を望むときに，政府には広い裁量があるので，在留期間中の政府批判を考慮して更新を拒否することもできます。そのように，法律が定める外国人在留制度によって人権保障が枠づけられるならば，実質的には，人権享有主体性を否定する考え方と同じことにならないでしょうか。

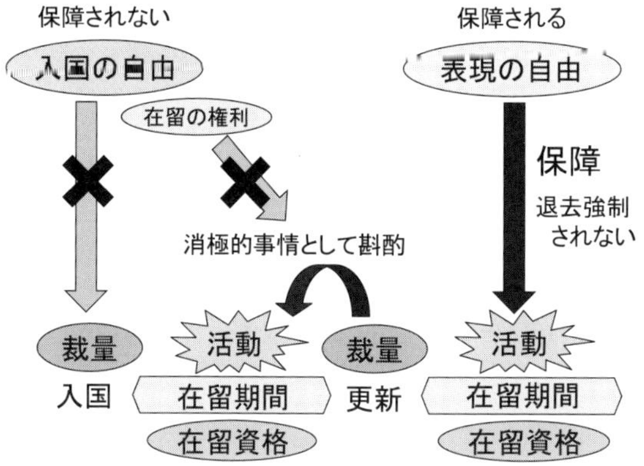

とはいえ，世界中の国々から（北海道から東京へ旅行や転居をするのと同じように）自由に外国人が日本に入国し在留できる（その権利がある）と考えるのも難しいでしょう。

そうすると，問題は，在留期間の更新に際しての法務大臣の判断について，裁判所がどの程度まで踏み込んで審査するかです。外国人在留制度においては，在留期間が比較的短く設定されています（たとえば，日本の大学に留学するからといって，当然に4年の在留期間が認められるわけではない）。在留期間の更新を反復する制度設計だとすると，在留期間中の活動が次の更新時の考慮要素になります。それは，実質上，定期的に在留中の活動の審査を受け，不都合があれば在留が打ち切られることを意味するでしょう。そこで，問題とされる在留中の活動が，憲法の保障を受ける人権行使ならば，そのことは相応の「重み」をもって考慮されるべきでしょう（その意味で法務大臣の裁量は拘束されることになる）。マクリーン判決は，「判断が全く事実の基礎を欠き又は社会通念上著しく妥当性を欠くことが明らかである場合」に限って違法となるとしました。これは，法務大臣の裁量を広く認めるものとして，批判されました。

《気になる？》

「外国人にどのような人権が保障されるか」を考える際に，外国人の人権が法律で制限されているのを人権享有主体性の問題として論じることには，疑問があります。たとえば，法律の改正によって社会保障制度の受給資格から国籍要件（制度の利用には日本国籍が必要だとする制限）が撤廃されたことで，社会権についての人権享有主体性が無から有に変わるとすると，法律の変更によって憲法レベルの問題の結論が逆転することになります。そこで，外国人も人権享有主体であることを前提として，外国人の人権については，国籍を理由とする区別（国民とは異なる取扱い）に合理性があるかを考えるのが適切でしょう。

著名な教科書でも，このような説明が示唆されるようになりました。ただし，この説明では，選挙権は外国人に全く保障されていないことが問題になりそうです。人権享有主体性を認めながら人権をゼロまで制限することは，実質的には人権の「剝奪」ではないかと懸念されるかもしれません。しかし，憲法上の人権を法律でゼロまで制限しているのではなくて，憲法自体が「国民固有の権利である」（15 条 1 項）と限定していると解することが可能でしょう。

在留外国人にも，旅行者，仕事や勉強のために滞在する人，日本に生活の本拠を有する「定住外国人」，無期限の在留が認められた永住者，難民など，さまざまな類型があります。法的には外国籍であっても，日本で生まれ育ち，日本語を話す人は少なくありません。とりわけ，戦後に植民地の離脱によって日本国籍を失って「外国人」とされた人々とその子孫（入管特例法の定める特別永住者）をめぐっては，参政権や社会権について国籍を指標とする一律の人権制限に服させてよいかについて慎重な考慮が求められるでしょう。

参政権に関しては，国民主権の原理との関係が問題とされます。国民主権の「国民」が当然に「国籍保有者」を意味するのかが問題です。「国民主権」に対するのが「君主主権」（国王主権，天皇主権）すなわち〈特別な 1 人が主権者〉というものならば，「国民主権」とは〈我々みんなが主権者〉でしょう。そうすると，国籍が〈我々〉の範囲を決める適切な指標になるか，あるいは，現行の国籍制度が〈我々〉の範囲を正確に判定しているかが問題となります。そのうえで，参政権の保障の有無を概括的に判断するのではなく，外国人に権利を認める法律を制定することについて，(a)国民主権の原理に反するから，法律は憲法違反だ（禁止説），(b)憲法は権利の付与を求めており，法律を制定しないのは違憲だ（要請説），(c)憲法はどちらとも定めておらず，国会の判断に委ねられている（許容説），という考え方のいずれを採るべきかを，㋐国政レベルの選挙権，㋑地方公共団体レベルの選挙権，㋒被選挙権といった場合ごとに考える必要があるでしょう。

5　法人の人権

人の集まりは一般に「団体」とか「集団」と呼ばれます。憲法は「結社」という語を用いています。結社のほうが団体の「継続性」が意識されるようです。団体の名義で契約を結んだり財産を所有したりできるようにして，法律関係の複雑化を回避する技術が「法人」です。法人の資格（法人格）を認められた団体は，個人＝自然人と同様に，法律上の権利・義務の主体となります。そうすると，法人にも，個人と同様に，憲法上の人権享有主体性が認められるかが問われます。

宗教法人に信教の自由が保障されないのはおかしいし，報道機関（新聞社や放送局は，たいていは株式会社＝法人）には表現の自由ないし報道の自由が必要だと考えて，学説は，法人にも人権享有主体性があるとしました。ただし，会社は，選挙で投票できるわけではないし，倒産しそうだからといって生存権は保障されません。そのように，性質上，自然人＝個人にしか保障されない（法人は享有しない）権利があると考えられました。最高裁も，八幡製鉄政治献金事件判決（最大判昭45・6・24民集24巻6号625頁）で，憲法上の人権の「各条項は，性質上可能なかぎり，内国の法人にも適用される」と判示しました。

しかし，「法人」は法律上の制度です。憲法上の人権享有主体性が法律で与えられた法人格の有無によって決まるのは，おかしいでしょう。そこで，「法人」ではなく「団体」の人権享有主体性としたり，「法人・団体」，「団体（法人)」，「法人等」と表記する教科書も増えています。

他方，憲法上の人権が生身の人間に固有の「生まれながらの人権」に基づくもので，人権保障の根拠が「個人の尊厳」にあるとすれば，法人に対してそう簡単に人権享有主体性を認めてよいのかが改めて問われるようになりました。八幡製鉄判決の判例としての意義にも疑問が生じています。

6　人権の集団・共同行使

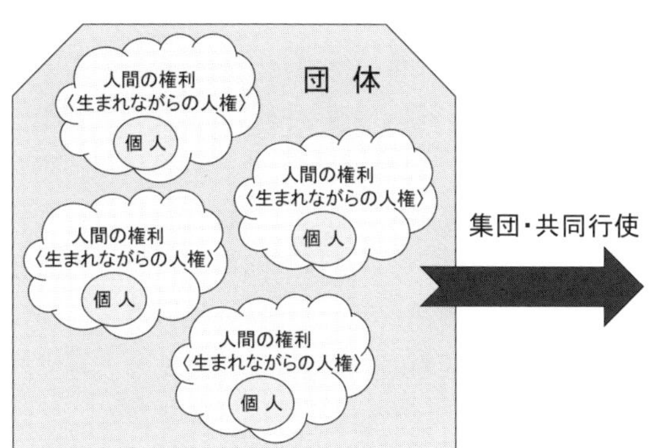

個人は〈人間の権利〉を有しているといっても，やはり一人ひとりの力は弱いものです。そこで，目的や利害を共有する人々が集まり，〈人間の権利〉を束ねてパワーアップしようとします。毛利元就の「三本の矢の教え」です。

そこで，「法人の人権」として論じていたことは，〈人間の権利〉の集団・共同行使に憲法上の保護を与えるという問題なのだと考えられるようになってきました。

そして，〈人間の権利〉の集団・共同行使については，3つの場面に分けて

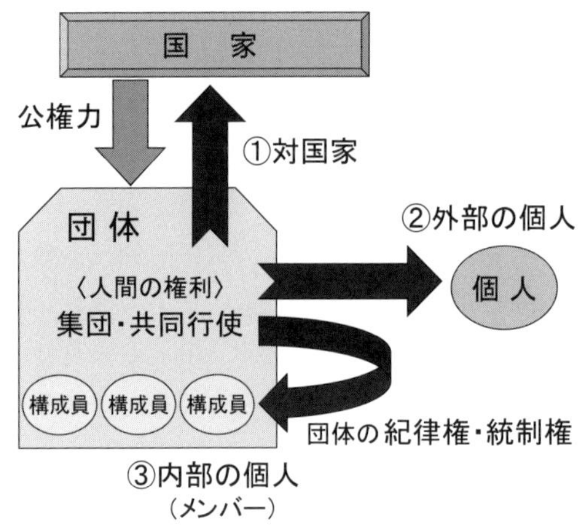

考えるのが一般的です。束ねられて力を増した〈人間の権利〉が，①公権力に対抗するために政府に向けられる場面，②団体外部の私人に向けられる場面，③団体内部の個人（団体の構成員）に向けられる場面です。

①の対国家の場面は，個人の憲法上の人権の保障と重なることになります。刑事裁判の証拠に使う目的で裁判所が放送会社に対して取材フィルムの提出を命じたことが問題となった博多駅テレビフィルム提出命令事件決定（最大決昭44・11・26刑集23巻11号1490頁）でも，スーパーマーケットを経営する株式会社に対する不許可処分が争われた薬事法違憲判決（最大判昭50・4・30民集29巻4号572頁）でも，最高裁は，法人の人権享有主体性の問題や八幡製鉄判決に論及することなく，個人の場合と同様に違憲審査をしています。

これに対して，②は，対国家の関係ではありません。その意味では，憲法上の人権が直接には問題にならない場面といえます。②では，束ねられて増強された力が「社会的権力」となって引き起こす権利侵害が問題です。この問題への対処については，次の章で説明します。

③は，団体の目的達成のための紀律権・統制権の行使と，団体構成員の権利の衝突が生じる場面（団体内部の紛争）です。ここでは，団体の目的の範囲と，構成員の協力義務の限界を検討して調整するという考え方がとられます。かつては，この「調整」のために国家が団体の活動に介入する要素があるとみて，結社の自由（憲法21条）の問題（①の場面）とされることもありました。しかし，強制加入団体（脱退の自由が実質的に制限されている団体）における構成員の自由が問題となった，南九州税理士会事件判決（最判平8・3・19民集50巻3号615頁）や，群馬司法書士会事件判決（最判平14・4・25判時1785号31頁）の事案もそうであるように，実際に対立しているのは団体の執行部と構成員であって，③も対国家の関係ではありません。ただ，裁判所が団体の内部事項に

強く介入すれば結社の自由（団体の自律）の侵害になりかねず，かといって，団体構成員の裁判を受ける権利も無視できないため，裁判所は慎重な衡量を求められます。

《気になる？》

法人には，人の集まりである団体を基礎とする社団法人だけでなく，一定の目的のために提供された財産を管理・運営するために設立される財団法人もあります。通説的見解は，財団法人にも人権享有主体性を認めていました。しかし，「財産の集まり」が人権の主体だとすることに違和感はないでしょうか。また，憲法学説は，法人としての八幡製鉄株式会社の構成員は，工場などで働く従業員ではなく，株主であることを前提としています。今日，株式会社の株主には，いわゆる機関投資家等の法人も含まれ，しかも，それらは「内国の法人」だとは限らないでしょう。

同じ宗教を信じる個人が集まって宗教団体を結成する「宗教的結社の自由」は，個人の信教の自由の内容に含まれると説明されます。つまり，信教の自由は，集団・共同行使が本質的内容になっているのです。宗教法人・宗教団体の活動は，個人が信教の自由を行使する態様ないし方法なのであって，法人・団体そのものに人権享有主体性を認める必要はなさそうです。今日の報道の多くは，記者とか，キャスターやアナウンサーの個人的な活動ではなく，多数人による組織的活動を必要とするでしょう。それ自体としては表現行為にはみえないような業務（輪転機の操作，電波設備の保守・管理，中継車の運転など）に従事する人々との組織的活動が報道を実現するために必須だとすれば，報道の自由も，集団・共同行使を本質的要素とするといえます。つまり，人権の集団・共同行使の保護は，個人による人権行使の態様ないし方法の問題として考えればよく，法人・団体の人権享有主体性を概括的に論じる必要はなさそうです。そもそも，報道の自由の主体とされる「報道機関」については，判例・学説とも，その定義が必ずしも明確ではありません。

第 11 章　人権規定の私人間効力

1　憲法上の人権と私人間における〈人間の権利〉

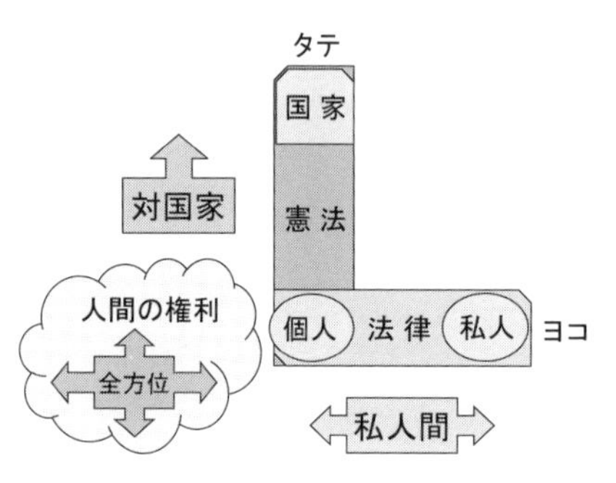

理念的権利としての〈人間の権利〉は，誰に対してでも（全方位に）主張できます。それに対して，法的権利としての「憲法上の人権」は，国家に対して（対国家で）主張するために憲法に書き込まれたものです。

図式的に言えば，憲法上の人権は，国家と個人の間のタテの関係において問題となります。それに対して，私人と私人との間（私人間）のヨコの関係における〈人間の権利〉をめぐる問題は，国会が制定する法律によって扱うのが原則です。このような憲法と法律の役割分担については，第 3 章でも説明しました。

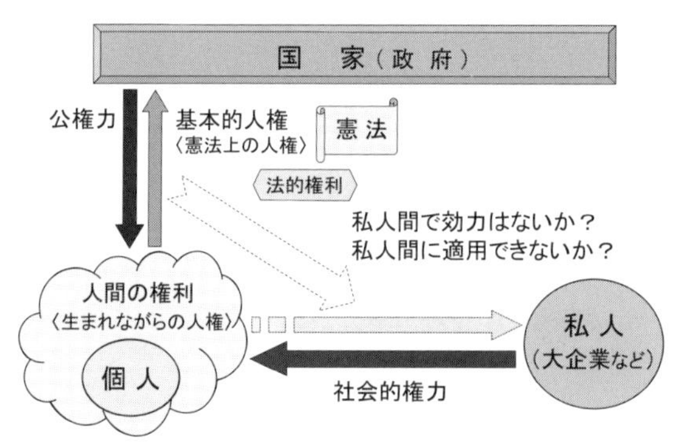

ところが，現代社会には，大企業のような大きな力を有する私的団体（とりわけ法人）が存在しており，ヨコの関係も，必ずしも対等な私人同士ばかりではありません。そこで，国家の公権力に匹敵するような「社会的権力」（第 10 章 6）が〈人間の権利〉を侵害する場合に，どのように救済を図るかが問題となります。

2　私人間における〈人間の権利〉の保護と憲法

社会的権力といっても，法的には私人であり，私人間には「私的自治の原則」（各人の意思と相互の合意で権利義務関係を決めることができる）が当てはまるとされます。たとえば，自由な契約によって，一方の当事者に不利な結果が生じたとしても，直ちに国家が介入して救済したり制裁したりするべきではないと考えられるのです。

そこで，私的自治の原則と〈人間の権利〉の保護との調整（バランスのとり方）が問題となります。それには，3つの方法があります。

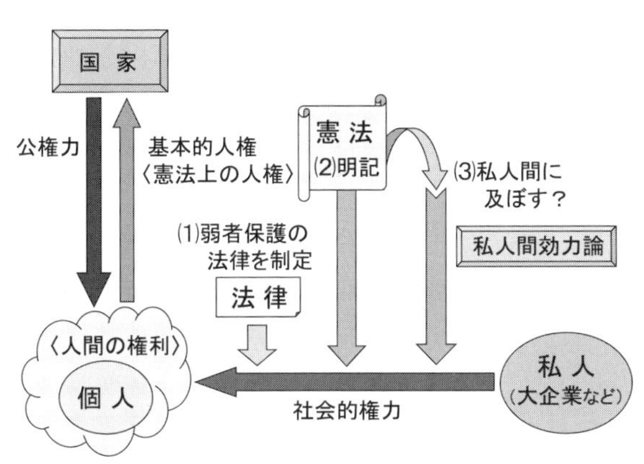

⑴立法による調整です。私人間での〈人間の権利〉の問題は，国会が制定する法律によって対処するのが原則です。国会は，〈人間の権利〉を侵害するような犯罪行為を取り締まるために刑法を制定し，〈人間の権利〉の衝突・抵触に対応するために民法などを整備するだけではなく，弱者を保護する法律を制定することができます。私的自治の原則があるといっても，当事者の社会的な力関係が対等でない場合には，事実上，弱者が強者に服従させられることになりかねません。そこで，弱者保護を目的とする法律によって，私的自治の原則を修正するのです。労働基準法は，その典型的なものです。使用者と労働者の間で合意があっても，労働基準法の定める労働条件に反する労働契約は無効となり，使用者に対して罰則が科せられる場合もあります。

⑵憲法による対処です。❶憲法自体が人権規定を私人間にも適用すると明記することがあります。日本国憲法においては，15条4項が，「選挙人は，その選択に関し公的にも私的にも責任を問はれない」と規定しています。投票内容について私人からも責任を問われない（たとえば，勤務先の社長の友人に投票しなかったからといって，会社で不利益な扱いを受けない）ことを，憲法が保障しているわけです。❷論理的に，人権規定が私人間にも関わると考えられることがあります。勤労権（27条）や労働基本権（28条）は，国家が雇用する公務員についてだけでなく，民間の労働者にも保障されるはずです。27条のなかでは3項の児童酷使の禁止が，私人間にもそのまま適用されることになるでしょ

う。奴隷的拘束の禁止（18条）も，対国家だけではないといえそうです。❸上記(1)の立法による調整を適切に行うよう，憲法で定めている場合もあります。27条のなかでは2項が，「勤労条件に関する基準」を法律で定めるように求めています。その意味では，24条2項も，本来は国会の判断に任されているはずの婚姻や家族に関する事項に関して，「法律は，個人の尊厳と両性の本質的平等に立脚して，制定されなければならない」という縛りをかけています。

(3)私人間における〈人間の権利〉の侵害が問題となっているのに，上述(1)(2)のような対応がなされていない場合に，憲法の人権規定を私人間に及ぼすという対処方法が可能かが問われます。これが,「憲法の人権規定の私人間効力（私人間適用)」あるいは「第三者効力」と呼ばれる論点です。以下では，この点に関する議論を「私人間効力論」と呼ぶことにします。

上述の(1)の方法，すなわち，私人間の問題を法律の制定によって解決することは，そもそも国家を設立した目的だともいえます（第2章3)。しかし，現実には，意見の相違や利害対立のため，弱者を保護する法律が迅速・適切に制定されるとは限りません。私人間効力論が登場するのは，私人間で〈人間の権利〉の侵害が生じているのに，法律による問題の解決ないし弱者の保護が十分に図られていないときです。とりわけ，具体的な事件の裁判において，裁判所が憲法上の人権を用いて対処することができないかが問題になります。

3　人権規定の私人間効力についての考え方

私人間効力論をめぐっては，①無効力説（不適用説)，②直接効力説（直接適用説)，③間接効力説（間接適用説）の3つの考え方があるとされます。

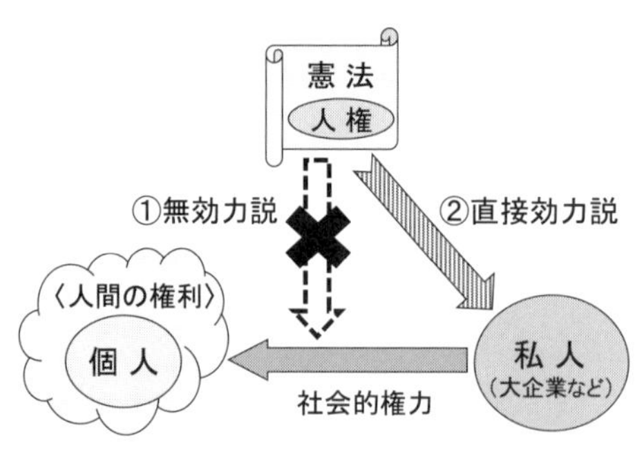

①無効力説によれば，憲法の人権規定は対国家の保障であり，私人間には適用されないことになります。①説では，弱者保護の法律がなく，憲法にも特段の定めがない場合には，社会的権力による侵害から個人を救済することが難しくなります。

②直接効力説は，私人間の実質的な力関係において優越する側の私人に対して，国家に対するのと同様に，

憲法の人権規定をそのまま適用すべきだと主張します。②説の基礎には，憲法の人権規定は社会生活のあらゆる領域において全面的に尊重され実現されるべきだという考え方があります。しかし，優越側の私人に対して人権規定を直接適用することは，優越側の私人には憲法上の人権の主張を認めないことを意味します。国家機関としての裁判所が，一方の私人の人権主張を認めず，憲法の人権規定を適用して違憲と断ずるならば，人権規定が私人に対する義務規定に変質すると懸念されます。これに対して，前述のように憲法 18 条や 27 条 3 項が私人間にもそのまま適用できるといわれるのは，奴隷的拘束や児童の酷使を行っている者に人権主張を認める余地はない（反論は許されない）と考えられるからでしょう。

そこで，民法などの法律の条文を解釈する際に憲法の趣旨を読み込むことで，法律の条項を媒介として憲法の人権規定を私人間に間接適用するという③間接効力説が，通説的見解となりました。たとえば，民法 90 条や民法 709 条が手がかりになります。

民法 90 条
　公の秩序又は善良の風俗に反する法律行為は，無効とする。

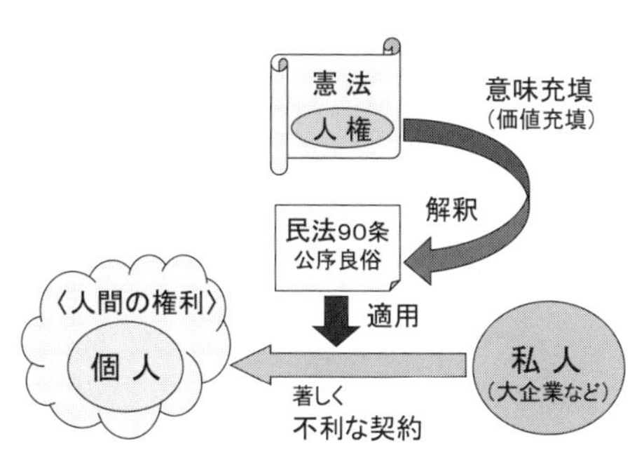

契約も民法 90 条の「法律行為」に含まれますから，憲法の趣旨に反するような契約は「公の秩序又は善良の風俗」（公序良俗）に反するものと解釈して，無効とします。憲法上の人権は対国家のものであり，私人間に適用されるのは法律だという原則を維持しながら，その法律の解釈を通じて間接的に憲法の趣旨・人権の価値を実現しようとするのです。

最高裁も，三菱樹脂事件判決（最大判昭 48・12・12 民集 27 巻 11 号 1536 頁）において，③間接効力説を採用したとされます。この判決が，「社会的に許容しうる限度を超える」人権侵害があった場合には「民法 1 条，90 条や不法行為に関する諸規定等の適切な運用によって……適切な調整を図る方途も存する」とした部分が，③説の立場を示すものと理解されたのです。

国家と個人の関係では，国家は人権を享有しませんから，個人の側が一方的に憲法上の人権を全力で主張できます。それに対して，私人間では，双方が人権享有主体です。一方が社会的権力を有する巨大な法人だったとしても，第10章で触れたように法人も憲法上の人権を享有するというのが通説的見解でしたので，対立する両者の人権が衝突する構図になります。

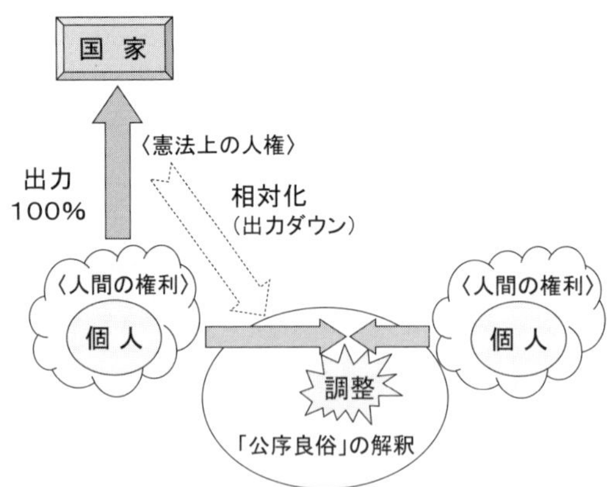

双方が人権主体である私人間では，人権規定の効力が相対化する（フルパワーで人権を主張できない）とされます。私人間では，両者の人権の調整が図られるのです（50：50とは限らない）。間接効力説は，法律規定の解釈の形をとって，両当事者の人権の衡量（バランスをとること）を行うのです。

《気になる？》

②直接効力説や③間接効力説という考え方は，ドイツの憲法学説から学んだものです。ところで，日本では，②説も，優越側の私人を国家と同じように扱って人権主張を認めない点を批判されたことから，双方の当事者が人権主張できると説明するようになり，人権規定の効力の相対化を認めるようになりました。そうなると，②直接効力説と③間接効力説の理論的な区別の意味は失われます。そこで，主要な学説は，両説の間での「二者択一」的な，「カテゴリカル」な議論を諫め，具体的に事例の検討を行うべきだと論じました。㋐使用者と労働者の労働関係，㋑労働組合と組合員の関係，㋒私立大学と学生との関係，㋓家族関係の4類型が提示され，それぞれに関する憲法規定の及ぼし方について，具体的な私法関係や権利の性質に応じて考えることが目指されました。

ところが，その後，多くの学説は，具体的な事例の検討よりも，③間接効力説の理論的な再検討のほうに関心を向けるようになりました。そこには，憲法上の人権の捉え方をめぐる大きな問題が関わっているようにみえたのです。通説的見解として定着したはずだった③説の理論構成をめぐって，私人間効力論は再活性化し，「百家争鳴の情勢」とか「学界で最も「燃える」テーマ」などといわれました。

4　間接効力説の再検討(1) 基本権保護義務論

4 と 5 は，学説が熱心に論じていた問題ですが，スキップして 6 に進んでも構いません。

間接効力説は，憲法の人権規定の意味ないし価値を，法律の解釈に注ぎ込むものです。そうした「意味充填」あるいは「価値充填」の度合いには，幅があります。それが私人相互間で人権の調整を図る間接効力説の特色であり，弱点でもあります。人身売買や強制労働などのような極端な侵害のみを公序良俗違反と考えるならば，無効力説と変わらないでしょう。このような著しい侵害は，憲法を持ち出さなくても，私的自治の原則の下でも許されないはずです。逆に，憲法の趣旨・人権の価値を害する行為が直ちに民法 90 条の公序良俗違反になると考えると，実質的に直接効力説と変わらないことになりそうです。

判例についても，最高裁は「社会的に許容しうる限度を超える」人権侵害があった場合には憲法の人権規定の間接適用を行うというけれども，その基準が曖昧であり，弱者の人権保護に消極的だと批判されたのです。

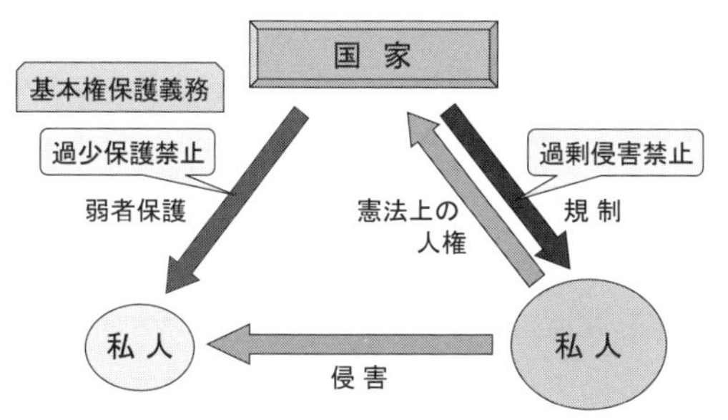

そこで，ドイツの憲法学で有力な基本権保護義務論を参考に，間接効力説に理論的な基礎づけを与え，意味充填の振幅に限界を設定する見解が提唱されます。間接効力説が理論的に詰め切れていなかった憲法の意味充填の度合いについて，「過少保護の禁止」と「過剰侵害の禁止」の間の調整として説明するのです。すなわち，国家は私人間での侵害から個人を保護すべき義務を負うものと考え，侵害に対する法的規制が不足すれば「過少保護」となり，他方，弱者保護の法的規制によって国家が加害側私人の憲法上の人権を侵害することになれば「過剰侵害」となるのです。しかし，憲法規定や違憲審査制のあり方に日本とは大きな相違のあるドイツの基本権保護義務論を日本国憲法の解釈に持ち込むことに対しては，根強い疑問が示されています。

5　間接効力説の再検討(2) 新・無効力説

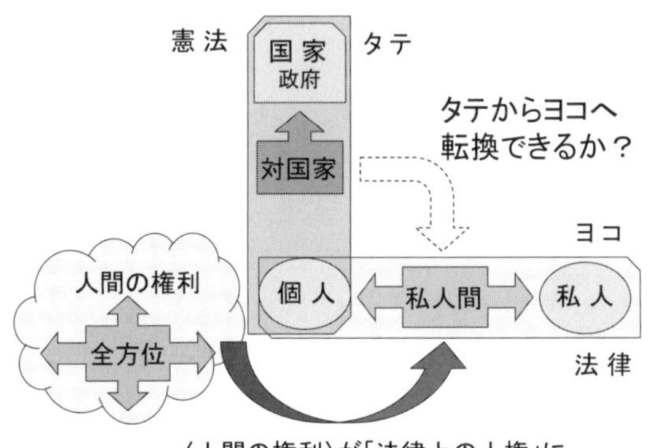

間接効力説は，憲法の人権規定の意味ないし価値を，法律の解釈に注ぎ込むものです。これに対して，国家を名宛人とする（対国家の）憲法上の人権を，なぜ私人間を規律する法律の規定に読み込むことができるのか，換言すれば，国家と個人のタテの関係で効力を有する憲法の人権規定が，どのようにして私人と私人のヨコの関係で効力を生ずるように転換されるのかについて，間接効力説は十分な説明をしていないとの批判がなされました。

そこで，私人間で問題となるのは「憲法上の人権」ではなく理念的権利としての〈人間の権利〉だと考え，憲法上の人権が私人間で効力を有しないとしても，私人間の自由や権利の侵害の救済はできると説く見解が登場しました。この見解は，かつての無効力説と区別して，新・無効力説と呼ばれます。

新・無効力説は，私人間では〈人間の権利〉は法律によって保護されるのであり，法律による調整が不十分な場合には，裁判官が民法90条などを通じて〈人間の権利〉の衝突を調整することができるとします。民法2条（かつては民法1条ノ2と呼ばれていた）は，民法の解釈基準として「個人の尊厳と両性の本質的平等」という憲法と同じ価値を規定しています。これに基づいて民法を解釈すればよく，憲法上の人権を持ち出す必要はないというのです。

> 民法2条
> この法律は，個人の尊厳と両性の本質的平等を旨として，解釈しなければならない。

ところで，間接効力説が考えていたのは，民法90条などの一般条項（解釈の幅がある規定）の適用にあたっては，実定法の外にある〈人間の権利〉も参照されるはずだということでしょう。理念的権利としての〈人間の権利〉は，憲法上の人権の基礎にあって，憲法の人権規定に書き込まれたものです。したがって，憲法上の人権に関する理論や先例は，〈人間の権利〉の内容を示すものとして，民法 90 条などの解釈において参考になるということでしょう。そのような意味で，憲法上の人権が私人間に「効力を及ぼす」と述べていたものと解されるのです。

他方，新・無効力説も，民法の解釈において憲法の人権規定を参照することは認めています。また，新・無効力説の具体的帰結は，間接効力説とほとんど変わらないとされています。結局のところ，新・無効力説は，間接効力説の筋道を再確認して明確にしたものといえるでしょう。

《気になる？》

私人間での保護が問題となるのは，「憲法上の人権」そのものではなく〈人間の権利〉でしょう。〈人間の権利〉が法律によって実定化されていない場合に，裁判所がどこに根拠を求めることができるかが論じられているのです。基本権保護義務論は，〈人間の権利〉と同様に全方位に光を放つ法益が憲法の人権規定のなかに見出されるという考え方を前提にしています。しかし，それでは憲法の「対国家」の性格が変質してしまうのではないか，というのが（日本の）多くの憲法学説が基本権保護義務論に対して懸念を抱く点でしょう。それに対して，新・無効力説は，〈人間の権利〉は憲法規定の外にある理念的権利だという考え方を貫くものです。だから，憲法の人権規定は私人間には適用されないし，間接適用ということもないと新・無効力説は主張するのです。しかし，新・無効力説も，民法を解釈する際に憲法の人権規定を参照する（いわば「カンニング」する）ことは認めています。

6　私人間効力論の現れ方

人権規定の間接適用が説かれるような私人間効力論が登場するのは，私人間における〈人間の権利〉の侵害が問題となっているのに，弱者保護の法律がない場合です。したがって，必要な法律が制定されれば，私人間効力論はもはや必要ないことになります。

たとえば，労働条件に関する男女差別（結婚退職制，男女別定年制など）の場合，男女雇用機会均等法の施行前は，労働基準法には賃金以外の労働条件に関する男女差別を禁止する明確な規定がなかったため，民法 90 条（公序良俗違反）を通じて，憲法 14 条 1 項の間接適用が論じられました。最高裁も，私人

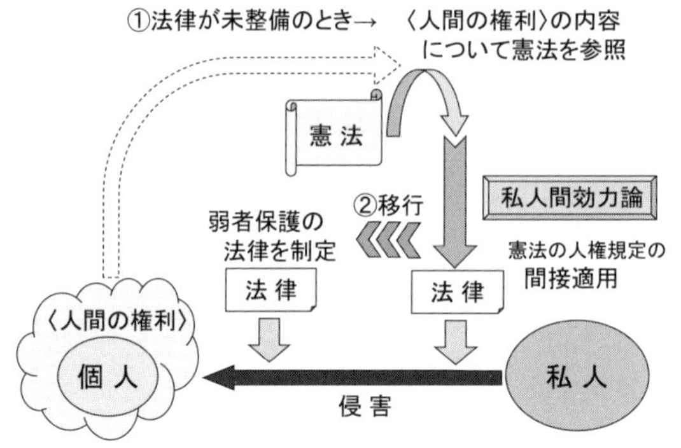

間での男女差別については，憲法を手がかりに被害者を救済することに意を用いているようでした。しかし，均等法の施行後は，14条の私人間効力を論じなくてもよくなりました。

弱者保護に限らず，私人間で利害の調整を図る法律が制定されていれば，憲法の人権規定の私人間効力論は登場しません。その代わり，その法律の合憲性が争われる可能性はあります。財産権（憲法29条）に関する重要判例である森林法違憲判決（最大判昭62・4・22民集41巻3号408頁）も，その例です。非嫡出子（婚外子）の法定相続分に関する民法の規定が問題となった事件は，法の下の平等（憲法14条）に関する重要判例ですが，遺産相続に関わる私人間の民事紛争において，民法が違憲とされたものです。

私人間における〈人間の権利〉の侵害が問題となる場合でも，すでに定着した検討の枠組みが存在するときには，私人間効力論は登場しません。

私人による表現行為によって他の私人の名誉やプライバシーが傷つけられた場合，出版の差止めや損害賠償を求める訴訟が提起されることがあります。そうした名誉やプライバシーの侵害を争う不法行為訴訟では，判例の蓄積もあり，私人間効力論による人権規定の間接適用（一般条項の解釈の枠内での調整）の形はとらず，民法の不法行為（故意・過失による権利・利益の侵害）の成否をめぐって，両当事者の具体的な利害を比較衡量することで問題が解決されます。

第10章で人権の集団・共同行使に関して述べたように，団体の目的達成のための紀律権・統制権の行使と，団体構成員の権利の衝突が生じる場面では，団体の目的の範囲と，構成員の協力義務の限界を検討するという形で調整が図られます。団体を運営する多数派と，利害・見解を異にする少数派の構成員が対立する団体内部の紛争は，私人間の紛争のはずですが，間接効力説のいう間接適用の枠組みは用いられません。

ところで，国家（政府）も，私人と対等の立場で純粋な私法上の行為をすることがあります。たとえば，役所の備品の購入や，庁舎の建設・改修について，

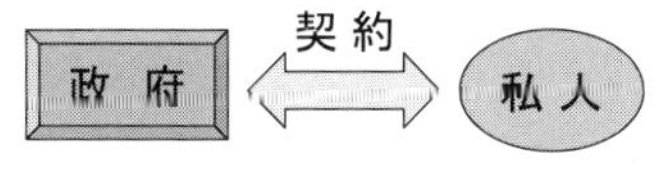

民間企業と契約を結ぶことがあるでしょう。これらの行為は，公権力の行使ではなく，憲法98条にいう「国務に関する」行為とはいえず，憲法による規律が必要とは考えにくいでしょう。他方で，国家の行為形式によって憲法の規律の有無が決まることは適切か，という問題もあります。国家の行為の法的根拠は最終的には憲法なのですから，私法形式の行為を行う国家も，憲法による規律の下にあるといえます。

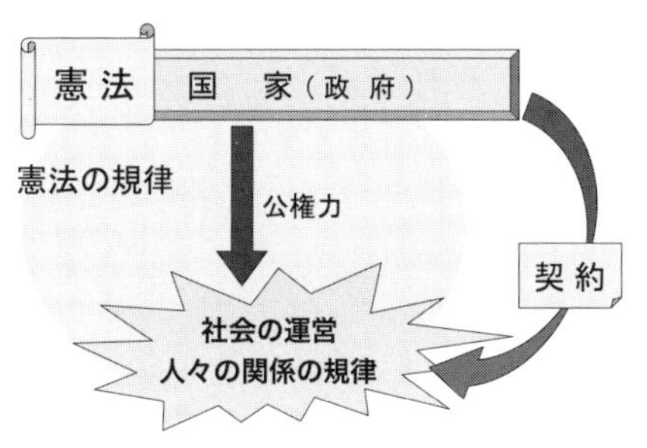

この点が問題となったのが，自衛隊基地設置のために国と私人の間で土地の売買契約を締結したことが憲法9条に違反しないかが争われた百里基地訴訟判決（最判平元・6・20民集43巻6号385頁）です。最高裁は，三菱樹脂判決を引用して，事件を憲法の私人間効力の問題として処理しました。しかし，国家は人権享有主体ではありえないのだから，「契約の自由」を主張することはできず，双方の〈人間の権利〉を調整する私人間効力論の登場する余地はないと指摘されます。そして，国家が公権力の行使に代えて契約の形式を用いることで憲法の規律を免れるのは許されないと批判されるのです。

第12章　特別な法律関係と人権

1　特別権力関係論の否定と「特別な法律関係」における人権

「特別な法律関係」における人権という論点は，憲法上の人権の制限について，一般の国民の場合とは異なる特別の扱いがなされる場合がありうるかという問題です。「特別な法律関係」とされる問題領域は，明治憲法の下では権利が強く制限されていたので，この領域に憲法の人権規定の効力が及ぶか（人権規定の適用範囲）という問題として扱われることもあります。

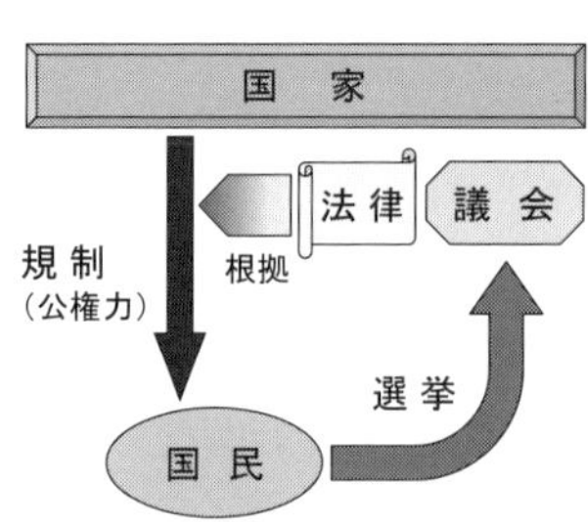

憲法上の人権を制限するためには，法律の根拠に基づかなければならない（人権の制限は法律で定めなければならない）と考えられています。これを「法律の留保」といいます。〈人権の制限は，国民の代表である国会の定める法律によって行う事項として保持（キープ）されている〉ということです。「法律の留保」は立憲主義の要請であって，明示的な規定はありませんが，日本国憲法にも当てはまると解されています。

《気になる？》

明治憲法のように，「法律の範囲内において」あるいは「法律に定める場合を除くほか」は権利が保障されるという定め方をしている場合，権利の制限を原則として議会による法律の制定に留保している（議会が権限を有している）わけですが，議会が国民の権利を必要以上に制限するようになれば歯止めがないことになります。

日本国憲法でも，人権の制限に法律の根拠が必要なことには変わりありませんが，法律で規定すればどのような人権制限も可能なわけではありません。法律による人権制限には憲法上の限界があり，それを超えていないかどうかを裁判所が審査します。それが，日本国憲法の違憲審査制です。

なお，国民の権利の制限には法律の根拠が必要だという「法律の留保」の要請は，議会（国民代表）によって行政権の統制を図るものといえます。これは，行政機関の活動は法律に基づき，かつ，法律に従って行われなければならないという「法律による行政の原理」の内容です。行政法学においては，法律の根拠が必要な行政活動の範囲（国民の権利を制限する活動に限られるのか）について議論がなされています。憲法学の側からみると，国会が法律で定めなければならない事柄の範囲についての議論になるでしょう。

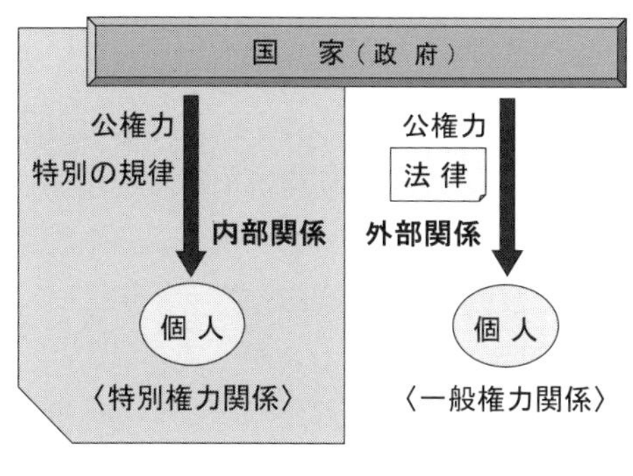

しかし，旧憲法（明治憲法）の下では，「法律の留保」が妥当しない（当てはまらない）「特別権力関係」があるとされていました。

特別権力関係とは，国民が国家の統治権に服する通常の関係である「一般権力関係」に対して，特定の国民が法律の規定または本人の同意によって特別な規律に服している関係をいいます。そのような特別権力関係として，在監者の在監関係，公務員の勤務関係，国公立学校の在学関係，強制入院の対象となった患者の国公立病院在院関係などが考えられていました。

明治憲法の下での理論である「特別権力関係論」では，政府組織の外部にいる一般の国民（一般権力関係）については，法律の根拠に基づいて公権力を行使しなければならないが，いわば国家のフトコロに入ってきた者（特別権力関係）については，法律の根拠がなくても包括的支配権（命令権や懲戒権）を行使できるとされていました。そして，特別権力関係では，個別の法律の根拠なしに広汎に権利を制限でき，そのような国家の支配権の発動について裁判所に救済を求めることはできないと説明されていました。しかし，そうした理論は日本国憲法の下では維持できないと考えられます。

そして，公務員関係，在監関係，在学関係などの実質的に異なる法律関係を，一括して扱うのは適切ではないと批判されます。それぞれ制約される権利の内容や制約の目的等が異なっており，個々の法律関係について人権制限の根拠や限界を具体的に検討すべきとされるのです。

つまり，多くの学説は，特別権力関係論を否定しながらも，「特別な法律関係における人権論」は必要だとするのです。一般国民とは異なる特殊な環境にある刑事収容施設制度（多様な人々を狭い施設内に強制的に隔離・収容する）や公務員関係（政府に雇用され，公権力行使に関与することもある）における人権制限について，「公共の福祉」を根拠とする人権制限の一般理論に基づいて説明するのは無理があり，かえって一般理論が歪んでしまうと危惧されるから，「公共の福祉」とは分けて考えるべきだということでしょう。

2　刑事施設被収容者（在監者）の人権

「在監者」とは，監獄に在る者，監獄に収容されている者という意味の用語です。1908年（明治41年）に制定された監獄法では，刑務所や拘置所などを「監獄」と呼んでいたのです。現在は，2006年に施行された「刑事収容施設及び被収容者等の処遇に関する法律」（刑事収容施設法）が規律しています。

旧・監獄法	刑事収容施設法		
監　獄	刑事収容施設	刑事施設	刑 務 所
			少年刑務所
			拘 置 所
留置場（法的根拠無）		留置施設	
		海上保安留置施設	

したがって，現在は，在監者ではなく「刑事施設被収容者」あるいは「刑事収容施設被収容者」というのが正確ですが，旧監獄法時代の判例・学説に言及する際の便宜もあり，引き続き「在監者」の語が用いられることもあります。

さて，刑事収容施設における特別の人権制限について，学説では，憲法がそうした施設に収容された者と国家の間の特別な法律関係の存在と自律性を憲法秩序の構成要素として承認していることから，その目的を達成するために必要最小限度の制限が許容されるとする憲法秩序構成要素説が唱えられています。

憲法秩序構成要素説によれば，刑事収容施設制度の存在を憲法が18条（「犯罪に因る処罰の場合」の労役を想定）や31条（「自由を奪はれ」るような「刑罰を科せられ」ることを想定）で認めていると解されるので，制度の存立そのものに内在すると考えられる居住・移転の自由（憲法22条）の制限は，憲法自体が許容していると説明されます。しかし，それ以外の人権の制限については，憲法が制度の存在を予定しているからといって，当然に認められるわけではありません。

日航機のハイジャック事件についての新聞記事を墨塗りして在監者に読ませなかった拘置所長の判断が問題となった，よど号判決（最大判昭58・6・22民集37巻5号793頁）では，新聞・図書などの閲読の制限が問題となりました。当時は，監獄法31条2項が「文書，図画ノ閲読ニ関スル制限ハ命令ヲ以テ之ヲ定ム」と規定するのみで，閲読制限に関する法律の根拠が不明確だったのです（現行の刑事収容施設法では，書籍等の閲覧は自由を原則とし，制限できる場合を法律で規定している）。

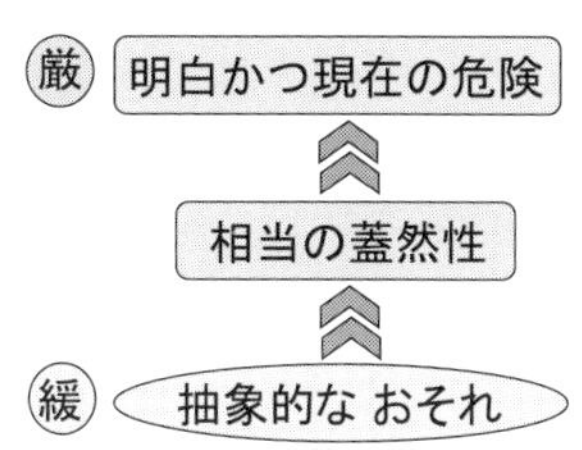

この判決で，最高裁は，特別権力関係論のように在監者を一括りにせず，「無罪の推定」が及ぶ未決勾留者（逃亡・罪証隠滅の防止のため居住を監獄内に限定されている被疑者・被告人）の問題として論じています。そして，新聞・図書などの「閲読の自由」は，憲法19条・21条から導かれ，未決勾留者にも保障されるとしました。その制限には，監獄内の秩序・規律が害される一般的・抽象的な「おそれ」だけでは足りず，放置できない障害が生ずる「相当の蓋然性」がなければバランスがとれないとして，厳しめに比較衡量を行うという違憲審査のスタンスを示しました。しかも，人権の制限によって得られる利益と失われる利益を比較衡量するだけでなく，規制手段も考慮に入れるとしています（第7章2）。

❶法律の違憲審査
相当の蓋然性
比較衡量
（手段も考慮）
憲 法
閲読の自由
合憲限定解釈
（不明確な法律を救う）
監獄法
記事抹消処分

ところが，最高裁は，監獄法を違憲とはせず，条文の文言上はかなり緩やかな要件で制限ができるようにみえるが，監獄法施行規則，法務大臣訓令，局長通達をあわせて読めば，障害発生の「相当の蓋然性」がある範囲内でのみ閲読制限を許すものと解釈することも可能だとしました。いわば，合憲限定解釈によって，不明確な法律の規定を救ったのです。

次に，新聞記事の閲読を制限した監獄の長（東京拘置所長）の判断が違法でなかったかが問題となります。つまり，法律によって与えられている裁量権の行使としての新聞記事抹消処分が，合憲とされた法律の規定に違反していないかが審査されるのです。合憲限定解釈を通じて法律の規定に読み込まれた「相当の蓋然性」の基準に照らして，処分の適法性が判断されるのです。しかし，

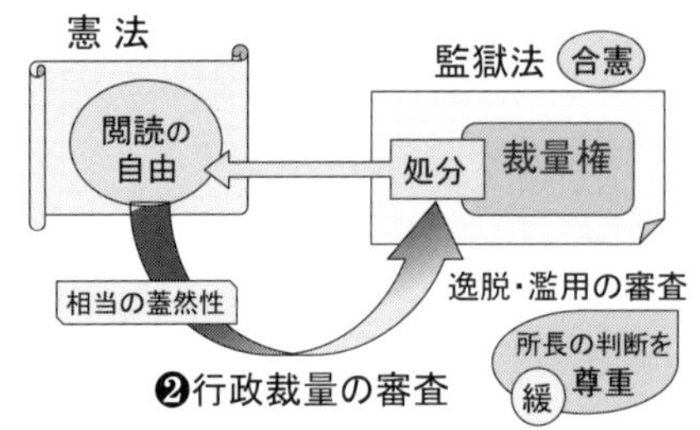

判決は，「相当の蓋然性」の有無について裁判所が審査・判断するのではなく，現場の拘置所長の判断を尊重する態度を示しました。それは，行政裁量を広く認める緩やかな審査につながります。判決では，裁量権の逸脱・濫用はないとされました。

《気になる？》

憲法秩序構成要素説が，憲法自体が法秩序の構成要素として予定している制度のためにⓐ必然的な人権制限については，国会で法律を定める必要はなく，ⓑその他の人権制限についても法律で詳細に規定する必要はないと説明するものだとすれば，人権制限について不備・不明確だった監獄法の規定も，直ちに違憲とされないことになります。しかし，憲法秩序構成要素説が特別権力関係論を完全に否定したものならば，ⓑの点で大きな問題のあった監獄法の規定は違憲とされることになるでしょう。

3　公務員の人権

現行法上，公務員は，政治活動の自由と労働基本権が大幅に制限されています。関係する法律が制定されているので，法律の根拠を完全に欠くわけではないとしても，人事院規則への白紙委任が疑われる（法律自体が十分に規定していない）部分もあります。

最高裁は，初期の判例においては，憲法15条2項の「全体の奉仕者」という文言を手がかりに，公務員の人権制限を正当化していました。その後，最高裁は，「公務員の地位の特殊性と職務の公共性」により人権の制限を広く認めるようになりました。

これに対して，憲法秩序構成要素説は，憲法15条，73条4号等が公務員関係の自律性を憲法秩序の構成要素として承認していることを，公務員の人権制限の根拠として説明しています。公務員が政治的に中立でないと，公務員人事への政党の介入を招き，政権交代の度に公務員の更迭・転任が行われると，行

合理的関連性の基準
（猿払基準）

①規制目的の正当性
②目的と手段の合理的関連性
③規制で得られる利益と失われる利益の均衡

政の継続性・安定性が損なわれるので，それを防ぐために一定の政治活動を制限することも許されるというのです。

政治活動の自由の制限については，北辺の村の郵便局員（当時は公務員）が，勤務時間外に労働組合の活動として選挙用ポスターを掲示・郵送したことが国家公務員法（国公法）の禁止する「政治的行為」に当たるとされた猿払事件判決（最大判昭49・11・6刑集28巻9号393頁）において，最高裁は，「合理的関連性」の基準（「猿払基準」とも呼ばれる）を用いて判断しました。

これに対して学説は，①では，誰も否定しないような一般的・抽象的観念が目的として掲げられ，②では，関連性は直接的・具体的なものでなくてもよいとされるため，①②の審査にあまり意味がなく，結局は③の比較衡量が決め手となっていると指弾しました。比例原則（第7章4）にも通じるようなシステマティックな違憲審査基準にみえて，実は③だけの「裸の比較衡量」ではないか，というわけです。そのうえ，③では，得られる利益は重要な利益と位置づけられるのに対して，制約は間接的・付随的なものに過ぎないとされて失われる利益が低く見積もられているとして，強く批判されたのです。

その後，社会保険事務所に勤務する事務官が行った政党の機関紙やビラの配布行為が問題となった堀越事件判決（最判平24・12・7刑集66巻12号1337頁）で，最高裁は，国公法が禁止する「政治的行為」とは，公務員の職務の遂行の政治的中立性を損なうおそれが「実質的に」認められるものだとしました。そして，それに該当するかについては，管理職的地位にあるか，その職務の内容や権限，勤務時間内に行ったか，国や職場の施設や公務員の地位を利用したかなど，猿払判決では考慮しないとされたはずの事項も含めて，諸般の事情を総合して判断するとしました。

堀越判決については，〈猿払判決に対する学説からの批判を受け容れて実質的に判例変更したのではないか〉との評価もあります。しかし，最高裁は，判例変更の手続をとっていません（大法廷を開いていない）。堀越判決は労組の組織的活動との関連性という点で猿払判決とは事案が異なる（したがって両判決は矛盾しない）と説明しています。

労働基本権の制限に関しては，公務員や公共企業体職員の組合活動が盛んだった（しかも，それは政府の政策に対する強力な批判を含むものだった）時代に，判例の変遷があり，①全逓東京中郵事件判決（最大判昭41・10・26刑集20巻8号901頁）より前，②同判決以降，③全農林警職法事件判決（最大判昭48・4・25刑集27巻4号547頁）以降の3つの時期が対比されます。

☆　公社の職員と現業の公務員（非権力的な事業に従事する職員）に関する「公共企業体等労働関係法」（公労法）の適用対象だった「三公社五現業」のうち，今日までの間に，3つの公社は民営化され，日本国有鉄道（国鉄）がJRに，日本電信電話公社（電電公社）がNTTに，日本専売公社（専売公社）がJTになりました。ちなみに，国鉄の代表的な労働組合の1つが国労（国鉄労働組合）です。また，5つの現業（郵政，印刷，造幣，アルコール専売，国有林野）も，民営化や独立行政法人（独法）への移行などによって，運営の形態が変わりました。ちなみに，猿払事件当時の郵便局員は，郵政省の職員（現業の公務員）でした。郵政省職員の労働組合は，郵政省の前身である逓信省の時代に結成された組合が母体となっていたことから，全逓信労働組合と称していました。全逓東京中郵判決は，全逓信労働組合が東京中央郵便局で起こした事件に関するものです。

なお，全農林判決は，農林省（現在の農林水産省）の職員を中心とする全農林労働組合による警察官職務執行法の改正反対運動に関するものです。こちらは，非現業の国家公務員についての事件です。

憲法の人権保障の〈しくみ〉に関する説明がひととおり終わりましたので，次の第3部からは，個々の人権の〈なかみ〉の説明に入ることにしましょう。

第3部　保障される人権の〈なかみ〉

日本国憲法の権利章典である第３章の「国民の権利及び義務」という題名は，大日本帝国憲法（明治憲法）第２章の「臣民権利義務」という題名を受け継いだものといわれることがあります。

「権利」とは，一定の利益を主張し，請求し，享受することができる法的に「正しい」と認められた力です。欽定憲法（君主が制定した憲法）としての明治憲法が定めていた権利は，天皇が憲法を定めることによって臣民に与えた（だから正しい）とされるものでした。日本国憲法の権利章典に掲げられている人権は，同じ「権利」という言葉を使っていても，第１部で述べたように，明治憲法とは異なる根拠に基づいています。

第３部では，日本国憲法が保障する人権の主要な内容について，大づかみな見取り図を描きます。まず，〈やめてくれ〉型の人権の代表的なものとして憲法が規定する精神的自由と経済的自由について概観します。次に，〈なんとかしてくれ〉型の人権として社会権をみます。その他の人権については，少し角度を変えて，その特徴を照らし出すことを試みます。

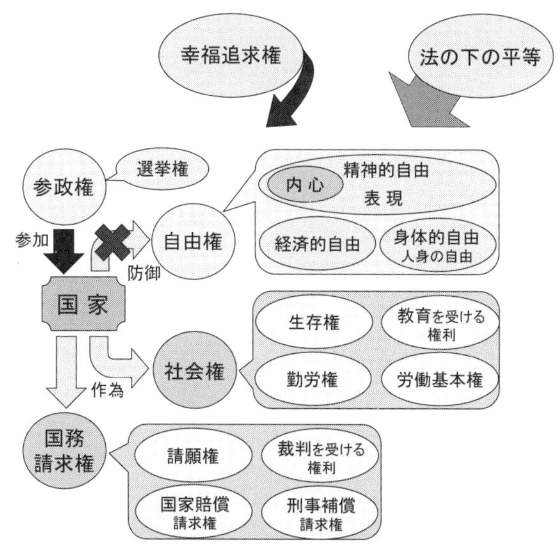

第13章　幸福追求権

1　個人主義

> **憲法13条**　［前段］すべて国民は，❶個人として尊重される。［後段］❷生命，自由及び幸福追求に対する国民の権利については，❸公共の福祉に反しない限り，立法その他の国政の上で，最大の尊重を必要とする。

条文が2つの文から構成されるとき，1つめの文を「前段」，2つめの文を「後段」と呼びます（1つの文の前半・後半という意味で用いられることもある）。13条前段の❶は，個人主義が憲法の基本原理であることを示しています。

憲法前文は，「日本国民は，正当に選挙された国会における代表者を通じて行動し」，あるいは，「国政……の権力は国民の代表者がこれを行使し」として，代表民主制の採用を宣言しています。日本国の運営においては，選挙で選ばれた国民の代表が，最終的には多数決によって基本的な事項を決定するのです。

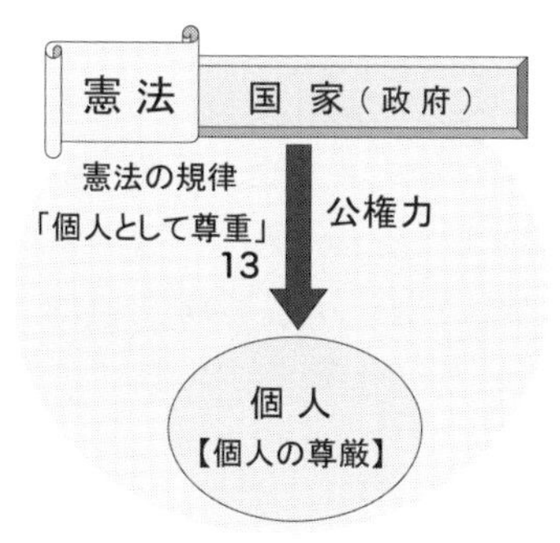

それでも，多数決によって踏みつぶされてはならない個人の価値（大切なもの）があるはずです。それは「個人の尊厳」とも呼ばれ，あらゆる場面で，あらゆるものに対して（全方位で）守られなければなりません。憲法24条は，婚姻や家族制度においても「個人の尊厳」が守られるとしています。そして，13条では，個人が尊厳性を有することから，国政において「個人として尊重される」と規定しています。

「個人として尊重」とは，㋐人間にふさわしい扱いをする（非人間的な扱いをしない）という意味で「人間の尊厳」を守るだけでなく，㋑全体に対して個人を尊重することを意味しています。全体（国家・社会・集団）ではなくて，それを構成する個人を考え方の出発点とするのが個人主義です。〈国家（全体）のために個人が存在するのではなく，個人のために国家が存在する〉と考えるのです。

2　幸福追求権

憲法13条後段の❷は，文言上は，「生命」「自由」「幸福追求」という3つに切り分けられるようにもみえます。「生命に対する権利」を独立の権利とする見解もあります。しかし，「生命に対する権利」を切り出した場合，「自由に対する権利」と他の自由権の条文との関係の説明が難しくなります。しかも，「自由に対する権利」と「幸福追求に対する権利」を区分することも難しく，また実際的でもないでしょう。そこで，全体として包括的な権利と考え，それを「幸福追求権」と呼んでいます（生命・自由を省いているわけではない）。

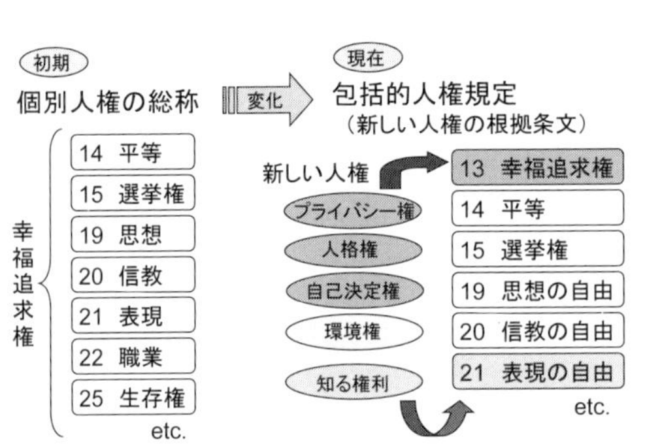

憲法施行後しばらくの間は，幸福追求権は，憲法14条以下に規定されている個別の人権を総称している（まとめて呼んでいる）だけで，それ自体に独自の意味があるとは考えられていませんでした。

ところが，1960年代以降の社会の変化や技術の進歩によって生じた問題に対して，「新しい人権」が主張されるようになりました。〈憲法の条文には書かれていないけれども，人権として保障されるべきものがあるのではないか〉というわけです（「新しい人権」というのは，1947年に制定された日本国憲法よりも「新しい」という意味であり，現在ではすでに定着していて「新しくない」ものも含まれる）。

そこで，憲法13条は，条文に列挙されていない新しい人権の根拠となる包括的な人権規定でもあると考えられるようになりました。最高裁も，京都府学連事件判決（最大判昭44・12・24刑集23巻12号1625頁）で，憲法の条文にない権利が13条から導かれるとしました。

Ⓐ〈新しい人権は幸福追求権から導出される〉，あるいは，Ⓑ〈新しい人権は幸福追求権に含まれる〉と考えるのです。Ⓐは，（必要なものが何でも出てくる）ドラえもんのポケットのイメージです。Ⓑは，（いろいろなものを何でも包み込む）風呂敷のような感じでしょうか。これが，包括的人権規定としての憲法13条による非列挙人権の「補充的保障」と呼ばれるものです。

なお，高等学校の「政治・経済」の教科書で説明される新しい人権のうち，

「知る権利」については，憲法 21 条の表現の自由に含まれるとするのが憲法学説の一般的な理解です。また，「環境権」は，13 条だけでは説明できない問題を含んでいます。

3　公共の福祉

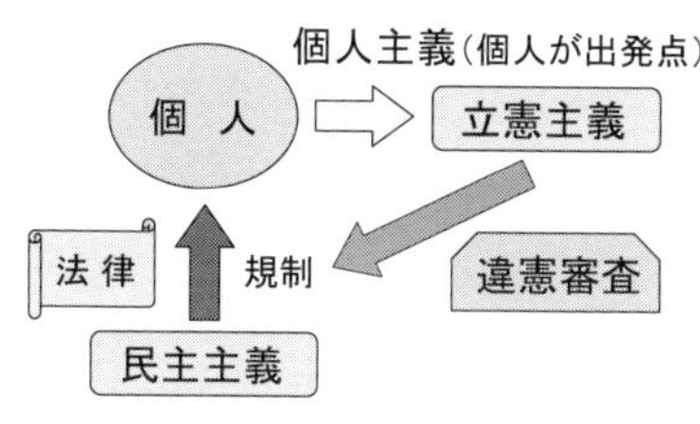

憲法 13 条は後段の❸で「公共の福祉に反しない限り」としており，〈私益を盾に抵抗する者がいれば，多くの人にとって必要な施策が頓挫する〉ことを容認するものではありません。憲法の個人主義は，単なる利己主義を許すものではないのです。

もちろん，「公共の福祉」の内容を多数派が自由に決定できるなら，個人主義を採用した意味は乏しくなるでしょう。そこで，憲法 81 条で違憲審査制を規定し，法律が公共の福祉の範囲を超えていないかを裁判所が審査することにしています。13 条が「立法その他の国政の上で，最大の尊重を必要とする」として「立法」に言及しているのは，国会の制定した法律によっても侵害できないことを意味しています。

ただし，あらゆる法律の是非を裁判所が厳しく審査・判定するならば，国会の民主的決定よりも常に裁判官の判断が優先するかのようなことになり，権力分立のしくみは損なわれ，民主主義とも衝突することになりかねません。そこで，問題となる人権に応じて，法律の違憲審査をどれくらい厳しく行うべきかを考えることになります。第 8 章で述べた違憲審査の厳格度の問題です。

4　憲法上の「新しい人権」の概要

憲法 13 条で保障される新しい人権をめぐっては，当初，さまざまなものが主張されました。教科書でも，日照権，静穏権，眺望権，入浜権，嫌煙権，健康権，情報権，アクセス権，平和的生存権などが挙げられることがあります。そのなかには，主に私人間で問題になると想定されるものも多くあります。そのため，〈憲法 13 条自体によって新しい人権が保障されるのではなく，法律による具体化が必要だ〉と主張されることもありました。

しかし，その後，憲法学説の議論は収束して，今日では，①プライバシー権，②人格権，③自己決定権が，多くの文献で取り上げられる代表的なものといえ

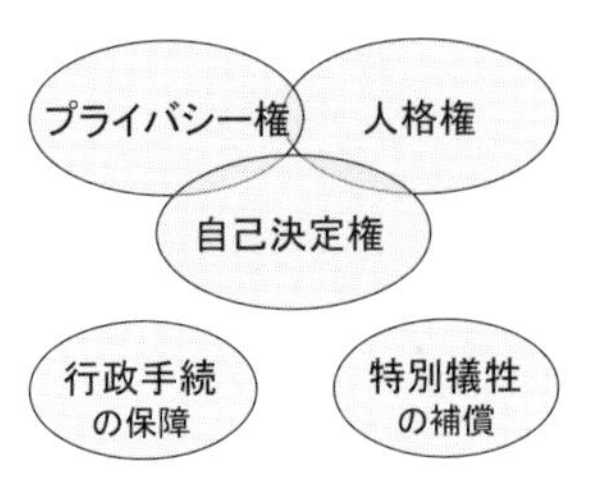

ます。いわば，新しい人権の「御三家」です。これらは，内容的に重なる部分もあり，教科書によっては3つではなく2つにまとめられることもあります。

これに加えて，④適正手続を保障する憲法31条は刑事手続を対象としていると捉えて，適正な行政手続の保障は13条から導かれるとする見解があります。また，⑤社会全体の利益（たとえば感染症の予防）のために，特定の個人の生命・身体に特別の犠牲（たとえば予防接種による重大な副反応）が生じた場合に，適切な損失補償（社会全体の負担による損害の補填）を求める権利を，財産権についての損失補償を定める29条3項とは別に13条で保障すべきだとする見解があります。いずれも，有力な憲法学者によって説かれています。

「新しい人権」といっても，日本国憲法が明文で定める人権と全く隔絶された「新種」の人権というわけではありません。上述の④や⑤は，既存の人権規定（31条や29条3項）の趣旨を，憲法13条を経由して別の問題に拡張ないし応用するものです。そして，①〜③も，既存の規定と類似する面を有します。

5　プライバシー権

①プライバシー権は，「ひとりで放っておいてもらう権利」とか「私生活をみだりに公開されない権利」というのが伝統的な意味でした。これは，〈やめてくれ〉型の人権といえます。しかし，情報社会の進展とともに，国や企業によって個人のさまざまな情報が収集・管理・利用されるようになると，自己に関する情報をいつ・どのように・どの程度まで・誰に伝達するかを自ら決定できることが重要だと考えられるようになりました。このようにプライバシー権を「自己情報コントロール権」とか「情報プライバシー権」と捉える場合，他者の保有する個人情報に対する点検，訂正，削除などを求めるには，そのやり方を定める法律などが必要になります。つまり，プライバシー権が〈なんとかしてくれ〉型の人権の性格も有するようになるのです。

プライバシー権の捉え方は，違憲審査の厳格度をどのように設定すべきかにも関わってきます。プライバシーとは，個人の「秘密領域」だといわれます。そこで，他者に「覗き見」されたくない範囲について，(a)個人の思想・信条や

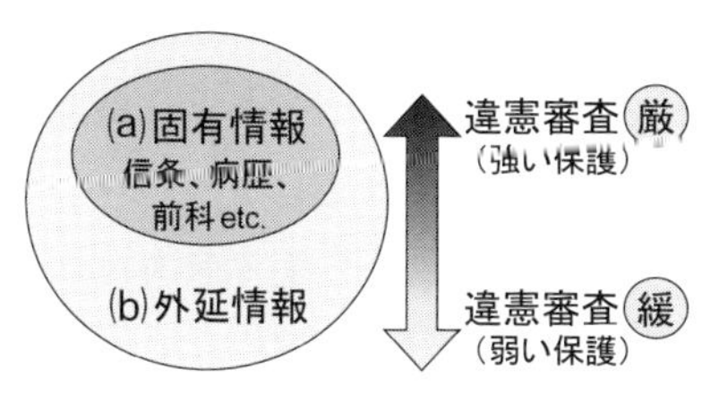

病歴，犯罪歴など個人の存在に直接関わる基本情報としての「プライバシー固有情報」と，(b)それ自体は秘密の情報ではないが，政府が大量に収集・管理することでプライバシーへの危険が生じる可能性のある「プライバシー外延情報」とを区別して，(a)と(b)で違憲審査の厳格度を変えることが提唱されます。

しかし，同級生や同僚でも，ある人には心情や病状を詳細に話して相談するが，別の人には住所や電話番号さえ知らせたくないこともあるでしょう。また，情報を扱う行政機関の種類や，収集・利用の目的・方法も考慮に入れる必要があるかもしれません。自己情報のコントロールを重視するならば，情報の内容だけでは違憲審査の厳格度を決められないことになりそうです。

最高裁は，憲法13条が個人の「私生活上の自由」を保障しているとし，そのなかには，個人に関する情報や顔写真とか指紋などを「みだりに」収集・開示・公開されない自由が含まれるとしています。「プライバシー権」という用語は使われていませんが，実質的にはプライバシー権の保障を意味しているものと解されます。

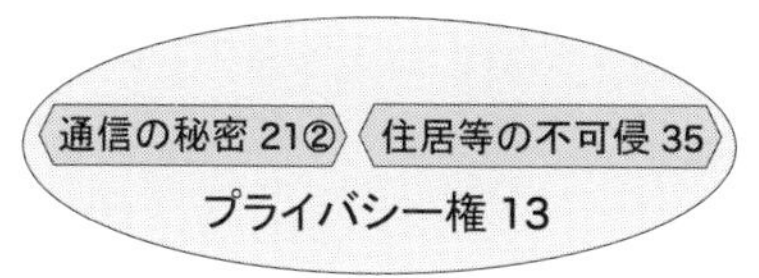

ところで，憲法21条2項や35条が規定している内容は，個人のプライバシーが強く制約される特定の場面に関わるものだといえます。13条に基づくプライバシー権の主張は，憲法が伝統的・典型的な侵害に対する保障を部分的に規定していたものについて，一般的な権利として保障を拡充しようとするものと解されます。

6　人 格 権

新しい人権「御三家」の②人格権は，「個人の人格的存在を包括的に保護する権利」などといわれ，プライバシー権や自己決定権と重なる部分もあるとされます（民法上の「人格権」は，憲法上のプライバシー権や自己決定権に分類されるような内容も含む)。それでも新しい人権「御三家」を区別するとすれば，人格権の内容は，〈個人の身体・精神の完全性に対する侵害からの保護〉といえ

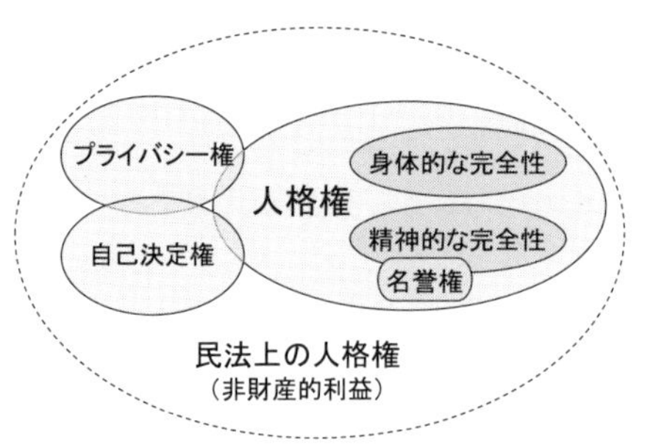

るでしょう。身体的にも精神的にも傷つけられない，苦痛にさらされないことを保障しているのです。

捜査機関などによる強制的な採血・採尿は，人格権の身体的側面の問題となります。政府による強制採取でも，指紋押捺や顔写真の撮影については，指紋や容貌（ようぼう。顔のこと）が索引情報（インデックス情報）の性質を有することから，自己情報コントロール権の問題として扱うのが一般的でしょう。

個人の名誉は，古くから法的保護の対象とされてきたもので，刑法でも民法でも私人による侵害からの保護が規定されています。憲法上の人権としても「名誉権」が問題になるともいわれますが，名誉毀損は，人格権の精神的側面の問題（精神の完全性への侵害）と位置づけることが可能でしょう。

B規約（自由権規約）7条

拷問 ／ 残虐な取扱い・刑罰 ／ 非人道的な取扱い・刑罰 ／ 品位を傷つける取扱い・刑罰

日本国憲法

拷問・残虐な刑罰 36 ／ 奴隷的拘束 意に反する苦役 18 ／ 人格権 13

こうした人格権の保障も，日本国憲法に手がかりがあります。憲法18条や36条は，人格権への強度の侵害に対する保障を規定しています。13条に基づく人格権の主張は，低強度の侵害や拘禁中以外の侵害にも保障を拡充するものといえます。日本国も締結している国際人権条約であるB規約の7条と対比すると，分かりやすいかもしれません。

《気になる？》

エホバの証人輸血拒否事件判決（最判平12・2・29民集54巻2号582頁）は，「意思決定をする権利は，人格権の一内容として尊重されなければならない」と判示しています。この事件の控訴審判決（東京高判平10・2・9判時1629号34頁）が患者の「自己決定権」を論じていて，紛らわしいところです。しかし，本件は，患者が，医師と病院の設置・運営者としての国に対して損害賠償を請求した，民法上の不法行為訴訟です。つまり，ここで問題となっていたのは，民法上の人格権だと考えるのが穏当でしょう。

これに対して，性同一性障害特例法違憲決定（最大決令5・10・25裁判所WEB）は，憲法上の人権として，13条が「人格的生存に関わる重要な権利」である「自己の意思に反して身体への侵襲を受けない自由」を保障しているとしました。

7　自己決定権

新しい人権「御三家」の③自己決定権は，〈個人が一定の重要な私的事柄について，公権力から干渉されることなく，自ら決定できる権利〉とか，〈自分自身に関する重要な事柄を，自分自身で自由に決める権利〉などと定義されます。そこで，自由な自己決定が保障される範囲が問題になります。

これに関して，憲法13条による新しい人権の保障を考える場合の，幸福追求権（ドラえもんのポケット）から導かれる範囲，あるいは，幸福追求権（風呂敷）に含まれる範囲が議論されます。13条を根拠にするのはプライバシー権や人格権も同じですが，いずれも，権利それ自体として保障の範囲がある程度は特定されます。それに対して，自己決定の対象となりうる事項は種々・広汎であって，幸福追求権の保障範囲をどう捉えるかによって自己決定権の保障範囲も決まってくることになりそうです。

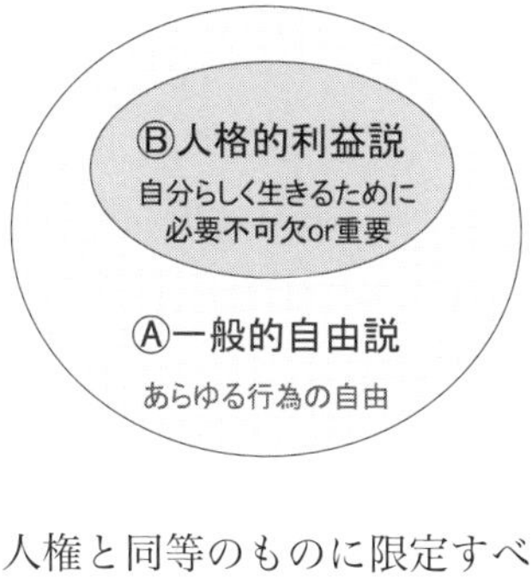

Ⓑ人格的利益説
自分らしく生きるために
必要不可欠or重要
Ⓐ一般的自由説
あらゆる行為の自由

学説上は，Ⓐ一般的自由説（一般的自由権説）と，Ⓑ人格的利益説（人格的自律権説）という2つの考え方が対立してきました。Ⓐ説は，幸福追求権の保障範囲を広く認め，個人のあらゆる行為の自由が保障されるとします。それに対して，Ⓑ説は，瑣末な事項にまで保障を拡大すると人権の価値が低下するとして，憲法の条文に規定されている個別の人権と同等のものに限定すべきだとします。すなわち，個人が自分らしく生きるために必要不可欠（または重要）な範囲に限られるとするのです。

過剰な延命治療の拒否や尊厳死などの自己の生命・身体に関する自己決定，輸血を伴う手術を受けるか否かの自己決定は，どちらの説でも人権として保障されるでしょう。他方，学校の校則による規制に対して，髪形や服装，バイクの保有・運転などについて自分で決めることは，Ⓐ一般的自由説では自己決定権の内容とされますが，Ⓑ人格的利益説では自己決定権の内容としては認められにくいでしょう。その他にも，喫煙，賭博，どぶろく製造，恋愛感情の表明などの一般的行為の自由に関する判例をめぐって，Ⓐ説の見地からは，それらもすべて人権保障の範囲内として扱われている（しかし，制限は合憲とされた）と理解されることになりますが，Ⓑ説によれば，それらは人権として認められたわけではないとされるでしょう。

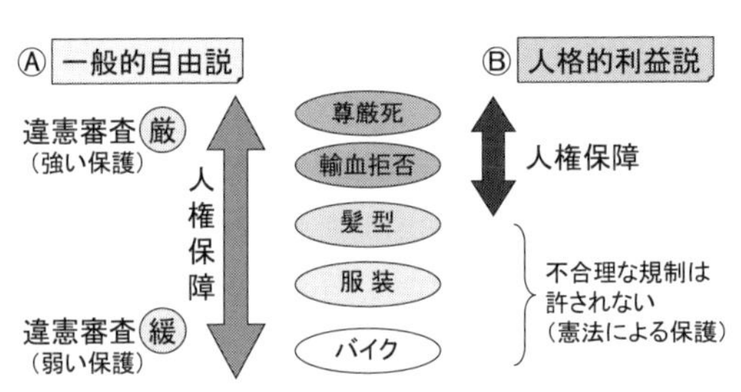

Ⓐ説かⒷ説かで人権保障の範囲が大きく異なるようにみえますが，実際には，両説の結論は接近しているとされます。Ⓐ一般的自由説は，個人の人格との関連度に応じて違憲審査の厳格度を変えることで，自分らしく生きるために重要な事柄は強く保護され，それ以外の事柄は比較的広く制限が認められるとします。Ⓑ人格的利益説は，人権保障の範囲外の事柄についても，政府による恣意的ないし不合理な規制は許されず，憲法によって一定の保護がなされる可能性を認めています。結局のところ，個人の人格との関連性を，Ⓑ説は，人権と認めるかどうかの入口段階で問題にし，Ⓐ説は，実際にどの程度の保護を与えるかという出口段階で考慮しているといえそうです。

こうした自己決定権も，日本国憲法の既存の人権と異質なものではありません。憲法の人権規定には，信教の自由，表現の自由，職業選択の自由などのように，〈特定のテーマ〉と〈それを行う（行わない）ことについての自己決定〉をセットで保障しているものがあります。憲法13条による自己決定権の保障も，個別の人権規定には掲げられていないテーマについての自己決定を対象とするものといえます。つまり，「昼食に牛丼を食べる権利」や「週末に旅行に出かける自由」が憲法上の人権として保障されるかが問題なのではなく，食事の献立や週末の過ごし方についての自己決定権が問題

なのです。それは，「公共施設にポスターを掲示する自由」や「駅前でビラを配る自由」が憲法上の人権として保障されるかではなく，それらが「表現の自由」に含まれるかが論じられるのと同じだと考えられるのです。

8　環 境 権

環境権については，主張される場面を整理する必要がありそうです。

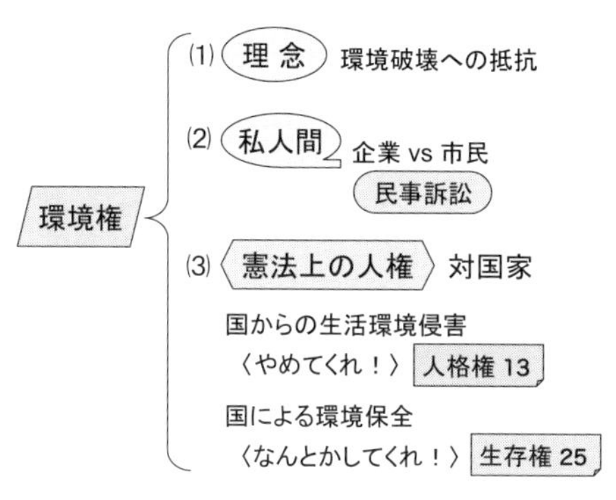

⑴自然破壊・環境破壊への抵抗の理念としていわれているのであれば，それは法的権利を具体的に主張するものではないでしょう。

⑵公害問題を引き起こした企業に対して，被害者や地域住民などが訴訟において主張しているならば，それは私人間の問題であって，憲法上の人権が主張される本来の場面ではありません。

⑶対国家の場面で主張されるのが憲法上の人権です。国が生活環境を侵害することによって，特定の個人の生命・身体・健康などに被害が生じている場合には，6で述べた「人格権」が問題になります。「環境人格権」とも呼ばれるもので，環境破壊に対する〈やめてくれ〉型の人権といえます。他方，環境保全や，環境破壊防止の施策の推進を求める〈なんとかしてくれ〉型の人権としての主張ならば，「健康で文化的な最低限度の生活を営む権利」を保障する憲法25条に基づいて，法律の制定を求めることになるでしょう。「環境は大切だ」ということを正面から否定する人は少ないでしょうけれども，具体的に何をどのように規制するかについては意見が分かれそうです。その対立を調整して，具体的な法律を整備してゆくことが肝要です。

憲法に環境権の条文を追加することに意味がないわけではありませんが，憲法を改正できるほどの多数の合意があるのなら，具体的な法律の整備を進めたほうが有益でしょう。憲法上の環境権の条文は，おそらく，その理念を示すような規定になるでしょう。そうすると，やはり法律による具体化が必要になります。そして，日本ではすでに1967年に公害対策基本法が制定され，1993年には環境基本法が制定されていることを想起すべきでしょう。

《気になる？》

教科書でも授業でも，日本国憲法の人権カタログの説明は，憲法13条から始まることが多いかもしれません。しかし，憲法の第3章は10条からです。

憲法10条の〈日本国民であるための要件〉とは，国籍を意味していると理解されています。この条文は，日本国憲法の当初の案には無かったのですが，帝国議会での審議の際に追加されました。実は，明治憲法にも同じような規定（18条）がありました。ただし，明治憲法は，統治権を総攬する天皇の下で，帝国議会が協賛して法律で定める事項をあらかじめ憲法に列挙しておく方式でした。それに対して日本国憲法は，〈重要なことは，国民代表である国会が法律で定める〉という考え方です。国籍は，当然に法律で定めなければならないと考えられます。それでも，このような規定が憲法にあったほうがよいという結論になったのです。権利章典の冒頭に10条があるからといって，国籍が憲法の人権保障を受けるための要件ではないことは，第10章で説明したところです。

憲法11条では，「この憲法が国民に保障する基本的人権は……」という前に，「国民は，すべての基本的人権の享有を妨げられない」とされています。つまり，基本的人権の内容は，憲法が定める以前から存在していたと考えられているのです。これも，第2章で述べたとおりです。11条が「現在及び将来の国民に与えられる」というのも，憲法によって与えられるのではなく，人間に〈もともと与えられている〉という意味だとされています。

極端な理屈をいえば，憲法11条が「すべての基本的人権の享有を妨げられない」と宣言したことで人権保障は足りるはずです。ただ，それだけでは具体的にどのような内容が保障されるのかが不明確なので，憲法制定の時点で重要と考えられたものについて，個別具体的に条文を設けて確認したのです。他方で，11条は「すべての……」としており，条文に列挙されなかった「新しい人権」についても，憲法の保障が及ぶことになるのです。

憲法12条の文言は，やや分かりにくいものです。国民に対して義務を課しているように読めることも問題です。12条の定める責任がすべての自由・権利に法的に伴うものならば，権利章典が義務のリストに変わってしまうと懸念されます。しかし，憲法を制定した国民が国民自身に義務を課しているわけですから，「お互いにしっかりやろう」という約束といえるかもしれません（26条2項，27条1項，30条の義務規定も，同様に考えられる）。では，12条の「約束」の内容はどのようなものでしょうか。12条の後半では，〈憲法上の自由・権利の濫用禁止〉と〈自由・権利の行使の公共の福祉への適合〉が謳われています。ここでは，〈憲法上の自由・権利の濫用〉は，〈公共の福祉〉に適合しないことの典型例とされているものと読めます。つまり，「公共の福祉」の内容としてまず憲法が掲げているのが，他者加害などの人権の濫用の禁止だと解されるのです。

第14章　法の下の平等

1　憲法14条の意義

憲法14条1項は次のように規定しています（貴族や栄典に関する2項・3項については省略）。

> すべて国民は，法の下に平等であつて，人種，信条，性別，社会的身分又は門地により，政治的，経済的又は社会的関係において，差別されない。

憲法14条は「法の下の平等」の規定といわれます。「法の下」といっても，〈制定された法律の下では平等〉ということ，つまり〈法律が平等に適用される〉ことだけを保障しているのではありません。

不平等な内容の法律を行政機関が誠実に適用しても，平等は実現されません。したがって，憲法は，法律の内容が平等であることも求めているはずです。憲法14条は「法適用の平等」だけではなく「法内容の平等」も含んでいるのです。つまり，立法者＝国会も14条に拘束される（従わなければならない）のです。「法内容の平等」が求められるのは当然といわれるかもしれませんが，それは，違憲審査制があるからいえることです。

「法の下の平等」には，他の憲法上の人権とは異なる特徴があるとされます。

第1に，国家と，国家に対して人権を主張する個人だけではなく，第三者との関係が視野に入ります。国家が〈自己〉と〈他者〉とで「異なる取扱い」をすることがあって，はじめて平等が問題となるのです。

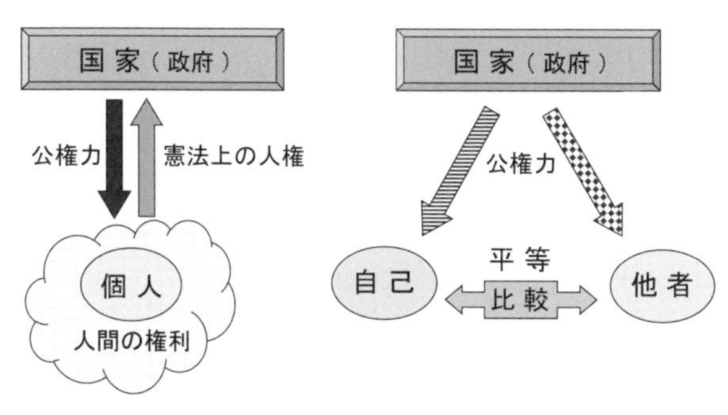

そこで，第2に，憲法14条が「平等に取り扱われる権利」を保障しているとしても，それは他者との比較を内容とするものであって，それ自体としては，特定の実体を有しないといわれます。つまり，平等そのものは，無内容ないし無定形なものとされ

るのです。

そうすると，不平等な取扱いは憲法14条違反なのであり，それが国家の「平等原則」違反なのか，個人の「平等権」の侵害なのかにこだわる実益はないといわれてきました。平等が「原則」か「権利」かによって，保障の程度が変わるわけではないというのです。これに対して，司法裁判所型の付随的審査制（第6章）の下では，具体的事件において個人が憲法上の人権を侵害されていると主張する必要があるとすれば，やはり，国家が平等な取扱いをしなければならないという一般的要請（第4章6で触れた「客観法」）だけではなく，個人の「平等権」の存在を意識する必要があるともいわれます。たしかに，付随的審査制では司法権の範囲内で違憲審査が行われるのが原則であり，裁判所に訴訟を提起するには，国家の行為によって自分の権利や利益がダメージを受けたという具体的事件が存在しなければなりません。しかし，自分の権利・利益が他者と比べて不平等な取扱いを受けているとして14条違反を主張するならば，すでに，裁判所に訴えることのできるなんらかの権利や自由は存在しているともいえそうです。

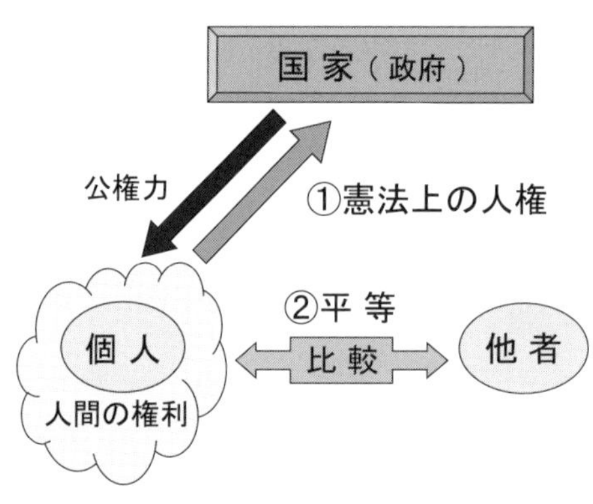

ところで，不平等な取扱いが問題となる権利・利益そのものが，なんらかの憲法上の人権である場合もあります。これが，法の下の平等の第3の特徴に関わります。たとえば，自己の表現行為が規制された場合には，①憲法21条の表現の自由の侵害が問題になるとともに，②他の個人による類似の行為が規制されていなかったとすれば，法の下の平等も問題になりそうです。また，社会保障制度において自分には給付が認められなかった場合に，①25条の生存権侵害と，②14条違反の両方を主張できる可能性があります。つまり，法の下の平等は，すべての憲法上の人権に関わる可能性があり，いわば人権の総則的な性格を有するとされるのです。

2　絶対的平等・相対的平等

「平等」は多義的な（いろいろな意味を有する）概念です。憲法の教科書には「◯◯の平等」とか「△△的平等」など，いろいろな平等が出てきます。しかも，論者によって，その意味合いが微妙に異なっていることもあります。以下では，一応の整理を試みます。

絶対的平等とは，各人の相違を無視して，すべて一律に扱うものです。感情のないマシーンのように機械的に扱うので，機械的平等とも呼ばれます。しかし，個人にはさまざまな違いがあり，それに応じた扱いが求められるはずです。各人の違いを全く無視して，絶対的・機械的に同一扱いをするならば，かえって不合理だったり，非現実的だったりして，悪平等ともいわれかねません。

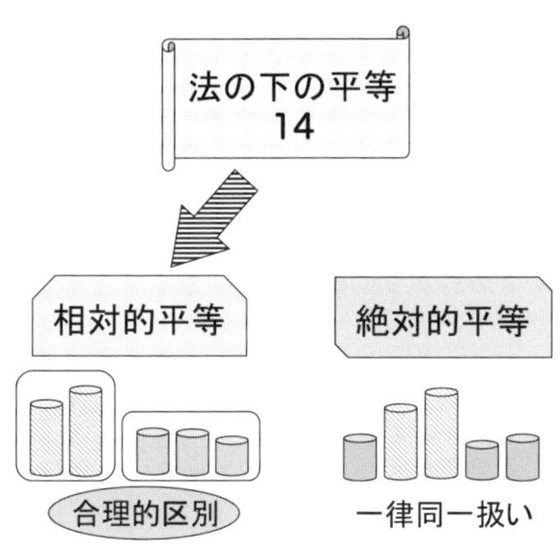

しかも，法律は，一定の要件を満たす者について，なんらかの取扱いをすると定めていることが多いでしょう。つまり，特定の類型の者（幼児とか，学生とか，女性，高齢者，病気に罹った人，一定の資産を有する人，特定の職業に従事している人など）について，他の者と区別して，保護や規制を行うことを定めているのです。もし，区別はいかなる場合でも許されないという絶対的平等が要求されているならば，こうした法律の制定が困難となるでしょう。

そこで，憲法14条が求める平等とは，各人の差異を前提として，事柄の性質に応じて，同じ状況にある者を等しく扱うことだと考えられます。つまり，「法の下の平等」とは，〈等しいものは等しく扱い，等しくないものはその差に応じて扱う〉という「相対的平等」だとされるのです。

これに関わるのが，機会の平等／結果の平等と，形式的平等／実質的平等の区別です。従来，機会の平等と形式的平等は同じ意味であり，結果の平等と実質的平等は同じ意味だとされることが多かったようです。近年は，次の図のように区別する考え方も有力です。区別した方が見通しがよくなると解されるので，ここでは「機会の平等／結果の平等」の問題と，「形式的平等／実質的平

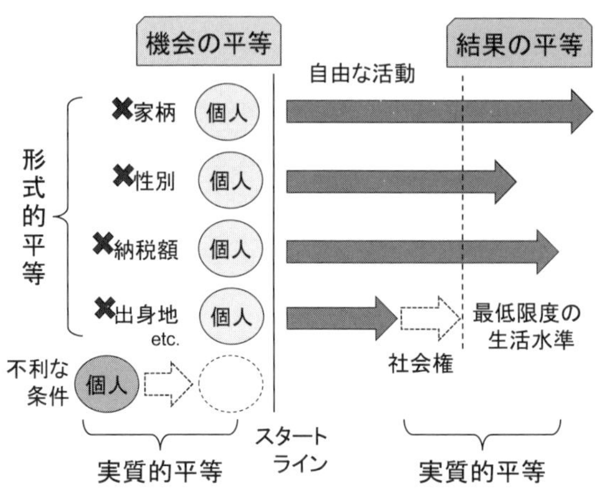

等」の問題を区別して説明します。

3　機会の平等・結果の平等

「機会の平等」は，「機会均等」ともいわれます。前述の機械的平等がマシーンのような一律扱いを意味するのに対して，機会の平等は「チャンスの平等」です。

近代になると，封建的な身分制度は人間の自由な活動の妨げだとして打破されました。活動の出発点において各人に均しく機会が与えられていること，すなわち，誰もが自由な競争のスタート・ラインに立てることが重要とされたのです。自由な活動によってもたらされる結果の相違は，各人の能力や勤勉さによるものとして正当化されました。

ところが，その後の資本主義の展開は，競争による「結果の不平等」を拡大し，それをすべて個人の自己責任とするのは不合理だとされるようになりました。現実に存在する社会的・経済的な不平等を是正することが求められたのです。これが，「結果の平等」です。

4　形式的平等・実質的平等

「形式的平等」は，個人を「人」として抽象的に捉え，現実における種々の違いを捨象して一律に対応することを求めるものです。近代では，各人にまとわりつく「生まれ」や財産などの差異を削ぎ落として，平等に自由を保障することが求められたのです。

「機会の平等」として，各人についてスタート・ラインの平等が求められる場面で，「形式的平等」として個人に関する家柄や性別などの差異を否定することで平等が実現されると考えられたのです。両者が同じ意味とされたのも，このような結びつきのためでしょう。

これに対して，「実質的平等」は，個人を性別や経済環境などの実質におい

プロセス講義 倒産法

加藤哲夫・山本 研 編

A5変・並製・440頁 ISBN978-4-7972-2663-8 C3332

定価：4,180円（本体3,800円）

倒産法の置かれた多様な理論の深化と多彩な実務の展開に対応できるテキスト。倒産法全般を概説するだけでなく、個別論点も取り上げて解説する。事項・判例索引付き。

プロセス講義 民法VI 家族〔第2版〕

後藤巻則・滝沢昌彦・片山直也 編

A5変・並製・336頁 ISBN978-4-7972-2665-2 C3332

定価：3,740円（本体3,400円）

叙述を、①趣旨説明、②基本説明、③展開説明と3段階化させた好評テキストの第2版。最新の法改正に対応させるとともに、生殖補助医療などの最新動向もフォロー。

〈概観〉社会保障法総論・社会保険法〔第3版〕

伊奈川秀和 著

A5変・並製・290頁 ISBN978-4-7972-7039-6 C3332

定価：3,740円（本体3,400円）

社会保障法のうちの総論と社会保険法の概説書。法制度全体を貫く原理や相互関係から、その見取図・各制度の本質を提示。「〈概観〉社会福祉法」の姉妹書。通達等の行政解釈も大幅に増強した第3版。

〒113-0033 東京都文京区本郷6-2-9-102 東大正門前
TEL:03(3818)1019 FAX:03(3811)3580 E-mail:order@shinzansha.co.jp
信山社
http://www.shinzansha.co.jp

て具体的に捉え，事実上劣位に置かれている者を救済するなど，各人の現実の違いを考慮した対応を求めるものです。形式的平等が自由と両立しうるのに対して，実質的平等は自由の保障によってもたらされる差異の是正を要求することになるので，自由とも形式的平等とも対立する可能性があります。

日本国憲法の下では，あくまで形式的平等の保障が原則であり，そのうえで，実質的平等の理念を加味することも，一定程度まで許容されるといわれます。実質的平等のために別扱いが許され，「形式的な不平等」が一定程度認められる場合があるのです。ただし，結果の平等の場面では，実質的平等の実現は，おもに社会権条項の役割と考えられます。

5　機会の平等の実質化

現実に存在する不平等を是正するための実質的平等は，「平等の実質化」ともいえます。つまり，〈等しいものは等しく扱い，等しくないものはその差に応じて扱う〉という判断を，実質的に行うべきだということです。それは，結果の平等の場面だけではなく，機会の平等についても求められるはずです。その意味で，実質的平等が直ちに「結果の平等」を意味するわけではないのです。

「機会の平等」の実質化とは，〈各人の具体的状況を考慮して，個人が現実に機会を利用できるように「機会の平等」を保障する〉ことです。チャンスを実際に活かすためには，個人が背負わされている不利な条件を取り除くことが求められる場合があります。これが，「実質的な機会の平等」あるいは「条件の平等」といわれるものです。

☆　種々の平等の観念を，大学入学を例に説明してみましょう。

国立大学の入学試験においては，通常，高等学校卒業程度の学力があれば，均しく受験のチャンスが与えられる「機会の平等」が要求されます。そこでの平等保障については，性別や経済的状況，出身高校といった差異を捨象して，受験生を等しく扱う「形式的平等」が基本的な要請です。合格・不合格という試験結果の相違は，各人の能力や努力の差として正当化されます。合否という大きな相違が生じていても，「結果の平等」を求めることは，入試には馴染みません。

他方，十分な学力はあるが経済的な事情から大学進学を諦めざるを得ない人にとっては，形式的には受験資格があるといっても，大学進学のチャンスは実質的には保障されていないことになるでしょう。そこで，経済的条件の差を是正するために，授業料の減免や奨学金の制度を設けるならば，そこでは，実質的な「機会の平等」が図られていることになります。また，障害のある受験者に対して試験時間を延長することは，実質的平等を実現するための形式的な不平等として許容されるものでしょう。

国立大学の受験資格に男女で差をつけることは，通常は，機会の平等が求められる場面での形式的平等の保障に反するとされるでしょう。しかし，日本にも，国立の女子大学が2校存在しています。強固に継続してきた差別に対しては，その差別の禁止だけでなく，差別を解消するための積極的な措置が求められる場合があります。歴史的に差別され続けてきた人々は，社会的・構造的に不利な状況にあるために，同じスタートラインに立てないことがあります。そこで，機会の平等を実質的に保障するために，凝り固まった旧来の差別的な構造を克服するための措置が必要とされるのです。それが，「アファーマティブ・アクション」ないし「ポジティブ・アクション」と呼ばれるものです。日本では「積極的差別是正措置」ないし「優先処遇」ともいわれます。

日本国憲法の「法の下の平等」は，積極的差別是正措置を法律で採用することも合理的で相当な範囲において許容しますが，個人が優先処遇を求める権利までは含まないとされます。

6　合理的区別と違憲審査

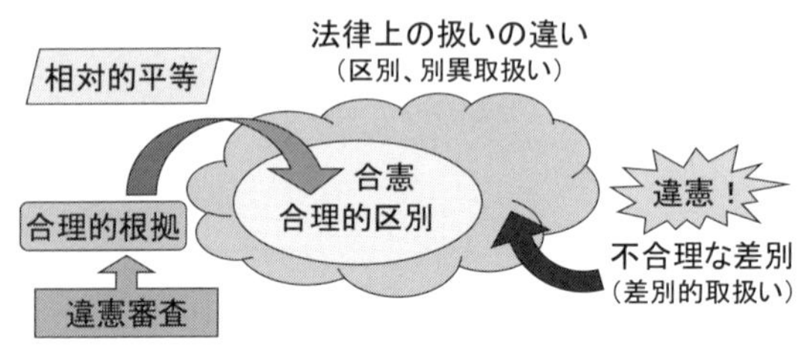

憲法が求めているのは「相対的平等」であり，各人の違いに応じた区別は認められます。そこで，憲法14条に違反するか否かは，区別に「合理的根拠」があるか（区別の合理性）によって判断されます。区別の有無が問題なのではなく，合理性のある区別は14条に違反しないとされるのです。

ちなみに，かつては「差別」という言葉が価値中立的に用いられており，「合理的差別」「不合理な差別」といった表現もみられました。しかし，今日では，差別の語は「不合理なもの」という否定的意味合いを含む用い方が一般化しています。そのため，現在は，取扱いの違い自体は「区別」といい，憲法上許されるものを「合理的区別」，違憲のものは「不合理な差別」または「差別的取扱い」と表現しています。

憲法14条1項の人種・信条・性別・社会的身分・門地という列挙事項は「例示」であって，列挙事項以外の不合理な差別も禁止されます。その意味で，限定列挙ではなく「例示列挙」です。ただし，列挙事項については，憲法が「要注意事項」としてわざわざ条文に列挙したのだとすれば，踏み込んだ違憲審査をすべきだと学説は主張しています。さらに，学説は，重要な人権に関する区別が問題となっている場合にも，「二重の基準」論を手がかりにして，踏み込んだ審査を求めています。

法の下の平等をめぐる違憲審査についての現在の判例の到達点が，国籍法違憲判決（最大判平20・6・4民集62巻6号1367頁）です。憲法14条については区別の「合理的根拠」の有無が違憲審査の焦点だという点では，従来から判例と学説が一致していました。国籍法違憲判決においては，重要な法的地位に関する区別であることや，自分の意思や努力では変えられない事柄（14条1項の列挙事項にはそのようなものが多い）による区別であることから，踏み込んだ違憲審査を行う（判例の言葉では「慎重に検討する」）としているものと解されます。従来の学説の主張に接近しているとみられるのです。

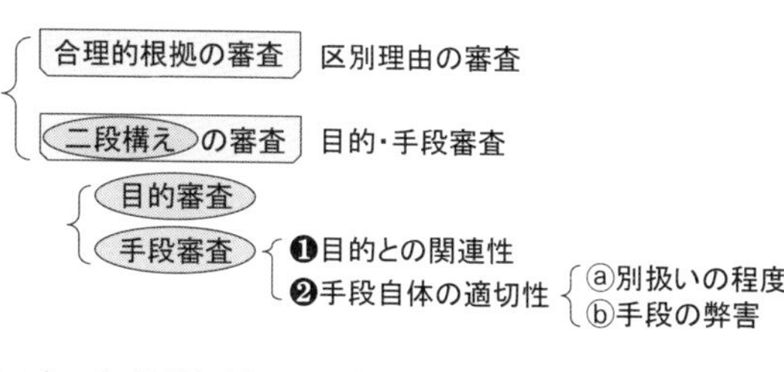

憲法14条の違憲審査においては，人を区別する理由そのものが審査される「合理的根拠の審査」が行われることもあります。たとえば，在留外国人の公務員が管理職に就任することを認めないとする地方自治体の措置が問題となった東京都管理職選考受験訴訟判決（最大判平17・1・26民集59巻1号128頁）が挙げられます。しかし，法律の規定する区別の合憲性が問題となる場合には，その「立法目的」と「目的達成手段」をチェックする「二段構えの審査」が行われるのが一般的です。

目的審査においては，一定の要件を満たす者を他から区別して扱うような法律（の規定）を制定することが許されるかが問題となるでしょう。手段審査においては，最高裁のチェックポイントには，いくつかのパターンがあるようです。まず，❶目的との関係で〈手段として役立つか〉（手段の主要な効果）を問題にする場合と，❷〈そのやり方はマズいのではないか〉という手段自体の適切さ（手段の副次的効果・弊害）を問題にする場合があるようにみえます。

〈目的・手段審査〉では，第7章3および第8章3で示したような3段階の「違憲審査の厳格度」が問題となります。❶立法目的との関連性を問題とする場合には，審査の厳格度が高まれば，目的に対して手段が実際に役立つものかが問われることになります。それに対して，❷手段そのものの適切性が問題とされる場合もあります。尊属殺重罰規定違憲判決（最大判昭48・4・4刑集27巻3号265頁）では，親殺しを防ぐために普通殺人罪とは区別して「直系尊属を殺した者」に重い刑を定めるという立法目的は合理的だが，実際に条文に規定した法定刑が重過ぎて，執行猶予がつけられないのは不合理だとしました。立法目的に合理性があれば，刑を重くするほど尊属殺を禁圧する目的に役立つはずですから，❶の観点で手段が不合理とされることにはならないはずです。ここでは，普通殺人罪と尊属殺人罪の間の❷ⓐ「別扱いの程度」が問題にされていると解されるのです。他方，遺産相続に関する民法の規定を合憲とした非嫡出子法定相続分合憲決定（最大決平7・7・5民集49巻7号1789頁）における5人の裁判官の反対意見では，❶立法目的からみて手段が実際には役立たないことともに，❷ⓑ法定相続分に差をつけることは差別的観念が社会的に受容される余地をつくる要因となっており，手段自体に「弊害」があると指摘されていました。

《気になる？》

〈目的・手段審査〉は，あくまでも自由を規制する法律の合憲性について，立法目的＝規制目的と，目的達成手段＝規制手段を審査するものであって，法の下の平等には相応しくないといわれるかもしれません。たしかに，最高裁の判例でも，立法目的ではなく，「立法理由」，手段ではなく「区別」「具体的な区別」「区別の態様」と表現している例があります。

しかし，重要なのは，〈人を区別して扱ってよいか〉だけでなく，区別すること自体が許される場合でも，その「やり方」（手段）もチェックする「二段構えの審査」を行っていることです。「二段」の中身を目的・手段と呼ぶか，他の呼び方をするかは，大きな問題ではないでしょう。

ちなみに，アメリカで目的・手段審査が形作られたのは，平等の領域だといわれます。そこから，自由権の領域にも広まっていったとされるのです。

7　劣遇者の救済と違憲審査

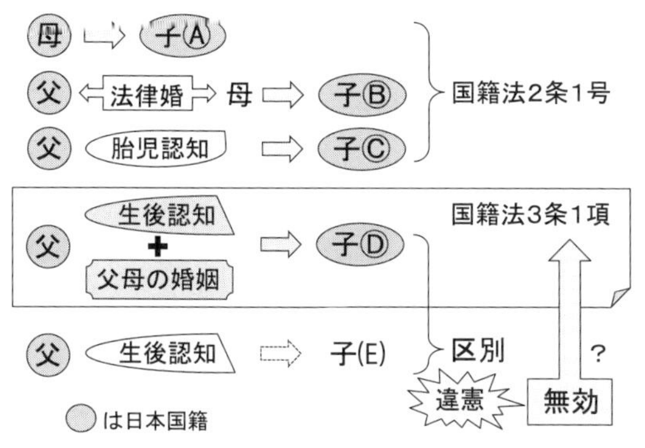

前出の国籍法判決の事案は，〈出生時に父または母が日本国民であれば，その子は日本国籍となる〉とする国籍法２条１号に加えて，当時の国籍法３条１項が，〈母が外国籍の場合で，その子が出生後に日本国民から認知され（出生時には父＝日本国民といえなかったから２条１号は適用されない），かつ，父母が婚姻したときには，日本国籍を取得できる〉と定めていたところ，父母の婚姻の有無で区別するのは不平等だとして，図の子(E)が訴えたものです。

問題は，裁判所が「父母の婚姻」という子自身ではどうにもできない事柄で国籍取得に差をつけるのは違憲だと判断したとしても，国籍法３条１項は無効（適用できない）としたのでは問題の解決にならないということです。子(E)は，子Ⓓの国籍取得を否定したいのではなく，自分にも日本国籍を認めてほしいと求めているはずです。

国籍法判決の多数意見は，「父母の婚姻」を要件とする部分が違憲だとして（第９章３でみた「部分違憲」），その部分を除いて適用するという解決をしました。しかし，それは国籍法の条文を書き換えること（立法権＝国会の仕事の範囲）になり，「憲法違反の法律は裁判で適用できない」という付随的違憲審査の範囲を超えるのではないかという疑問が生じます。藤田宙靖裁判官（東北大学の行政法の教授から最高裁判事になった）の意見では，違憲状態を解消するために，法律の合理的拡張解釈（合憲拡張解釈，合憲補充解釈）を行うことが提案されています。

第 15 章　思想・良心の自由

1　精神的自由の基本となる自由

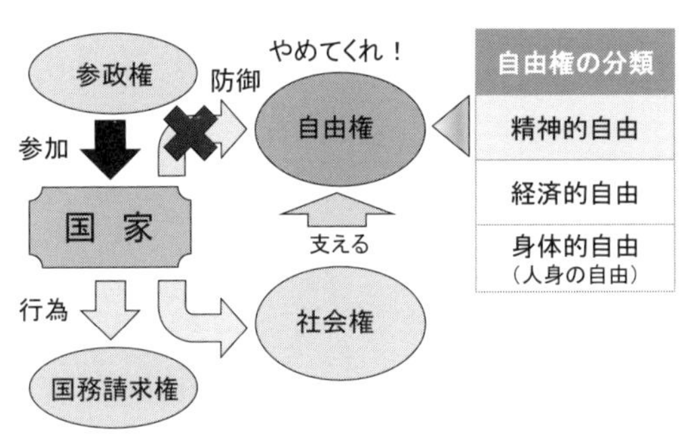

日本国憲法の権利章典である第 3 章の 15 条以下には，特定のテーマごとに名づけられた個別の人権を保障する条文が並んでいます。これらの人権については，第 4 章でみたように，自由権，社会権，参政権，国務請求権といった分類がなされます。一般的な人権の分類を念頭に，個別の人権の主要なものについて概観します。

まず，自由権は，「精神的自由」（「精神の自由」とか，「精神的自由権」などとも呼ばれる）と，「経済的自由」，「身体的自由」（「人身の自由」とも呼ばれる）に分類されます。さらに，精神的活動は，頭の中や心の中での内面的な活動と，そこで考えたり思ったりしたことを外部（自分の外側）に表す活動に分類できます。日本国憲法では，前者が思想・良心の自由（19 条），後者が表現の自由（21 条）として保障されています。そのように考えると，19 条は，あらゆる精神活動の出発点を保障するものといえるでしょう。〈言いたくないことを言わない自由〉としての「沈黙の自由」は，「表現しない自由」と捉えれば，21 条の問題といえますが，頭の中や心の中の秘密を守る自由と考えれば，19 条の問題となります。

内面的精神活動の自由
思想・良心の自由
19
内面的精神活動を
外部に明らかにする自由
表現の自由
21

憲法 19 条にいう「思想」は内面の精神活動の論理的な面，「良心」は倫理的な面を指すといわれることもありますが，19 条は両者を同様に並べて扱っているので，厳密に区別する実益はありません。そこで，19 条の内容は，まとめて「内心の自由」とも呼ばれます。欧米では，良心の自由（と翻訳される語）は，信仰の自由を意味することがありますが，日本国憲法では宗教については別に規定があり，19 条は世俗的内容を扱うものと解されます。

精神的自由として，日本国憲法ではさらに，信教の自由（20 条）と学問の自由（23 条）が規定されています。宗教は，心の中で信仰し，礼拝や布教といった活動を通じて表明しますから，20 条は，宗教というテーマについて 19 条と 21 条の内容に跨って保障していることになりそうです。23 条も，頭の中で考えて，論文や学会などで発表する自由を保障しているならば，学問の領域で〈19 条＋ 21 条〉の保障をするものといえます。

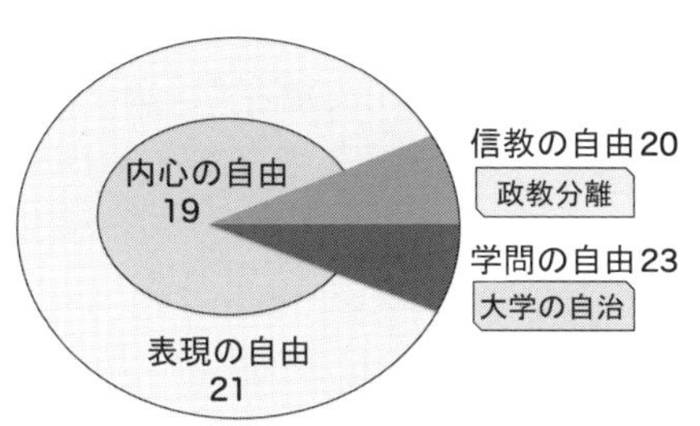

日本国憲法が 19 条と 21 条の一般的な定めに加えて 20 条・23 条を規定したのは，明治憲法の下で宗教や学問が弾圧を受けた歴史が背景にあるといえるでしょう。さらに，信教の自由には「政教分離の原則」，学問の自由には「大学の自治」という，19 条・21 条では説明できない特別の「しくみ」があることも，20 条・23 条の規定が必要な理由かもしれません。

2　内心の自由の「絶対的保障」の意味

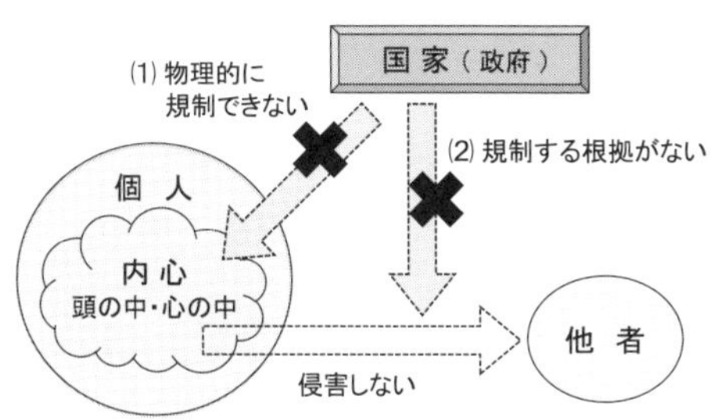

内心の自由については，憲法 19 条が「侵してはならない」と規定していることもあり，「絶対的保障」だといわれます。絶対は「対を絶つ」と書きますから，単に「強く保障される」のではなく，他のものによる関与や制限を受けず無条件に保障されるという意味合いでしょう。肉体は物理的に拘束できるし，表現活動や経済活動は禁じることができるのに対して，人間の頭の中や心の中に手を突っ込んで思考をやめさせたり信念を変えさせたりすることはできません。つまり，⑴内心の自由はそもそも物理的に規制できないから「絶対的保

障」だということでしょう。また，個人が頭の中で何かを考え，心の中で何かを思っていても，それだけで他人の権利や利益と衝突したり危害を及ぼしたりすることはありません。したがって，(2)政府としては規制する根拠がなくて規制できないから「絶対的保障」だということでしょう。

科学技術・医学技術の発達によって，(1)の説明には疑問が生じるかもしれません。それでも，(2)の根拠からは，❶特定の思想の強制，❷特定の思想の禁止，❸特定の思想の有無についての告白強制は，許されないことになるでしょう。特定の思想の有無による差別的な取扱いも問題となりますが，これは憲法14条1項の列挙事項である「信条」（19条と20条の保障対象を含むとされる）による差別に該当することになります。

しかし，内面の精神活動は，外面に現れる個人の行為（外部的行為）と深く結びついています。そのため，国家が個人の行為を規制した場合に，それを通じて内心の自由が制約される可能性があります。規制対象となった行為（たとえば表現活動）が個別の人権として保障される場合には，それ（この場合は憲法21条の表現の自由）を主張すればよいでしょう。そうではない場合には，19条が問題になってきます。つまり，内心の自由をめぐっては，実際には，内心の外部表出の規制や強制が問題となることがあり，「外部」との関係で保障の相対化が生じる（絶対的保障ではなく，制限される可能性がある）ことになります。

3　内心の自由の保障内容

憲法のいう思想・良心という精神作用には，単なる事実の知・不知は含まれないとされます。したがって，裁判の証人に対して事実に関する証言を法律で強制しても，通常は憲法19条には違反しません。

憲法19条が保障する思想・良心について，図の(a)のような個人の人格に深く関わる精神作用を指すと考えるのが「信条説」です。限定説あるいは狭義説とも呼ばれます。それに対して，(b)のような内面の精神作用まで広く含むと解するのが「内心説」です。広義説とも呼ばれます。

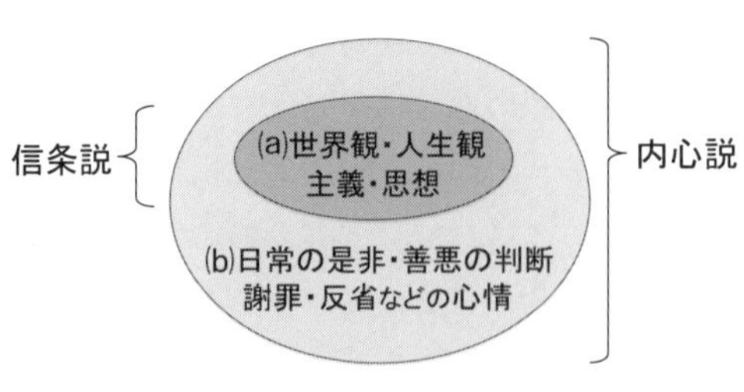

謝罪の文言を多用する日本社会において，名誉毀損の事

件で裁判所が被告に「謝罪広告」の掲載を命じたことが憲法19条に違反するかについて，謝罪広告強制事件判決（最大判昭31・7・4民集10巻7号785頁）は，「単に事態の真相を告白し陳謝の意を表明するに止まる程度のもの」は許されるという「程度論」で結論を下しており，2つの説のいずれをとったのかは明確ではありません。ただし，この判決に付された個別意見を読むと，両説をめぐって裁判官の間で対立があったことが分かります。

4　内心の自由の侵害の態様

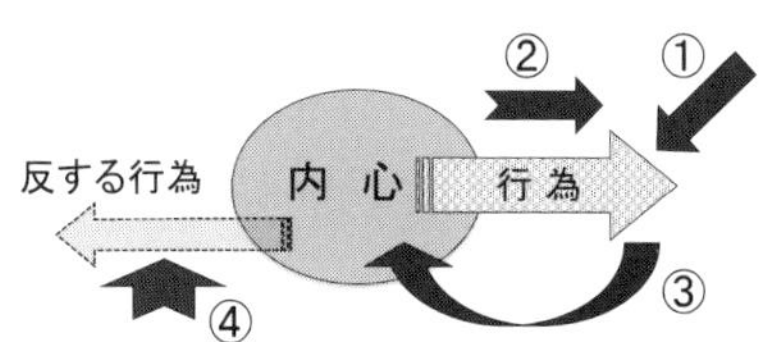

2で述べたように，個人の内心が行為を通じて外部に現れるとすると，図のような規制が問題になります。

①は，個人の行為によって内心が外部に現れたところを規制する場合です。①は，内心を理由とする不利益な取扱いを意味します。〈自由で民主的な憲法秩序を否定する思想には，憲法の保障が及ばない〉という考え方は，「闘う民主制」と呼ばれますが，日本国憲法はそのような立場を採用していないとされます。かつての治安維持法，軍国主義者の公職追放，レッドパージ（共産党幹部の公職追放）なども，①に関わる問題です。

②は，内心の表明につながる行為を強制する場合です。「告白強制」あるいは「表出強制」と呼ばれます。江戸時代の踏み絵（絵踏み）のように，特定の思想・良心に不利益が及ぶ状況下で，内心の表明につながる行為を強制するのが一般的でしょう。アンケートのような形で行われる非強制的な調査については，前述の内心説によって思想・良心の問題と解したうえで，違憲審査の厳格度を検討するか，信条説のように憲法19条の対象を絞り込むとすれば，プライバシー権の問題として扱うことが考えられるでしょう。

③は，行為から内心を推知する場合です。③に関しては，生徒の思想を推知させる事実を内申書に記載することが問題となった麹町中学校内申書事件判決（最判昭63・7・15判時1287号65頁）があります。

④は，内心に反する行為を強制する場合です。④は，入学式・卒業式での国旗掲揚・国歌斉唱などをめぐって注目された論点です。次の5で扱います。

5　内心に反する外部的行為の強制

国家が特定の思想の強制を意図して，強制したい思想と結びつく行為を強要することは，憲法19条に違反します。これに対して，国家に思想の強制・排除の意図はなく，一般的には正当と認められる行為を要求した場合に，それを思想・良心の侵害と感じる特定の者に対して，その行為の義務を免除できるかが問題となります。諸外国で「良心的兵役拒否」といわれるのは，その種の問題です（ただし，日本国憲法では，徴兵制すなわち兵役義務は違憲と解されているので，そもそも問題にならない）。

国公立の学校で児童・生徒に国旗に対する敬礼や国歌の起立斉唱を強制することは，憲法19条に違反するとされます。他方，公務員である教職員に対して，入学式・卒業式での国旗掲揚・国歌斉唱に際してのピアノ伴奏や起立斉唱を求める職務命令の合憲性が，多くの訴訟で争われています。

その際，最高裁は，〈「日の丸」や「君が代」が戦前の軍国主義等との関係で一定の役割を果たした〉という「歴史観ないし世界観」のようなⓐ〈思想・良心の核心部分〉と，そこから生ずる社会生活上ないし教育上の信念としての，国歌の起立斉唱などに対する否定的なⓑ〈考えや評価〉とを区別しています。

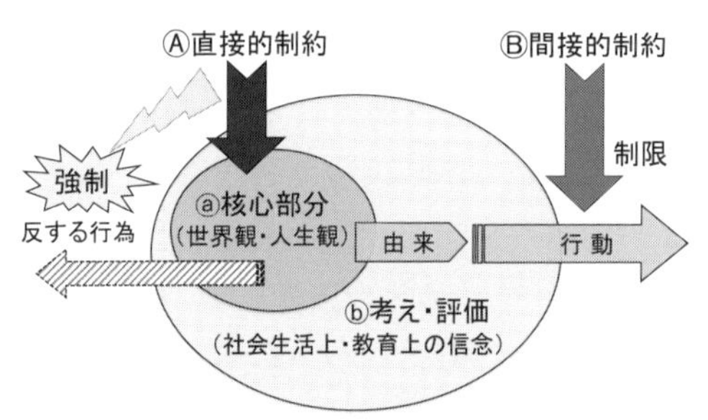

ⓐ〈思想・良心の核心部分〉に反する外部的行為の強制は，ⓐに直接に打撃を与えるもので，内心の自由に対するⒶ直接的制約と捉えられます。江戸時代の踏み絵のような措置は，強制される行為がキリスト教信仰の核心部分を否定するものであって，ここでいうⒶ直接的制約に該当するでしょう（もちろん，宗教の問題なので，憲法20条違反）。ⓐ〈思想・良心の核心部分〉に反する行為の強制は，その行為と結びついた❶特定の思想の強制となるでしょう。また，強制される行為と対立する❷特定の思想の禁止を意味することになります。もし，強制された行為を拒否すればⓐが露見することになるから，行為の強制は❸特定の思想の有無について前記②の告白強制につながります。

しかし，最高裁は，入学式・卒業式での国歌斉唱のような「式典における慣例上の儀礼的な所作」を求める職務命令は，ⓐから生ずるⓑ〈考えや評価〉と衝突するとしても，ⓐの歴史観・世界観それ自体を否定するものではなく，❶〜❸に該当しないとします。したがって，起立斉唱を求める職務命令は，思想・良心の自由に対するⒶ直接的制約とは認められないとされます。

起立斉唱の拒否は，ⓐに由来するⓑによる行動です。このような「内心に由来する行動」を制限する職務命令は，思想・良心の自由に対するⒷ間接的制約になることがあるとされます。そのようなⒷ間接的制約が憲法上許容されるかについては，職務命令には種々の目的があり態様もさまざまなので，職務命令の目的・内容，制約の態様等の「相関的・総合的な比較衡量」によって判断するというのが，国旗国歌起立斉唱拒否事件判決（最判平 23・5・30 民集 65 巻 4 号 1780 頁）などの判例の立場です。

《気になる？》

〈内心に反する外部的行為の強制〉の問題について，判例は，特別の判断方法を設定するのではなく，内心の自由のⒶ直接的制約をめぐっては，❶特定の思想の強制，❷特定の思想の禁止，❸特定の思想の有無についての告白強制に該当するか否かによって判断しています。Ⓑ間接的制約をめぐっては，内心の自由の制限を目的とする規制ではなく，〈目的・手段審査〉にはよらずに制約の必要性・合理性を比較衡量によって判断するとしています。最高裁が「間接的制約」「間接的規制」と捉える場合には，しばしば比較衡量によって合憲性の判断がなされるようですが，それぞれの場合の理由に注意する必要があるでしょう。

ところで，同種の起立斉唱拒否事件についての最判平 23・6・6 民集 65 巻 4 号 1855 頁に付された宮川光治裁判官の反対意見では，起立斉唱をしないことは思想・良心の「核心の表出」であり，そうした教職員の歴史観等に対する否定的評価を背景に，内心に反する行為を不利益処分によって強制するのが，入学式・卒業式における国旗掲揚・国歌斉唱の実施を求める措置の「意図するところ」だと指摘されています。思想・良心との関係で困惑する人々がいることが分かっているのに職務命令がなされ，式典自体は大きな混乱もなく終了したのに懲戒処分がなされたとすれば，意図的な「狙い撃ち」として，直接的制約になるのではないかということでしょう。

信条説と内心説をめぐっては，19 条の保障内容を一律に画定することとは別に，たとえば，⑴制約の態様や脈絡に応じて，信条については違憲審査の厳格度を高め，その他の内心については緩やかな違憲審査で足りるとする，⑵内心の推知については，内心説的に保護対象を広くとり，外部的行為の強制に対して義務免除を認める場面では，信条説的に保護対象を限定するという考え方もありうるかもしれません。

第16章　信教の自由と政教分離

1　宗教の自由の保障・国家と宗教の分離

憲法20条の規定する「信教の自由」は，宗教を信じる自由（信じない自由を含む）であり，宗教の自由ということもできます。その内容のうち，図の❶は19条（内心の自由）の宗教的側面です（「絶対的保障」については，第15章2参照）。❷と❸は21条1項（集会・結社・表現の自由）の宗教的側面とみることもできます。❷・❸は，個人の内心にとどまらず，外部に現れた行為として社会とかかわりが生じるので，必要最小限度の制約を受けます。

「宗教」の意味は，信教の自由について考える場合には，憲法が保障する対象を狭く限定しないように，「超自然的，超人間的本質（すなわち絶対者，造物主，至高の存在等，なかんずく神，仏，霊等）の存在を確信し，畏敬崇拝する心情と行為」（津地鎮祭事件の控訴審判決（名古屋高判昭46・5・14判時630号7頁）の定義）と広く解するのが一般的です。

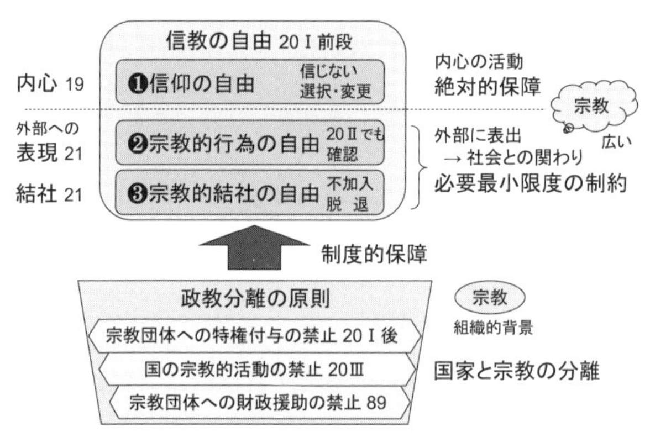

❷に関しては，明治憲法下で国民に神社参拝が強制された歴史を考慮して，憲法20条2項が重ねて保障を確認しています。❸は，宗教団体を結成する自由です。宗教団体のうち法律（宗教法人法）に基づいて法人格が認められたものが宗教法人です。宗教法人法81条は，裁判所が宗教法人に解散を命ずることができるとしています。宗教法人オウム真理教解散命令事件決定（最決平8・1・30民集50巻1号199頁）は，解散命令後も法人格のない宗教団体として活動することは可能だから，ただちに❸の侵害にはならないとしました。

さらに，憲法は，国家と宗教の分離というしくみ（政教分離の原則）を定めています。これは，旧憲法下で神社神道が事実上の国教的な地位を与えられ，それに抵触する宗教が弾圧されたりしたことを踏まえたものです。政教分離の原則を考える場合には，宗教を広く捉えると，政府や自治体が慰霊祭の実施や慰霊碑の建立を行うことも疑問とされかねないので，組織的背景を有するものなどに限定すべきとされることがあります。政教分離の原則は，個人の人権としての信教の自由そのものを規定しているわけではありません。そのため，「制度的保障の規定」と呼ばれることがあります。信教の自由の保障を確保するために，国家と宗教との分離を制度として保障するものだとされるのです（第4章6参照）。

国家と宗教の関係のもち方は国によって異なりますが，信教の自由を十全に保障するという考え方は，西欧諸国に共通しています。

《気になる？》

「制度的保障」は，ドイツのワイマール憲法時代の学説に由来するとされます。一定の「制度」について，法律によっても核心部分ないし本質的内容を侵害できないという特別の保護を憲法が与えて，制度それ自体を「保障」している場合がある，という考え方です。これを日本国憲法の解釈に応用し，憲法の権利章典には，個人の人権を直接に保障する規定だけでなく，人権保障と密接に結び合って一定の「制度」を保障する規定が含まれていると説明されました。しかし，その例とされた憲法23条と29条1項は，「制度」を保障する規定ではなく，人権を保障する規定の解釈から「大学の自治」や「私有財産制」が導かれています。92条（地方自治）は，権利章典の内容ではありません。このように，説明が首尾一貫しない（自らの定義に反している）ことが指摘されます。

また，ドイツの「制度的保障」論は，新しい憲法（当時のワイマール憲法）の論理と整合しない旧制度の存続を保障するためのものだったとされます。そうすると，旧憲法時代の反省を踏まえて新憲法（日本国憲法）が導入した政教分離の原則は，その趣旨に当てはまらないことになりそうです。

他方，〈制度の核心部分ないし本質的内容を侵害できない〉という説明は，〈核心・本質が侵されなければ，周辺的部分の譲歩・緩和は許される〉という考えを生み出し，政教分離の原則を弱めてしまったと批判されました。

日本国憲法が政教分離という制度（しくみ）を規定しているということはでき（ただし，憲法の条文には「政教分離」という文言はない），ドイツ由来の理論とは切り離して，「制度的保障」とか「制度保障」を論じることは可能でしょう。しかし，「制度的保障」という理屈を用いなくても，憲法の個々の規定を丁寧に解釈すれば，従来の通説的見解の内容は説明できるといわれます。

2　信教の自由の間接的制約と義務免除

今日の日本では，特定の宗教を信じていることによって処罰されるような事態は想定しにくいかもしれません。問題となるのは，法令や規則に基づく義務が，信教の自由に対する直接的・意図的な制限ではないけれども，間接的・結果的に特定の信仰を有する人に対する制約になる場合です。信教の自由を理由に，法令・規則による世俗の義務を免除することができるかが問われます。

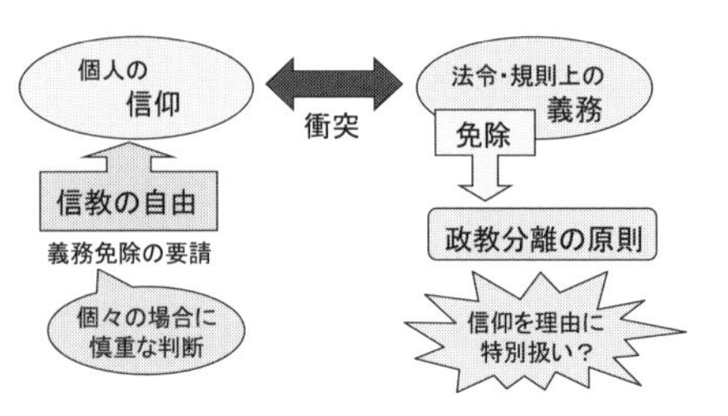

注目される判例は，市立の工業高等専門学校（高専）の学生が，必修科目の体育の授業において，〈いかなる格闘技も学ぶべきではない〉という宗教上の理由から，剣道の実技は見学するだけにして，代わりにレポートを提出しようとしたところ，学校側は受け取らず，その他の代替措置も認めず，結局，学生は体育の単位を修得できずに留年し，翌年も同様に留年したため退学処分となった事案についての，エホバの証人剣道実技拒否事件判決（最判平8・3・8民集50巻3号469頁）です。

最高裁は，退学処分の判断は校長の「合理的な教育的裁量」に委ねられるとしても，退学処分は「学生の身分をはく奪する重大な措置」だから「特に慎重な配慮」を必要とするのに，校長は，㋐「考慮すべき事項を考慮しておらず，又は考慮された事実に対する評価が明白に合理性を欠き」，その結果として，㋑「社会観念上著しく妥当を欠く処分をした」として，留年・退学の処分は裁量権（校長に与えられた判断の幅）を超える違法なものだと判断しました。㋐は，処分を決定する判断の過程（プロセス）を問題にしている点が注目されます。

《気になる？》

個人の信仰と法令・規則に基づく義務とが衝突する場合，第1に，(a)信仰を理由に義務を免除するか，(b)法の下の平等も考慮して，法令・規則に基づく義務を等しく課すかが問題になります。剣道実技判決は，(a)の立場です。しかし，常に(a)が選択されるわけではありません（宗教上の理由で納税を拒否する者に，納税義務を免除するわけにはいかない）。それぞれの場合に慎重な判断が必要です。この判決でも，〈最高裁が信教の自由による義務免除を認めた〉と一般化されて独り歩きしないように配慮した書きぶりになっています。

第2に，学校側は，〈公立学校が特定の宗教の信者にだけ必修科目を免除するのは，政教分離の原則に違反する〉と主張しました。信教の自由を間接的に保障するはずの政教分離の原則が，信教の自由と衝突する可能性があるのです。

第3に，この事件では，学校教育に関する法令や高専の学則や内規が違憲だとされているのではありません。また，学校側の措置は，信仰や宗教的行為に対する制約を目的とするものではなく，その意味で信教の自由を直接的に制約するものでもないとされました。しかし，教育内容や評価方法についての一般的な定め（それ自体は違憲ではない）に従った措置だとしても，学生が留年という「重大な不利益」を避けるためには「剣道実技の履修という自己の信仰上の教義に反する行動を採ることを余儀なくさせられる」のであり，校長は「裁量権の行使に当たり，当然そのことに相応の考慮を払う必要があった」と最高裁は判断しました。そのようにして，校長の判断過程を審査する際に，憲法上の人権が考慮要素となっていると考えられるのです（第9章4も参照）。

3　国家と宗教の分離の限界

憲法のいう政教分離は，国家と宗教とのかかわり合いを一切認めないものではありません。宗教はさまざまな場面で社会生活と接触しているため，国家が社会生活に規制を加えたり，助成や援助などを行うにあたって，宗教とのかかわり合いが生ずることは避けられません。その場合に国家と宗教との完全な分離（絶対的分離，徹底的な分離）は，実際には不可能に近いと考えられます。絶対的分離説を貫こうとすると，宗教を理由に不利益な取扱いをすることにもなりかねません。そこで，最高裁も多くの憲法学者も，国家と宗教との分離には限界があるとする相対的分離説を採っています。

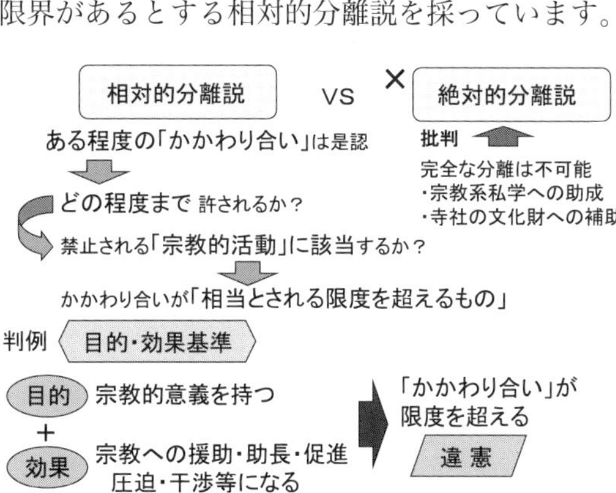

国家と宗教の「ある程度」のかかわり合いは認めざるをえないとすると，「どの程度」まで許されるのかが問題となります。最高裁は，市が体育館の建設に際して神式の起工式である地鎮祭を挙行し，神職への謝礼金や供物代

金を公金から支出したことの合憲性が争われた津地鎮祭事件判決（最大判昭52・7・13民集31巻4号533頁）において，憲法20条3項によって禁止される「宗教的活動」とは，国と宗教とのかかわり合いが「相当とされる限度を超えるもの」に限られるとしました。そして，それは，「目的が宗教的意義をもち，その効果が宗教に対する援助，助長，促進又は圧迫，干渉等になるような行為」だとしました。これを，「目的・効果基準」と呼びます。

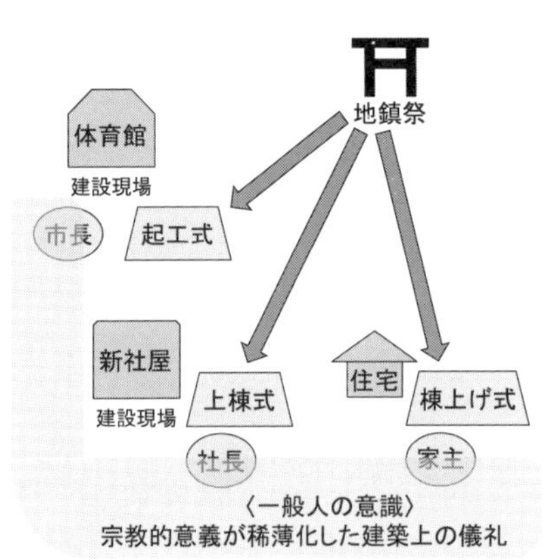

最高裁は，土地の神を鎮め祭るという宗教的な起源を有する儀式だった起工式も，時代とともに宗教性が稀薄化して，宗教的意義がほとんど無くなっているとしました。「一般人の意識」においては，起工式は，建築着工に際しての慣習化した社会的儀礼と評価されており，市長以下の関係者も一般の建築主と同様の意識だったはずだというのです。そうすると，本件の起工式の〈目的〉は，工事の無事安全を願い，一般的慣習に従った儀礼を行うという世俗的なものであり，〈効果〉は，神道を援助・助長・促進し，または他の宗教に圧迫・干渉を加えるものとは認められないから，政教分離の原則に違反しないとされました。

4　目的・効果基準の適用と不適用

その後も，最高裁は，政教分離の原則が問題となった事案で目的・効果基準を用い続けましたが，国家と宗教の結びつきを容易に認めてしまう可能性が指摘されていました。しかし，学説の大勢は，目的・効果基準を放棄するのではなく，基準の厳格な適用を求めてきました。

そうしたところ，県による靖国神社・愛媛県護国神社への玉串料等の支出の合憲性が争われた愛媛玉串料訴訟違憲判決（最大判平9・4・2民集51巻4号1673頁）で，最高裁は，目的・効果基準に依拠しながら，違憲の判断を下しました。その要因として，①神社が境内で挙行する恒例の重要な祭祀に玉串料等を奉納するのは，「一般人の評価」において「社会的儀礼」にすぎないとは

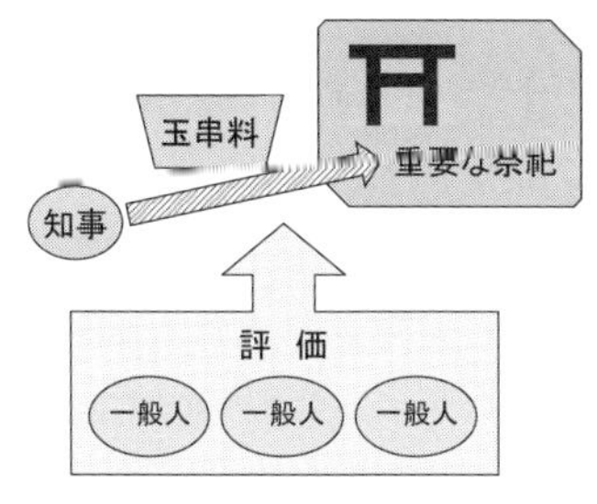

いえないこと，②県が他の宗教団体に対して同様の支出をした事実がなく，「特定の宗教団体との間にのみ意識的に特別のかかわり合いを持った」のが否定できないことが挙げられています。

ところが，その後，北海道の砂川市が諸般の経緯から神社に市有地を無償で提供していたことを違憲とする空知太神社訴訟違憲判決（最大判平 22・1・20 民集 64 巻 1 号 1 頁）では，宗教との「かかわり合い」が「相当とされる限度」を超えたか否かの判断に際して，従来のように目的・効果基準を用いていません。ただし，津地鎮祭判決・愛媛玉串料判決を引用していることから，目的・効果基準を正面から否定・廃棄する趣旨ではないようです。さらに，都市公園に設置された孔子廟（儒教の祖である孔子等を祀った施設）の敷地使用料を那覇市が全額免除したことについて，孔子廟訴訟違憲判決（最大判令 3・2・24 民集 75 巻 2 号 29 頁）は，同様に「総合的に判断」して違憲としています。

空知太神社判決をみる限りは，国と宗教とのかかわり合いが「相当とされる限度を超えるもの」が違憲となるという最高裁の基本的な枠組みは変わっておらず，限度を超えたか否かの判断に際して，目的・効果基準が用いられる場合と，総合的判断がなされる場合があるようです。しかし，両者の使い分けの理由や基準は明示されていません。1 回的な作為的行為の場合は目的・効果基準で，（不作為を含む）継続的行為の場合は総合的判断だという説明もありますが，それで判例を適切に説明できるのかには疑問も示されています。

《気になる？》

政教分離の原則についての判例を見ていると，主に県や市といった地方レベルの事案であることに気づくでしょう。愛媛玉串料判決の事案における県知事と同様の行為を首相や閣僚が行ったとしても，同様に違憲審査が行われる見込みはありません。中央政府については，地方自治法 242 条の 2 が規定する住民訴訟のような「客観訴訟」の制度がないためです。客観訴訟における違憲審査は，第 6 章 4 で言及したものです。

第17章　表現の自由

1　表現の自由の意味

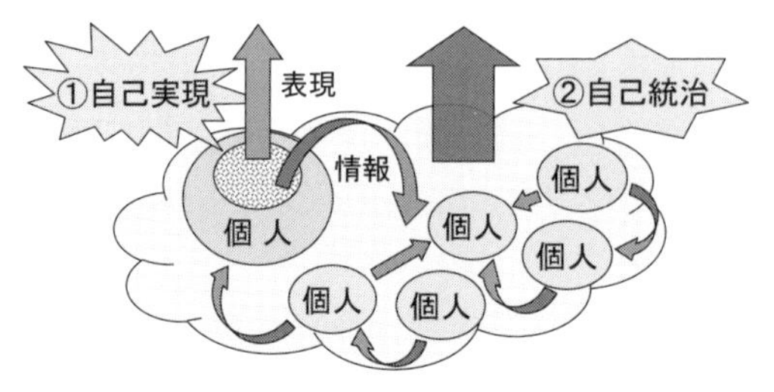

内面的精神活動を外部に明らかにするための外面的精神活動の自由として憲法21条が保障する「表現の自由」には，①自由な表現活動やコミュニケーションを通じて，各人が目的を果たしたり人格を発展させたりするという，個人にとっての意義（自己実現の価値）と，②自由な情報伝達や議論を通じて，民主主義に基づく政治（民主政）の維持・発展が図られるという，社会的な意義（自己統治の価値）という面があります。表現の自由が民主政に不可欠な前提であることは，「二重の基準」論において表現の自由を規制する法律に踏み込んだ違憲審査が求められる根拠（第8章2）にも結びついているでしょう。もちろん，政治に関わらない文学作品なども，①自己実現の価値に基づき，強く保護されます。

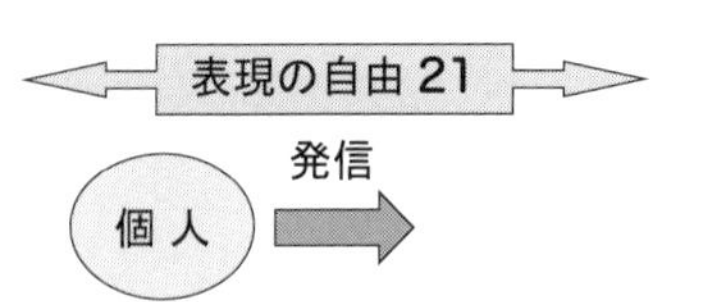

憲法19条の思想・良心の自由をめぐっては信条説と内心説の対立（第15章3）がありましたが，表現の自由は，世界観とか体系的な思想や理論の表明だけでなく，感情の表現や知識・事実の伝達なども広く保障の対象に含みます。また，21条は「言論，出版その他一切の表現の自由」と包括的に規定していますが，そこには，口頭での発言や演説，論文や書籍，新聞・雑誌などの印刷物，ラジオ・テレビの放送やインターネット，芸術による表現などの，あらゆる伝達方法が含まれます。外国の憲法や国際人権条約では，より詳細に規定したり，対象に応じて条文を分けている例もみられますが，日本国憲法は21条ですべてに対応することになります。

ところで，無人島に連れて行かれて，「誰もいないから，気兼ねなく発言できます。誰にも怒られません」といわれても，「ここには100％の表現の自由

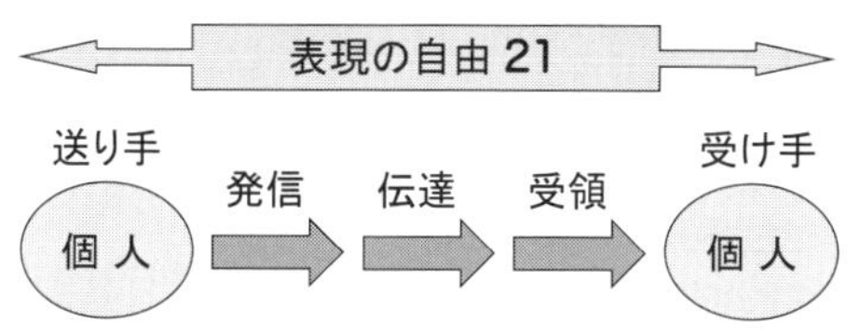

がある！」とは思わないでしょう。自分の表現したことを受けとめてくれる人がいるはずだと思うから，人は表現するのではないでしょうか。表現の自由は，情報の発信・伝達・受領というコミュニケーションの過程全体を保障していると解されるのです。

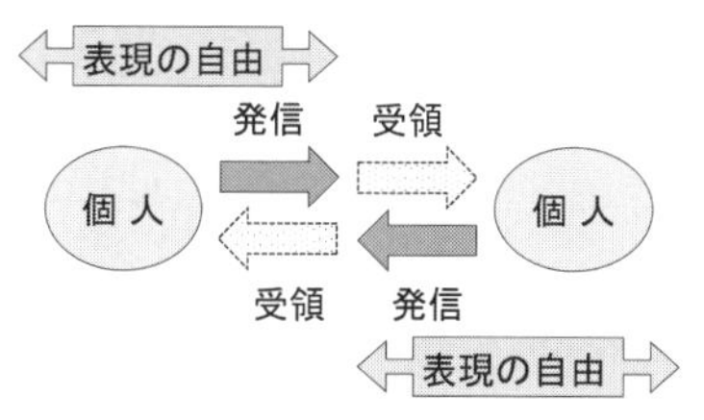

それでも，社会の各人が等しく表現の「送り手」となることができ，あるときは表現の「受け手」だった人が次の機会には「送り手」になることが可能ならば，「表現の送り手の自由」を全員に保障することで，社会のすべてのメンバーの表現の自由を維持できそうです。

しかし，現代では，マス・メディアの発達により，（とりわけ社会全体に関わる）表現の「送り手」の立場は，マス・メディアとそこにアクセスできる人々（政治家，専門家，有名人など）が多くを占め，一般の市民は，専ら情報の「受け手」の立場に置かれるようになりました。また，複雑化した現代社会においては，日常生活においても種々の情報が必要ですが，個人が独力で情報収集するのは容易でなく，マス・メディアから提供される情報に頼ることになりがちです。

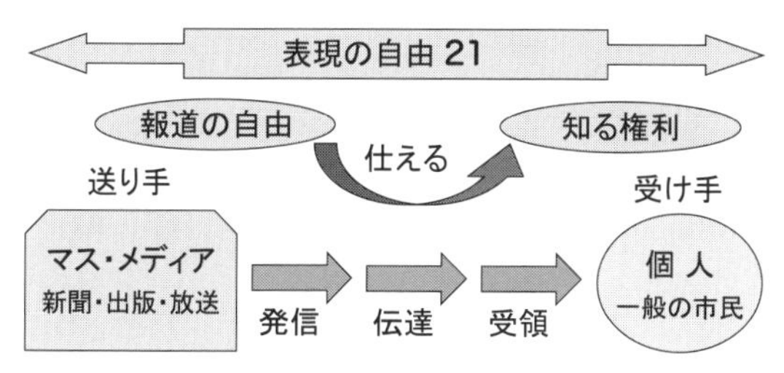

こうした表現の「送り手」と「受け手」の分離を踏まえて，一般市民の「表現の受け手の自由」を「知る権利」と再構成することが提唱されました。そして，知る権利に奉仕するものとして，報道機関には「報道の自由」があるとされるのです。さらに，報道のための「取材の自由」の保障も求められるようになりました。ただし，国政に関する取材行為が，国家の側の〈公正な裁判の実現〉や〈公務員の守秘義務〉といった要請と衝突することがあります。

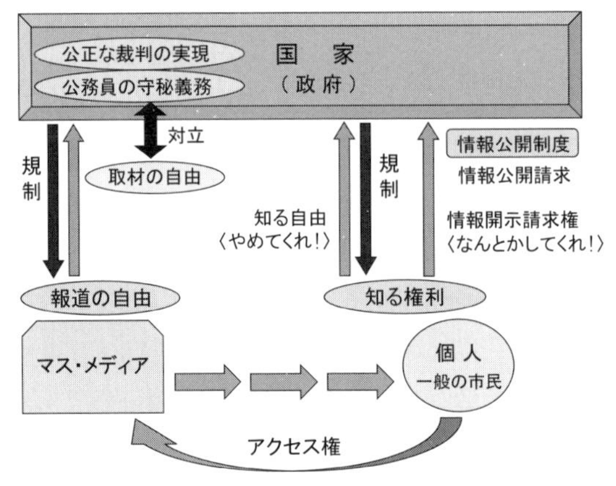

知る権利は，Ⓐさまざまな意見・知識・情報の摂取を国家が規制することに対する〈やめてくれ〉型の人権の性格を有します。「知る自由」とも呼ばれます。第12章で扱ったよど号判決（最大判昭58・6・22民集37巻5号793頁）のいう新聞・図書等の「閲読の自由」も，これに属するでしょう。知る権利は，Ⓑ政府が保有する情報の公開を求める権利としての意味も有します。ただし，実際に情報公開請求を行うためには，情報公開制度の整備が必要です。つまり，情報開示請求権には〈なんとかしてくれ〉型の人権の性格があるといえます。

知る権利は，Ⓒ情報発信能力において格差のある個人からマス・メディアに対する「アクセス権」として主張されることがあります。報道などの内容に対して反論文の無料掲載を求める「反論権」や，取材を受けた側が報道内容に対して有する「期待権」は，マス・メディアの「編集の自由」と衝突します。「第四の権力」ともいわれる「報道機関」も，民間企業ですから，基本的には私人間の問題です。

《気になる？》

報道のための取材は，発信の前段階の情報収集です。博多駅決定（最大決昭44・11・26刑集23巻11号1490頁）では，報道の自由は「憲法21条の保障のもとにある」のに対し，取材の自由は「憲法21条の精神に照らし，十分尊重に値いする」とされています。他方，傍聴人が法廷でメモを取る自由が問題となったレペタ法廷メモ訴訟判決（最大判平元・3・8民集43巻2号89頁）は，「情報等の摂取を補助するためにする筆記行為の自由」について，「憲法21条1項の規定の精神に照らして尊重される」としました。国民の「知る権利」に奉仕する報道のための取材と，個人的な情報収集のためのメモ採取の相違が，「十分尊重」と「尊重」の差を生じさせている可能性があります。

「放送の自由」をめぐっては，放送局の開設には電波法による総務大臣の免許が必要であり，番組編成（放送内容）にも放送法による規制があります。出版・印刷メディアならば許されないはずのこのような規制が放送には認められる根拠として，(A)放送に利用できる電波の周波数の有限性，(B)インパクトのある音声・映像が「お茶の間」に直接届くといった社会的影響力などが挙げられてきました。しかし，デジタル放送などの技術の発展とか，衛星放送やケーブルテレビの普及によって，(A)の根拠には疑問が生じています。また，インターネットが普及し，(B)が放送だけの特性とはいえなくなるとともに，通信と放送の融合も進んでいます。(A)(B)に代わって，バランスのとれた放送内容を求める規制と完全に自由な新聞の組み合わせが社会全体に多様な情報をもたらすとする「部分規制」論が提唱されています。

インターネットの普及で，情報の「受け手」の立場にあった市民が発信力を回復すると期待されます。マス・メディアに対抗できない個人は，国家（民法・刑法）の力を借りて名誉毀損を争っていたかもしれませんが，インターネット上では当事者が対等に議論できるならば，批判を受けた者は反論して自らの社会的評価の低下を防ぐべきで，名誉毀損の成立を簡単に認めるべきではないとする「対抗言論」の法理が説かれることもあります。ただ，「インターネット」を包括的・一般的に論じることには限界があり，各種サービスの特性や仕様にも留意する必要があるでしょう。たとえば，インターネット上に残っている自己に関する情報の削除請求についての判断基準をめぐって，最高裁は，検索エンジンのサービスを提供する検索事業者としての Google が「現代社会においてインターネット上の情報流通の基盤として大きな役割を果たしている」と捉えた（最決平 29・1・31 民集 71 巻 1 号 63 頁）のに対し，Twitter（当時）については異なった理解をしているようです（最判令 4・6・24 民集 76 巻 5 号 1170 頁）。

2　表現の自由の規制

外面的精神活動としての表現行為は，他者の権利・利益や社会の重要な利益と衝突することがあります。衝突の調整の結果，表現の自由が規制される場合があります。

第 1 に，表現の内容が，表現の受け手になんらかの感情を生じさせたり，なんらかの行動を起こさせたりして，そのために受け手自身や第三者の権利・利益が損なわれる場合があります。国家は，そのような内容の表現を規制することがあります。表現の内容に着目して規制するので，「表現内容規制」と呼ばれます。

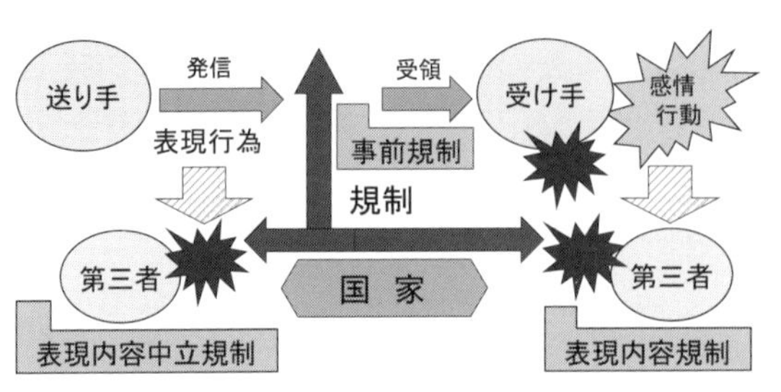

第2に，表現の伝達方法や表現活動に伴う行為が，他者の権利・利益と衝突する場合があります。演説や歌謡の音量によって周囲の人の生活に支障が生じたり，掲示物が安全や景観を損ねたり，広場や道路でのビラ配布が通行の妨げとなったりすることがあるでしょう。こうした問題に対処するために，表現の内容とは関わりなく行われる規制が，「表現内容中立規制」です。政府を批判する演説でも，政府の政策を支持する演説でも，同様に音量を規制するならば，それは内容中立規制です。

第3に，そもそも表現活動によって発生する弊害を未然に防止するためには，表現物が世の中に発表される前または特定の人が受領する前に，あるいは，表現行為が実際に行われる前に，内容を審査して不適当なものを排除するのが効果的でしょう。表現の内容を国が事前に審査して，許可する表現と不許可の表現を選別するような規制を事前抑制（事前規制）と呼びます。「検閲」は，その典型的なものです。これに対して，わいせつ物頒布罪（刑法175条）や名誉毀損罪（刑法230条）のように，あらかじめ罰則の対象となる表現内容を法律で定めておき，すでに発表された表現物のうち法律の要件に該当するものを捜査・起訴して，裁判手続を経て処罰することを事後制裁（事後処罰）と呼びます。

3　表現規制の違憲審査

第8章でみた「二重の基準」論によれば，表現の自由を規制する法律の合憲性については，踏み込んだ審査が求められます。より具体的には，次のように考えられています。

第1に，表現内容規制は，政府にとって都合の悪い表現を抑え込もうとして行われる可能性があり，表現の自由にとって危険性が高いので，規制の合憲性は厳しく審査されなければならないといわれます。ただし，次の図の㋐〜㋓のような表現は，伝統的に規制が認められてきました。ヘイト・スピーチなどの差別的表現の規制も，表現内容規制の問題に関わってきます。

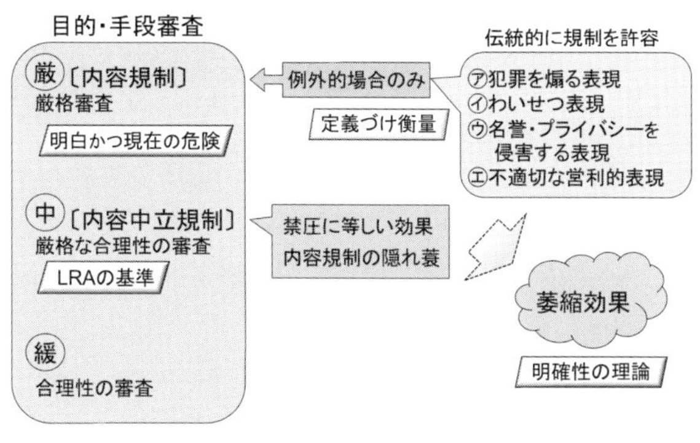

表現の自由の規制の合憲性を考える場合にも，基盤にある思考は比較衡量です。つまり，(a)表現の自由を制限することによって得られる利益（表現の自由の弊害）と，(b)表現の自由を制限することによって失われる利益（表現の自由の価値）とを衡量して，(a)得られる利益のほうが大きいなら，制限は正当と考えられるのです。しかし，個別の事案において裁判官が直接に（基準もなく）(a)と(b)の衡量をするならば，(a)のほうが大きくみえてしまいがちだと懸念されます。

そこで，規制を定める法律の立法目的と目的達成手段の合理性を審査する目的・手段審査（第7章3・第8章3）を行うこととし，しかも，表現内容規制については，「厳格審査」を行うべきだとされます。その典型とされるのが，「明白かつ現在の危険」の基準です。これは，表現内容と，それが引き起こす危険な行動との間に強い関連性を要求する基準です。犯罪を煽るような表現活動を規制する法律の違憲審査には，このような厳格な目的・手段審査を行うべきだといわれます。

また，規制される対象（たとえば，わいせつ表現）の範囲をあらかじめ明確に定義することとし，その定義づけ段階で(a)と(b)の衡量を行って，具体的事件においては，それが規制対象の定義に該当するか否かを判断する（個別事案について比較衡量しない）という「定義づけ衡量」の手法も提唱されます。なお，刑法175条のわいせつ物の定義ないし判断方法をめぐっては，判例に変化があるのかが問題となります。

第2に，表現内容中立規制として，表現が行われる時や場所，方法や態様について規制する「時・場所・方法の規制」が行われている場合は，表現したい内容を別な時や違う場所，異なる方法で表現できます。ただ，「他の方法がある」といっても，人によっては，費用などの問題から，その他の方法が利用できないかもしれません。実際に利用可能で効果的な表現方法を封じることは，表現を禁圧するのと等しい威力を有するでしょう。また，政府は，本当は特定の内容の表現を封じ込む意図があるのに，内容中立規制のように偽装（カムフラージュ）しているかもしれません。規制の運用の場面で，駅前でのチラシとかビラの配布や街路でのポスター掲示について，商業宣伝は制限されず，特定の政治的見解を表明するものばかりが規制されたとすれば，内容中立規制のフリをして，政府に不都合な表現を取り締まるための「隠れ蓑」になっていることが疑われます。したがって，内容中立規制だからといって緩やかな違憲審査でよいとはいえず，「厳格な合理性の審査」が求められるのです。

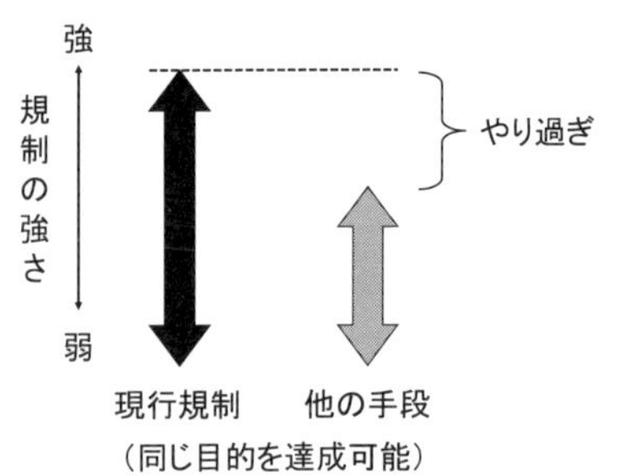

「時・場所・方法の規制」については，「より制限的でない他の選びうる手段」の基準（しばしば，英語表記の頭文字をとって「LRAの基準」と呼ばれる）によって審査すべきだといわれます。立法目的は重要だとしても，〈現行の規制は必要以上に強過ぎで，もっとマシな方法があるはずだ〉というわけです。しかし，特定の場所でのポスターの掲示という表現方法の規制が問題だったはずの大分県屋外広告物条例事件判決（最判昭62・3・3刑集41巻2号15頁）は，古い判例を引用して済ませており，判例の立場は不明確なままです。なお，内容規制と内容中立規制の二分論を批判する学説もあります。

第3に，表現の自由については，「萎縮効果」が問題になります。表現を規制する法律の規定が曖昧で不明確だと，自分の行為が規制対象か否かが分からず，本来は規制されないはずの表現行為まで差し控えてしまう（表現しようとする気持ちが萎えて縮んでしまう）ことが懸念されるのです。表現活動が萎縮してしまうと，重要な情報が社会に十分に提供されないおそれがあります（②自己統治の価値に関わる）。そこで，条文が漠然として不明確だったり，規制の範囲が過度に広汎で適用が違憲となる可能性を含む法律は，違憲とされます。

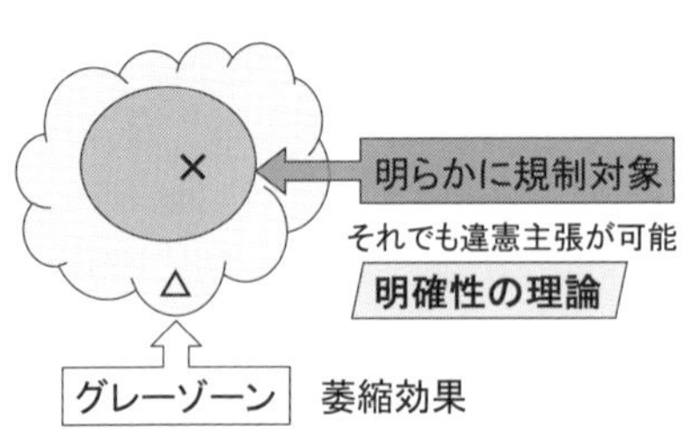

萎縮効果が問題になるのは，規制のグレーゾーン（不明確な部分や過度に広汎な部分）です。萎縮効果が生じれば，あえてグレーゾーンの表現行為をして法律の違憲性を裁判で争おうとは

しないでしょうから，違憲の疑いのある法律が残り続けます。そこで，法律の規制対象ド真ん中の行為をした者にも，裁判で当該規定が不明確で違憲だと主張することを認め，表現の自由についての萎縮効果を少しでも早く除去しようというのが「明確性の理論」とか「明確性の原則」と呼ばれる考え方です。

4　検閲の禁止と事前抑制

表現行為の事前抑制は，⑴弊害の可能性の有無に関わりなく規制対象となるから，問題のない表現者にも萎縮効果が生じるおそれがあり，⑵審査手続のために，効果的な表現のタイミングを逃すかもしれず，⑶実際の弊害が不明の段階で，担当官は憶測により広汎な規制をするかもしれず，⑷担当官は捜査や立証の手間を要さず，申請を待って「密室」で判断するだけで済む，といった問題を孕みます。このような事前抑制が表現の自由にとって「危険」だとされるのは，〈よい商品は市場で信頼と評価を得て生き残り，問題のある商品は市場から淘汰される〉というのと同じように，〈自由な議論を闘わせて勝ち残った言論こそが，よい見解だ〉という考え方（思想の自由市場論）が念頭にあるからです。特定の見解が「市場」に出る前に，政府が内容の「正しさ」を審査・選別すべきではないとされるのです。しかも，政府が発表を禁止してしまうと，人々はそのような見解が存在したのを知ることさえできなくなります。そうしたことから，憲法21条2項は「検閲は，これをしてはならない」と規定しています。そこで，憲法が禁じる「検閲」の定義が問題となります。

札幌税関検査事件判決（最大判昭59・12・12民集38巻12号1308頁）は，「検閲」とは，〈行政権が主体〉となって，〈思想内容等の表現物〉の〈発表の禁止を目的〉として，対象となる表現物を〈網羅的一般的〉に〈発表前〉に内容を審査して，不適当なものの発表を禁止することだと定義しました。この定義によれば，国による教科書検定制度は，検定不合格でも一般図書としては販売可能なので，検閲には該当しないことになります（第1次家永訴訟判決・最判平5・

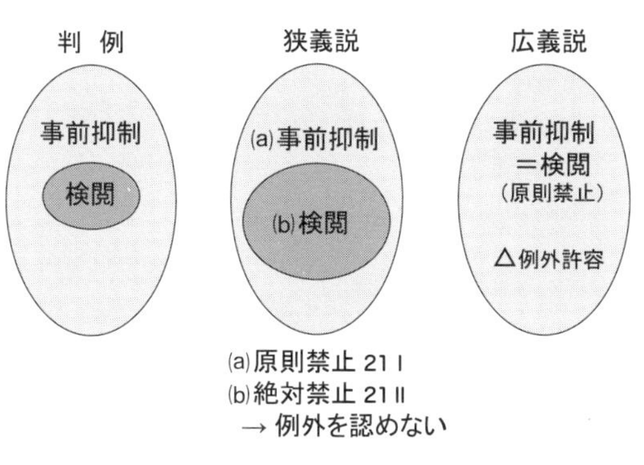

3・16民集47巻5号3483頁）。また，よど号判決（第12章2）で問題となった新聞記事の閲読制限も，検閲に該当しません。

検閲の定義をめぐっては，学説にも対立があります。狭義説は，行政機関が行う事前抑制が「検閲」だと解釈し，憲法21条2項の守備範囲を限定する代わりに，禁止は「絶対的」だとします。つまり，「検閲」の定義に該当すれば，公共の福祉のためでも一切許容されないとします。他方，国家が表現に対して行う「事前抑制」は原則として禁止される（それは21条1項による表現の自由の保障に基本的内容として含まれている）けれども，他人の名誉やプライバシーを侵害するような書籍や雑誌について裁判所が行う出版の差止めは例外的に認められるとします。狭義説は判例の理屈と構造が似ていますが，判例は検閲の定義を狭く絞り込み過ぎていると批判されます。

これに対して，広義説は，「検閲」の主体を行政権に限定せず，公権力一般だと捉えます。したがって，裁判所による事前差止めも「検閲」に含まれます。そして，「検閲」は原則禁止で，例外的に許容される場合もあるとするのです。広義説は，「検閲」と「事前抑制」を同視するものですが，北方ジャーナル事件判決（最大判昭61・6・11民集40巻4号872頁）では検閲以外の事前抑制にも厳しい審査が行われるとされており，判例のいう「検閲」の定義に該当するものは想定し難いから，実際には同じ帰結になるとされます。

5　付随的規制

広義の表現内容中立規制には，❶表現の「時・場所・方法の規制」（狭義の表現内容中立規制）と，❷表現活動の規制を目的とするのではない法律が，表現活動に付随する行為に適用されて，結果的に表現の自由が制約されることになる場合の「付随的規制」が含まれます。

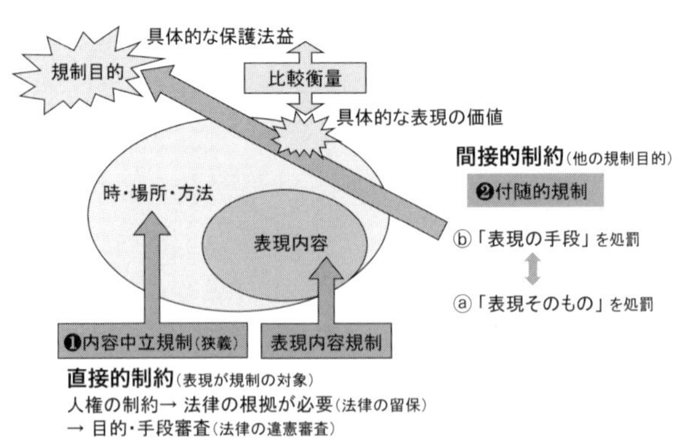

たとえば，刑法130条の住居侵入罪は，表現活動の規制を直接の目的とはしていません

が，ビラの配布・投函のための行為が〈他人の住居の平穏を害する〉として同条の罪に問われることがあります。ビラに書かれている内容に関わりなく規制されるわけですから，❷付随的規制も表現内容中立規制の一種と考えられます。憲法が保障する表現の自由が規制を受けるわけですから，規制の合憲性を慎重に審査することが求められます。

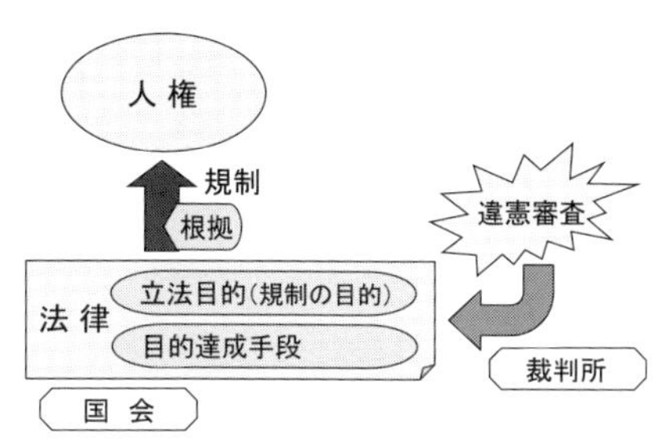

❶狭義の表現内容中立規制（時・場所・方法の規制）は，表現内容規制とともに，表現活動を直接の規制対象とするものです。表現内容を問題にするにしても，表現の時・場所・方法を問題にするにしても，表現の自由に対する直接的制約です。人権を制約するためには，法律の根拠が必要です。3 で述べたとおり，人権を制限する法律の合憲性が疑われる場合は，立法目的と目的達成手段が審査されます。

それに対して，❷付随的規制は，表現活動の規制以外の規制目的を有する法律が，表現の自由に対する間接的制約となる場合です。立川自衛隊官舎反戦ビラ投函事件判決（最判平 20・4・11 刑集 62 巻 5 号 1217 頁）は，ⓐ「表現そのもの」を処罰することとⓑ「表現の手段」を処罰することを分け，集合住宅の共用部分へのビラ投函のための無断立入りを刑法 130 条の罪に問うのはⓑだとしました。そして，刑法 130 条の保護法益と表現の価値を具体的に比較衡量して，規制の合憲性を判断しています。刑法 130 条は表現活動の規制を直接の目的とするものではないので，目的・手段審査をすることにはならないでしょう。刑法 130 条には相応の規制目的（保護法益）がありますが，その立法目的（表現規制ではない）の合理性を審査しても，表現の自由の規制の合憲性を判断することにはならないと解されるのです。

なお，ビラ投函のための集合住宅への立入りを「公務員」が行ったのが，第 12 章で扱った堀越判決（最判平 24・12・7 刑集 66 巻 12 号 1337 頁）の事案です。

6　規制と援助

政府の政策に反対する言論を規制するのは，表現の自由の保障に反することになりそうです。他方で，政府の政策に賛同する見解を援助することは違憲で

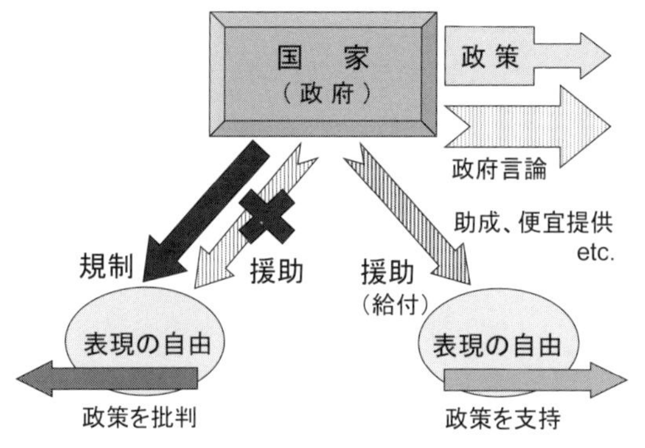

はありません。国家は，芸術や研究に補助金を給付したり，表現活動に場所や機会を提供したりします。すべての表現者を支援することは不可能で，選別が必要です。他方，表現の自由には，補助の給付を請求する権利は含まれていないと解されます。しかし，政府を支持する表現ばかりを援助することに問題はないでしょうか。

政府は，政策に理解を求め，説明責任を果たすために，さまざまな形で情報発信を行います。それは「政府言論」と呼ばれます（言論といっても，政府に表現の自由はない）。政府は，独占的あるいは圧倒的に言論空間を支配するような政府言論を展開し，批判的な言論を排除・埋没させてしまうことが可能です。しかも，政府自身は姿を隠し，有識者や企業，マス・メディアなどを通じて（それらを援助して）政策を支持する世論を形成しようとするかもしれません。

表現の自由に関しては，「パブリック・フォーラム」の考慮も重要な意味を有します。これについては，表現活動の「場所」の問題として，次の第18章で集会の自由とともに説明します。

第18章　集会の自由とパブリック・フォーラム

1　集会の自由の性質

集会の自由は，表現の自由と同じ憲法21条1項に規定されています。

> 集会，結社及び言論，出版その他一切の表現の自由は，これを保障する。

条文の構造としては，大きくみると〈A，B及びC〉と3要素が並列になっており，「集会，結社及び表現の自由」という組み立てと解されます。さらに，Cの内部が〈P，Qその他（一切）のC〉という構造になっており，「言論」「出版」は「表現」の例示といえます。つまり，条文上は，「集会の自由」「結社の自由」「表現の自由」が並列に規定されていることになります。しかし，集会・結社は，しばしば，広い意味での表現活動に位置づけられます。集会・結社の自由は，集団の意思を形成して対外的に表現するものとして，表現の自由の一類型とみられるのです。また，集会・結社・表現は，人々のコミュニケーションという面で共通しているともいえます。

広義の表現活動

憲法21条1項

集会　結社　言論　出版　表現

成田新法事件判決（最大判平4・7・1民集46巻5号437頁）でも，集会は「様々な意見や情報等に接することにより自己の思想や人格を形成，発展させ，また，相互に意見や情報等を伝達，交流する場」として現代民主主義社会において必要であり，「意見を表明するための有効な手段」だとされています。

人が集合したもののうち，①「群衆」は，特定の目的なしに，ただ集まっている状態です（その場で個別に表現活動を行う個人はいるかもしれない）。この状態を「蝟集（イシュウ）」ということがあります。「蝟」はハリネズミのことで，ハリネズミの毛のように密集しているイメージです。これに対して，②「集会」は，共通の目的を有する特定または不特定の多数人が一定の場所に集まっている，一時的な集合体です。③「結社」は，共通の目的のた

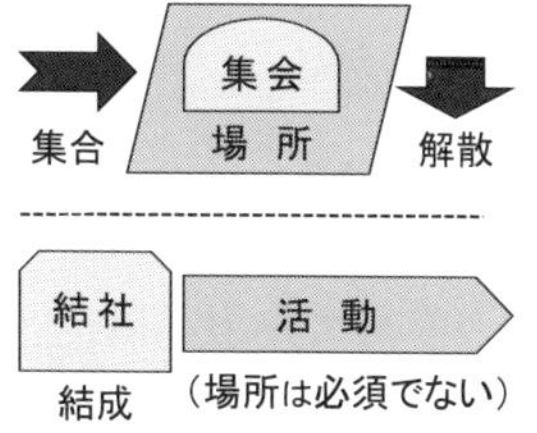

めに特定の多数人によって組織化された，継続的な結合体です。結合関係が持続する点で，集合してもその場で解散する「集会」と区別されます。

なお，憲法の用いる「結社」という用語は，やや堅苦しく（怪しく？）感じるかもしれませんが，結社の自由は，団体を結成する自由です。一定の目的を有する人の団体を「社団」といいます。そうした団体に個人（生身の人間）と同様の法律上の資格を認めたものが「法人」（社団法人）です。

集団行進・集団示威運動いわゆるデモ行進は，特定の場所にとどまらない「動く集会」とも呼ばれます。デモは，集会ではなく表現活動として保障されるとする見解もあります。いずれにしても憲法21条で保障されます。

2　施設管理権とパブリック・フォーラム

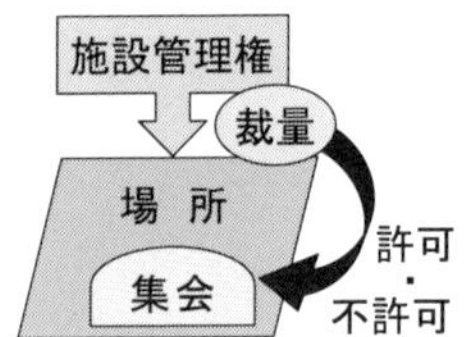

たしかに，集会の自由は，集会の開催・参加を国家が規制したり強制したりすることに対する〈やめてくれ〉型の人権の性格を有します。しかし，集会には「場所」が必要です。そこで，公会堂や公民館，市民会館，広場，公園，道路といった国家（地方自治体を含む）が管理する場所の利用が有用です。ところが，これらの施設は，管理者である国家が施設管理権を有しています。施設利用を認めるか否かについて，施設管理権に基づく広汎な裁量が管理権者に認められるならば，集会の自由は政府の許可権限の下に置かれることになってしまいます。

問題は，集会の自由だけではありません。意見や情報を多数の人に伝えるには，多くの人がいる場所・多くの人が通る場所で表現活動を行うのが効果的でしょう。人が集まる公園や広場，人通りの多い道路は，情報伝達にとって好適です。もしも，政府が，道路や公園の管理者として表現活動を締め出すならば，市民は情報の発信・受領にとって重要な場を失うことになりかねません。

そこで，道路や公園など古くから表現活動が行われてきた場所は「パブリック・フォーラム」であるとされ，そこを管理する政府も，表現活動を一律に締め出すことは許されないと論じられます。「場所」の所有・管理者としての政府は，私有地の持ち主である私人と同じに扱うことはできないというのです。

もちろん，施設の維持・保全や利用希望の競合に対処するために，利用の許否を判断することは必要でしょう。また，道路・公園などの本来の利用目的（通行や，遊戯・休息など）と表現活動との衝突を調整することも必要でしょう。

しかし，人々が自由に交流したり表現したりできる場所の利用に対しての施設管理権による規制については，それを〈自由権の侵害〉として対抗する理屈立てが求められます。それに応えるのが，「パブリック・フォーラム」論です。

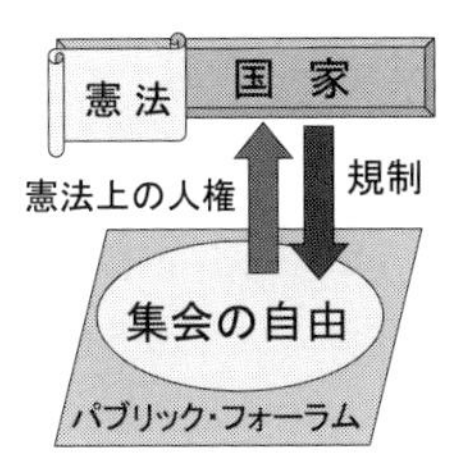

アメリカ合衆国で形成された「パブリック・フォーラム」論は，表現活動のために公共の場所を利用する権利は，たとえ他者によるその場所の利用を妨げることになっても，強く保障される場合があるとする理論です。表現活動のために道路や公園などの公共の場所を利用することは，憲法で保障されていると考えるのです。そのようにして，道路や公園での表現活動は施設管理権によって規制されるのが当然だという考えを覆し，通常の表現の自由（言論や出版）と同様に，本来は自由なのであって，規制することに違憲の疑いが生じるとするのです。

道路・広場・公園などは，「伝統的なパブリック・フォーラム」として，そこで行われる集会や表現活動の規制には踏み込んだ違憲審査が求められます。国や地方自治体が設置する集会のための施設も，パブリック・フォーラムに準ずる場所とされます。たしかに，集会の自由を根拠に集会施設の設置・維持を求めることはできないとされます。しかし，施設が維持されている間は，そこでの集会や表現活動の規制には踏み込んだ違憲審査が求められます。他方，市役所の執務室や公立病院の待合室などはパブリック・フォーラムではなく，集会や表現活動のための利用の可否は，施設管理者の裁量に委ねられます。

《気になる？》

表現活動を行う「場所」が問題となった判例での伊藤正己裁判官の補足意見が注目されます。❶私鉄の駅構内でのビラ配布や演説が鉄道営業法35条・刑法130条に違反するとされた吉祥寺駅構内ビラ配布事件判決（最判昭59・12・18刑集38巻12号3026頁）と，第17章3で触れた❷大分県屋外広告物条例判決です。伊藤裁判官は，東京大学法学部の英米法・憲法の教授だった人です。ただし，伊藤補足意見におけるパブリック・フォーラム論は，「違憲審査の厳格度」を設定するアメリカの議論とは異なり，表現規制の合憲性を判断する際の「比較衡量の要素」として考慮しようとするものでした。伊藤補足意見は，表現が行動を伴うときには「物理的な場所が必要」となるから，「一般公衆が自由に出入りできる場所」（私有地を含む）については，その「本来の利用目的」と同時に「表現の場所」としての機能を有することを考慮して，「表現の自由の保障を可能な限り配慮する必要がある」とするのです。

第17章5で扱った表現の自由の「付随的規制」をめぐる比較衡量には，伊藤補足意見の考え方が影響を与えているとみることもできるでしょう。❶判決自体，ビラ配布や演説のための駅構内への立入り自体ではなく，〈管理者からの退去要求を無視して約20分間にわたり駅構内に滞留した〉ことを問題としているように解されます。葛飾マンション政党ビラ投函事件判決（最判平21・11・30刑集63巻9号1765頁）も，ビラ配布自体は憲法21条の保障する表現活動だとしても，分譲マンションにおいては1階玄関ホールにある集合ポストへの投函のための立入りが限度で，玄関ホール奥のドアを越えて各階の廊下に立ち入ったことまでは許容されない，という判断をしたものと解する余地があります。つまり，表現の自由と，財産権や管理権との比較衡量において，表現の自由を考慮したうえでの「調整」のラインが示されているものと考えられるのです。

3　集会・デモ行進などの集団行動の規制

公園などを集団行動に利用することの許否は，管理権者の単なる自由裁量に委ねられていると解すべきでなく，施設の管理権を口実にして実際には集団行動の自由を制限する目的で規制を行った場合は，違憲の問題が生じうるとされます（皇居外苑使用不許可事件判決・最大判昭28・12・23民集7巻13号1561頁）。

旧憲法下の規制法律は廃止されたものの，盛んになった集団行動の抑制を求めるGHQの意向もあり，「公安条例」が各地で制定されました。公安条例には，公共の場所での集団行動について，一定の期日までに公安委員会に届出ないし許可申請することを要求するものが多く，集団行動の事前抑制として憲法21条に違反しないかが問題となりました。最高裁は，表現内容ではなく表現の態様についての規制であり，表現行為を一般的に禁止するものでもない，などの理由により，合憲との立場をとっています。

集団行動について届出制は許されるとしても，利用申請を審査して許可するか否かを判断するような一般的な許可制は，違憲とされます。本来は自由である集団行動を，いったん全面的に禁止して，特定の場合に政府の判断で禁止を解除するという許可制は，憲法の趣旨に反し，許されないとされるのです（新潟県公安条例事件判決・最大判昭29・11・24刑集8巻11号1866頁）。

規制の対象となる集団行動の態様などについては，合理的で明確な基準を法律や条例で定めなければならないことが，明確性の理論（第17章3）によって要求されます。最高裁は，条文が「あいまい不明確」で憲法に違反するかどうかは，「通常の判断能力を有する一般人の理解」において具体的な行為が規制対象か否かを判断できる基準が読みとれるかによって決まるとしました。ただし，この基準を，どれくらい厳格に用いるかについて，最高裁でも意見が分かれています（徳島市公安条例事件判決・最大判昭50・9・10刑集29巻8号489頁）。なお，規定の過度の広汎性が問題になった例もあります（広島市暴走族追放条例事件判決・最判平19・9・18刑集61巻6号601頁）。不明確性と過度の広汎性の区別については議論もありますが，いずれにしても，概括的な定め方をすることが少なくない日本の法令を前提としたときには，目的・手段審査のなかで，規制手段の瑕疵として論じることも考えられるかもしれません。

公共の秩序を保持するために集団行動を規制することは，「公共の安全に対し明らかな差迫った危険を及ぼすことが予見される」場合には許されます（新潟県公安条例判決）。これは，「明白かつ現在の危険」の基準（第17章3）に通じるものとして評価されましたが，最高裁は「危険」の存在を容易に認めがちではないかと懸念されます。とりわけ，集団行動は一瞬にして暴徒と化して統制不能になるとする「集団暴徒化論」（東京都公安条例事件判決・最大判昭35・7・20刑集14巻9号1243頁）には強い批判があります。

4　集会の自由の制限についての違憲審査

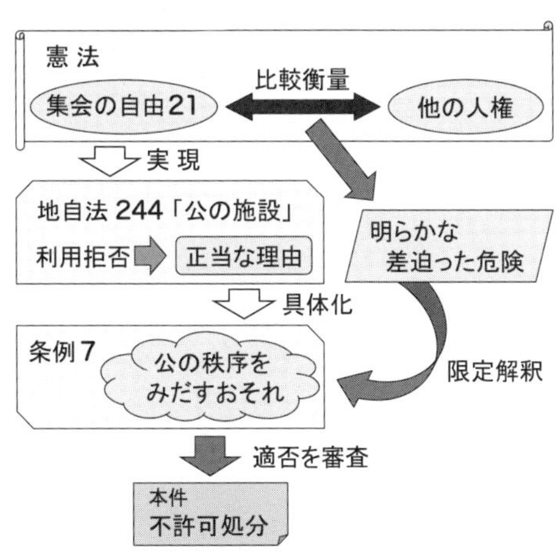

集会の自由を実現する施設として市民会館などが設けられている場合に，施設の管理者が正当な理由なく住民の利用を拒否することは，集会の自由の不当な制限になります。市民会館の使用申請に対する不許可処分が問題となった泉佐野市民会館事件判決（最判平7・3・7民集49巻3号687頁）は，パブリック・フォーラム論を意識しながら，集会の自由の意義を強調し

ています。そして，規制によって得られる利益と失われる利益の厳格な比較衡量によって，集会の自由の制限には「明らかな差迫った危険の発生が具体的に予見されることが必要」だとするのです。

ここでは，「正当な理由がない限り，住民が公の施設を利用することを拒んではならない」と規定する地方自治法244条の合憲性が問題ではないので，同条について目的・手段審査をする筋合いではないでしょう。同条の「正当な理由」を具体化したのが泉佐野市民会館条例ですが，利用拒否事由として「公の秩序をみだすおそれがある場合」というボンヤリした定め方をしていました。泉佐野市民会館判決は，集会の自由の制限について〈明らかな差迫った危険〉を要求しつつ，条例の規定を違憲・違法とするのではなくて，条例を限定解釈したうえで，条例の規定に不許可処分が適合するかを審査しているのです（第9章4参照）。

ちなみに，第12章でみたよど号判決（最大判昭58・6・22民集37巻5号793頁）は，閲読の自由の重要性から「相当の蓋然性」の基準を導き出したものの，ボンヤリした法律の規定を合憲限定解釈（第9章3）によって救済し，しかも，特殊な集団的拘禁施設としての監獄の特質を考慮して，新聞記事抹消処分の違法性（合憲限定解釈された法律に違反しないか）についても拘置所長の裁量判断を尊重しました。泉佐野市民会館判決では〈明らかな差迫った危険〉の発生が「許可権者の主観により予測されるだけではなく，客観的な事実に照らして具体的に明らかに予測される」ことを求めているのとは対照的です。

5　集会の自由と「敵意ある聴衆」

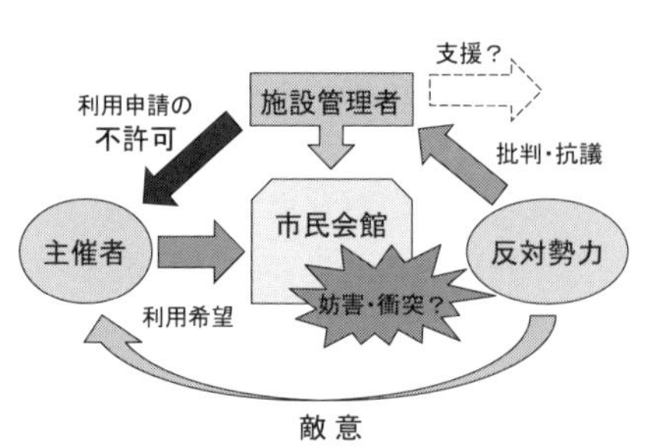

施設管理者が，施設の利用を申請した者に敵対する勢力による妨害行為などを懸念して，衝突・混乱を避けることを理由に，施設の利用を拒否できるかという問題があります。泉佐野市民会館判決は，敵対者による危害・妨害のおそれがあるという理由で，平穏な集会の開催を抑圧すべきではないという「敵意ある聴衆の法理」を認めていると解されます。主催者に対する批判・抗議を受けて施設の利用を不許可としたのでは，施設管理者

が反対勢力側の肩を持ったことになりかねません。集会の開催を妨害する行為のほうを規制して，集会の自由を保護すべきとされるのです。

ただし，泉佐野市民会館判決では，〈集会に対する妨害行為が，主催者側の過去の違法な行為に起因している場合には，反対派の妨害行為による混乱のおそれを理由とする施設の利用拒否も許されてよい〉とされたようでした。後の上尾市福祉会館事件判決（最判平8・3・15民集50巻3号549頁）は，より明確に，平穏に集会を行おうとしているのに，反対派の妨害行為を理由に施設の利用を拒否できるのは，「警察の警備等によってもなお混乱を防止することができないなど特別な事情がある場合に限られる」としています。

また，学校施設は，設置目的である学校教育の目的に使用する場合には地方自治法244条の規律に服するものの，目的外使用の許否には管理者の裁量が認められるはずです。しかし，広島県教組・呉市教研集会事件判決（最判平18・2・7民集60巻2号401頁）は，考慮すべき事項を細かく示して，使用不許可処分を違法としました。他方で，金沢市庁舎前広場事件判決（最判令5・2・21民集77巻2号273頁）の評価が問題となるでしょう。

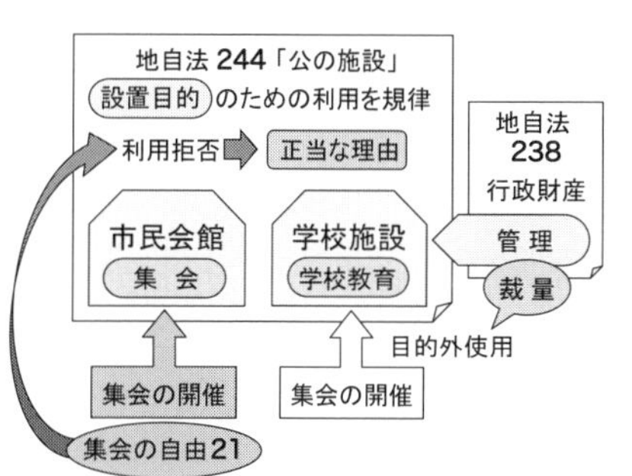

第19章　学問の自由と大学の自治

1　憲法23条の意義

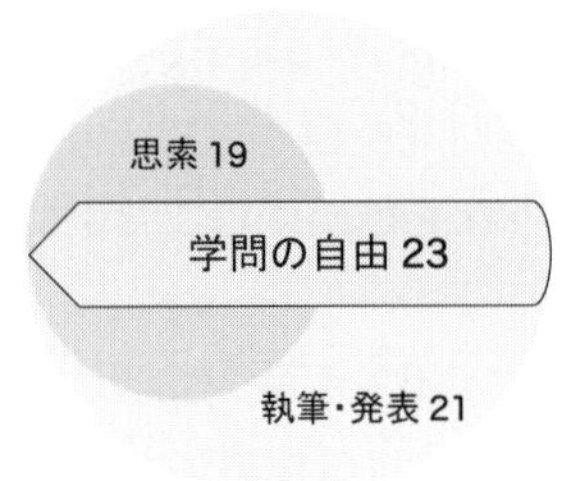

憲法23条は，19条と21条の保障範囲に対して横断的に，学問という観点から特別の保障を及ぼすものといえます（第15章1参照）。その内容は，ⓐ研究の自由，ⓑ研究発表の自由，ⓒ教授（講義）の自由，ⓓ大学の自治と説明されます。初期の学説は，23条は，学術研究の中心としての大学に特別の自由を保障するものであり，それを担保するためにⓓ大学の自治が保障されると解しました。

しかし，憲法が人権として明文で規定するものを，大学だけの特別の自由と解することには疑問が生じます。他方，学問の自由の中心的内容であるⓐないしⓑがすべての市民に保障されるとすると，憲法19条と21条に加えて23条による特別の保障がなされる意味が問題となります。

第1に，ⓐないしⓑについて一般市民よりも強い保護を研究者に与えるところに憲法23条の意義があるとされます。たとえば，直截な性的表現物についての罰則が21条には違反しないとされる場合でも，医学研究の資料については，刑罰法規が適用違憲（第9章3）となる（それゆえ，刑法解釈において違法性が阻却されるか，構成要件に該当しないとされる）でしょう。

第2に，今日の学術研究の遂行は，施設・資金の裏付けを有する研究機関に所属することが前提となっており，研究者にとっては，研究機関との雇用関係の安定的な維持が重要です。たとえば個人が余暇に郷土史を研究する場合とは異なり，研究機関に所属する研究者の学術研究が職務命令権や人事権などによって拘束・干渉されるのを防ぐことが憲法23条の意義だとされるのです。

ⓐないしⓑが公権力から強く保護されることについては，私立大学や民間の研究機関などの研究者でも同様です。他方，ⓐないしⓑを雇用者による干渉から解放することについては，雇用関係の性質による相違があります。特定の研究目的を定められた職では，雇用者が研究者に研究内容を指示しても研究対象選択の自由を侵害しないでしょう。

ⓒ教授（講義）の自由は，教育の内容・方法についての自由です。教授職にある人（プロフェッサー）の自由という意味ではありません。ⓒも研究成果の発表・伝達という性格を有しますが，ⓑと異なり，教育上の配慮からの制約を受けます。当初，東大ポポロ事件判決（最大判昭38・5・22刑集17巻4号370頁）では，ⓒは大学についての保障とされました。後に，旭川学力テスト事件判決（最大判昭51・5・21刑集30巻5号615頁）は，普通教育においても「一定の範囲における教授の自由が保障される」としました。学説も初等中等教育機関における教師の「教育の自由」を認めていますが，それは大学におけるⓒとは完全に同一ではないとされます。

ⓓ大学の自治は，人事の自治，施設・学生の管理の自治を主な内容とします（さらに，財政自治権の重要性も指摘される）。東大ポポロ判決では，警察が大学構内に立ち入ることの是非が争われましたが，大学も「治外法権」を有するわけではなく，警察の警備公安活動（内偵活動）による学問の自由への萎縮効果が問題です。ⓓは「制度的保障」（第16章1）とされることもあります。しかし，ⓓは，憲法の条文に明示的に規定されているわけではありません。また，政教分離の原則とは異なり，判例も「制度的保障」と明言してはいません。

2　大学をめぐる変動と憲法23条

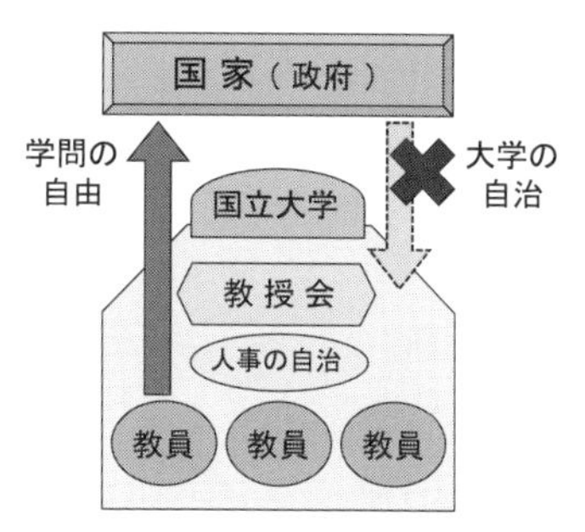

人文・社会科学系の伝統的な学術研究は，個人の思索・執筆活動が中心でしょう。既存の観念を疑い，ときには政府を批判するという学問の性質上，政府から弾圧されることもありました。京都帝国大学の滝川事件（1933年）や，東京帝国大学名誉教授の美濃部達吉の学説が問題となった天皇機関説事件（1935年）などは，歴史上よく知られるところで，そうした事象が学問の自由の主たる問題領域だと考えられてきました。しかも，かつての国立大学は文部省（後の文部科学省）の機関であり，国立大学の教員は「文部教官（文部科学教官）」と呼ばれる国家公務員でした。したがって，法律学や政治学の論文において政府の政策を批判しても公務員による政治活動には該当しないことを前提に，①個々の研究者（大学教員）の対国家の人権として「学問の自由」が論じられました。また，

大臣が政府の都合で教員の人事を行うのは許されないと主張して，②同僚による教員団である教授会が政府に対して自律性を確保することを「大学の自治」の問題として論じてきました。

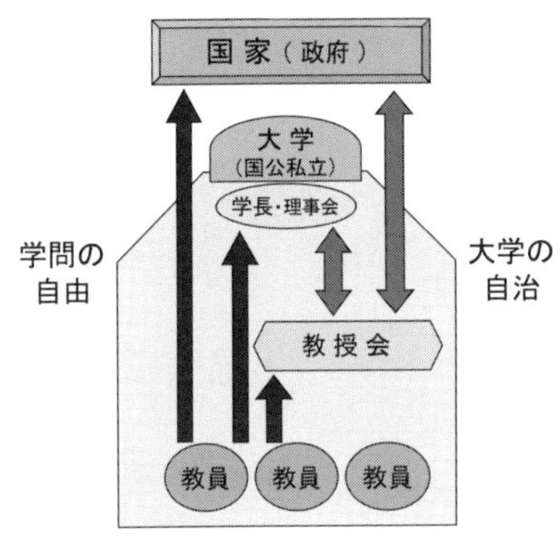

しかし，国公立大学が法人化された今日，国立大学法人においては，学長を中心とする大学本部に主要な権限が集約され，各部局（学部）の教授会の権限が縮小される傾向が指摘されます。そこで，従来の①・②のような外部関係に加えて，大学内部の関係も考えて，③教員個人と大学管理機関（学長または教授会）の関係，④教授会と学長の関係を，憲法23条の問題として視野に入れる必要があるとされます。①と③が「学問の自由」の問題，②と④が「大学の自治」の問題になるというのです。

大学を設置・運営する学校法人（理事会）との関係が問題となる私立大学の場合も，基本的には①〜④の構造が当てはまるといわれます。雇用者としての大学設置者（法人）との関係が学問の自由の保障対象として重要だとみるならば，国公立大学と私立大学との相違は相対化されることになります。なお，国公立大学でも私立大学でも，内部組織の基本原則を政府がどこまで・どのように法定すべきかが，大学の内部自治との関係で問題となります。

3　研究活動の規制

実際の学術研究には，実践的活動を含み，個人の内面的な思索活動であるⓐ研究の自由や，表現の自由と同様のⓑ研究発表の自由の範囲にとどまらないものも少なくありません。

資料やデータの調査・収集などの，「思索」や「発表」に先行する準備段階もまた，研究活動の枢要な部分と解されます。それは，報道には取材が前提となることと同様かもしれません。また，実験などの外部的行為としてなされる研究活動も，学問の自由の保障のもとにあります。しかし，これらの活動は，他者の権利・利益と衝突する可能性があり，対立する利益の保護のために制約されることがあります。なお，研究活動は必ずしも〈調査・収集→思索→実験

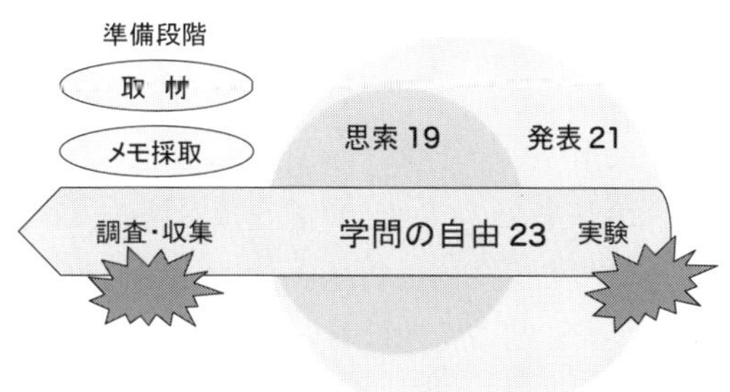

→発表〉という一筋の流れではなく，相互に重複・連動しており，切り分けて分類することにこだわる必要はないともいわれます。

原子力，遺伝子，先端医療などの研究は，調査・実験などの外部的行為が生態系や自然環境，人間の生命・健康やプライバシー等に深刻な影響を及ぼす危険性が懸念されます。また，研究の成果が人々の倫理と衝突する可能性もあります。危険の的確な予測は困難ですが，他方，研究成果が人々に多大な利益をもたらすことも期待されます。こうした先端科学技術研究について，研究の内容・方法の規制が問題となります。

ところで，研究者にはⓐないしⓑの遂行のために特別の配慮が求められること，研究者は雇用者である研究機関の提供する施設・資金を必要とすることから，学問の自由は，抽象的権利ながらも研究施設・研究費用に対する請求権的側面を有するとする見解があります。

高度化・大規模化した研究には研究資金の確保が必須ですが，国の支給する競争的研究資金の比重の増大が指摘されます。そこで，政府は，補助金の支給・不支給で，研究活動を間接的に規制あるいは誘導することがありえます(第17章6も参照)。支給対象の選別は避けられないとしても，不合理な差別的取扱いについては，憲法23条ないし14条違反の問題が生じるでしょう。

4　学生の管理と大学の内部問題

ここで，大学と学生の関係についての判例を概観しておくことにしましょう。

東大ポポロ判決の事案は，大学公認団体の劇団ポポロが主催する演劇発表会に警備情報活動として立ち入った私服警察官を学生が暴力的に取り押さえたというものでした。この判決で，最高裁は，「大学の学問の自由と自治は，……直接には教授その他の研究者」に保障されるのであって，学生はその「効果」として「学問の自由と施設の利用を認められる」のだとしました。また，同判決は，「学生の管理」についても，大学に「自主的な秩序維持の権能」がある程度まで認められているとしました。この判決については，学生を，学問研究の主体ではなく，博物館や美術館の入館者と同じような国の「営造物」の利用者とみるものだとの批判がなされました。

私立大学の学生が政治的活動を理由に退学処分を受けたことが問題となった昭和女子大事件判決（最判昭49・7・19民集28巻5号790頁）は，第11章で扱った「人権規定の私人間効力」についての三菱樹脂判決を引用し，私立大学の学則の細則が直接に憲法に違反するかを論ずる余地はないとして，政治活動を制限する「生活要録」の規定が憲法19条，21条，23条などに違反するという主張を遮断しています。ただ，この判決で決め手となったのは，私人間効力論よりも，〈大学は，国公立であると私立であるとを問わず，法律に格別の規定がない場合でも，学則などによって学生を規律する包括的権能を有する〉という判断だったとみられています。

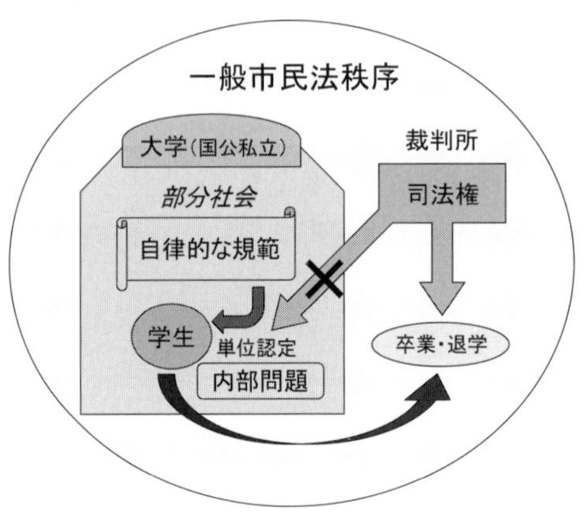

その後，同様の判示が富山大学単位不認定事件判決（最判昭52・3・15民集31巻2号234頁）でもなされました。国立大学と学生の関係について「特別権力関係論」（第12章）を用いずに，大学は，国公立か私立かの区別なく，「自律的，包括的な権能を有し，一般市民社会とは異なる特殊な部分社会を形成している」とされました。そして，授業の単位認定は，大学の内部問題だから，原則として裁判所が判断すべき事柄ではないとされました。これに対して，富山大学専攻科修了認定事件判決（最判昭52・3・15民集31巻2号280頁）は，卒業認定のような教育課程の修了の判断は，「学生が一般市民として有する公の施設を利用する権利」に関わるものだから，裁判所による審査の対象となるとしたのです。

《気になる？》

独自の内部規範に基づいて自律的に運営されている団体の内部事項に，裁判所が（どの程度まで）介入すべきかという問題は，地方議会，大学，政党，宗教団体などについて論じられます。

地方自治体の議会の議員を出席停止とする懲罰決議の有効性が争われた村議会議員出席停止事件判決（最大判昭 35・10・19 民集 14 巻 12 号 2633 頁）が示した考え方は，「部分社会論」とか「部分社会の法理」とも呼ばれます。それによれば，出席停止処分は，内部規律の問題として自治的措置に任せて，裁判所の審査の対象外とされます。他方，除名処分は，議員の身分の喪失に関する重大事項で，単なる内部規律の問題にとどまらないから，裁判所の審査が及ぶとされます。富山大学事件の 2 つの判決も，このような考え方で説明されます。

判例は，「部分社会論」と呼ばれる一般的な枠組みを用いていると理解されてきました。ところが，最高裁は，近年，判例変更して，地方議会の議員に対する出席停止の懲罰の適否は「司法審査の対象となる」としました（岩沼市議会事件判決・最大判令 2・11・25 民集 74 巻 8 号 2229 頁）。

学説は，もともと部分社会論には批判的です。性格の異なる種々の団体内部の紛争について，憲法に明示的な根拠のない一般理論（部分社会論）によって判断すべきではなく，地方議会については地方自治の本旨（憲法 92 条），大学については大学の自治（23 条）に基づいて，それぞれ検討すべきだとしています。政党については，議会制民主主義における政党の意義・役割を考える必要があるでしょう。なお，日本国憲法は政党についての明示的な規定（政党条項）はなく，政党も「結社」（21 条）として扱われますが，法律によって特別の扱いが定められています。

第 20 章　職業の自由

1　経済的自由

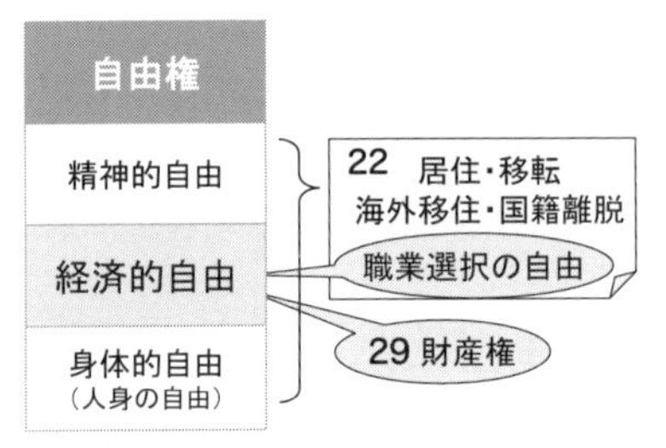

これまで憲法の保障する精神的自由について説明してきました。次は，経済的自由です。とはいえ，日本国憲法には「経済的自由」という文言はありません（もっとも，精神的自由や身体的自由もない）。通常，教科書などで経済的自由に分類されるのは憲法 22 条と 29 条ですが，条文の場所は相互に随分離れていて，なぜひとまとめに扱われるのか疑問かもしれません。

これは，憲法について考える際に，諸外国の憲法とも比較しながら，共通の類型や一般的な定型を見出し，理論的な体系を構築したうえで，それに基づいて日本国憲法の規定を分析しようという思考が伝統的に強いからかもしれません。そのように考えることで，たとえば，憲法の人権規定に精神的自由と経済的自由という分類を見出し，そこに「二重の基準」論という違憲審査の厳格度についての理論（第 8 章）を導入して説明することが可能になるのです。

憲法 22 条は，1 項で「居住，移転及び職業選択の自由」を，2 項で外国移住と国籍離脱の自由を規定しています。これらを 1 つにまとめた規定ぶりは，身分制的拘束（とりわけ土地と職業への束縛）からの自由を保障することで，封建的経済構造の解体と自由な市場経済の確立が図られたという近代の歴史的経緯を反映したものと説明されます。

しかし，憲法 22 条の規定する自由を，経済的自由として一括りにして論じることは，必ずしも適切ではありません。現代では，居住・移転の自由は，経済的自由の性格を有するだけでなく，身体の拘束を解くという意味で人身の自由と関連し，広く知的な接触・交流の機会を得る前提となるので精神的自由の要素を有し，個人の自己決定や人格形成とも関わる多面的・複合的な性格を有する権利として理解されるようになっています。外国移住・国籍離脱の自由についても，同様のことがいえるでしょう。職業選択の自由も，個人の人格的価値に関わる面を有することが意識されるようになりました。

そうすると，憲法22条自体が「経済的自由」の規定なのではなく，22条の保障内容が経済活動と関わる場面で「経済的自由」として扱われ，その意味で29条とも共通性が生じるのでしょう。22条が保障する自由の限界は，それぞれの場合に応じて具体的に検討されなければなりません。一律に経済的自由についての緩やかな違憲審査で足りるとすることは，適切ではないでしょう。

2 「職業選択の自由」の保障の意味

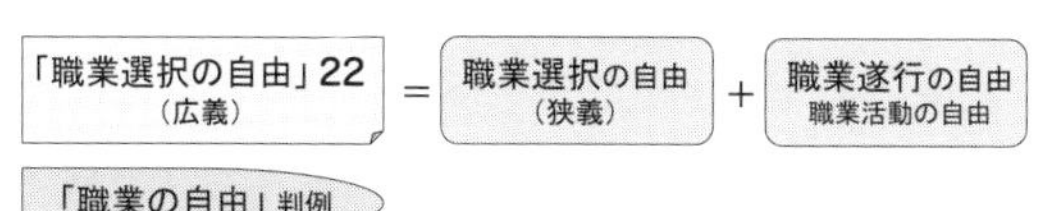

職業選択というと，就職先を選ぶイメージがあるかもしれません。しかし，自分で商売や事業を始めることも，自営業という職業の選択です。憲法は「開業の自由」も保障しています。また，開業だけでなく，自分のやり方で経営や事業活動ができないと，意味がないでしょう。そこで，職業の選択そのものだけでなく，職業遂行の自由（職業活動の自由）も，広い意味での職業選択の自由に含まれると理解されます。この「広義の職業選択の自由」を，最高裁は「職業の自由」と呼んでいます。

労働を〈身体を使って働くこと〉と広く捉えれば，家事やボランティア活動などの無償の活動も含まれるでしょう。しかし，〈自己の生計を維持するために行う社会的活動〉を指すとすれば，「労働」は「職業」と同じことになります。労働を強制することは，憲法18条の「意に反する苦役」の禁止に違反するおそれがあります。職業は，自ら主体的に事業を営む「自営業」と，他者に雇われて働く「雇用労働」に分類されます。27条・28条にいう「勤労」は，〈他人に雇われて従事する職業〉としての雇用労働を意味しています。

自営業の場合には，職業選択＝開業の場面だけでなく，選択した職業の遂行段階（職業活動）についても，職業の自由の規制が問題となるでしょう。他方，雇用労働者の場合には，職業遂行について国家から直接に規制を受けることは考えにくく，逆に，職業活動が適切に行えるように，企業に対する規制や労働者の保護を国家に求めることになるでしょう。それが，勤労権（27条）や労働基本権（28条）の問題です。

ある活動によって当人の生計が維持されていても，それが営利よりも個人の生き方に大きく関わる活動ならば，国家による規制に対して，表現の自由（そこに含まれる政治活動の自由や報道の自由など）とか学問の自由，あるいは自己

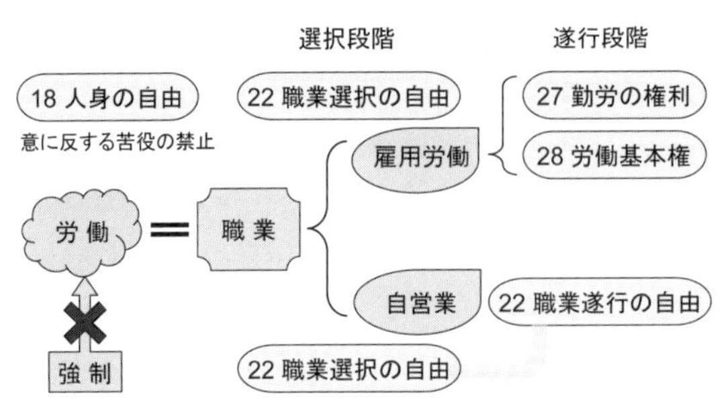

決定権が主張されるでしょう。

判例や学説においては，憲法22条が「営業の自由」を保障しているといわれてきました。一般に，「営業」とは，(a)営利の目的をもって，(b)同種の行為を反復継続して行うことと理解されます。(a)を重視して，「営利を目的として行われる職業」の選択と遂行の自由が「営業の自由」だとすると，自営業者にとっての職業の自由を「営業の自由」と呼んでいるだけということになります。(b)を重視すれば，職業遂行の自由を「営業の自由」と呼ぶことになりますが，あらゆる職業活動が(a)とは無関係に「営業」となり，違和感があるでしょう。なお，22条と29条を合わせて「営業の自由」を論ずる見解もあります。その場合，開業は22条の問題，事業活動は財産権行使に関わるので29条の問題とされます。つまり，職業遂行の自由を22条ではなく29条の問題とする代わりに，それらをまとめて「営業の自由」と呼ぶのでしょう。いずれにしても,「営業の自由」という独自の類型を設定する必要はなさそうです（しかし，判例が「営業の自由」の語を用いているので，言葉としては残り続ける)。

3　職業の自由と許可制

職業に対する規制方法として，講学上は，①届出制・登録制，②資格制，③許可制，④特許制，⑤国家独占，⑥禁止といった分類がなされます（実際の法律上の制度としては，別の名称が用いられることもある)。このうち，②は，医師，薬剤師，弁護士といった職業の例が挙げられます。④は，国が特定の者に権利を与えて，国の強い監督の下に独占的に事業を行わせるものです（発明として特許を受けると独占的権利が認められるのも，この意味です)。電力，ガス，鉄道などの事業が代表例とされますが，批判もあります。⑤は，かつての郵便事業や，たばこ専売事業がその例です。⑥は，反社会的な行為として管理売春や医業類似行為などが禁じられる例が該当します。

大きな問題となる③許可制については，自動車の運転免許をイメージすると分かりやすいでしょう。自転車（チャリンコ）は，大人なら，誰にも断らず，誰の許しも得ずに，勝手に乗ることができます。自由です。自動車の運転も，本来は，チャリンコと同様に，個人の自由であるはずです。ところが，自動車は，各自が勝手に運転したのでは大変危険なので，いったん全員に対して自動車運転を禁止したうえで，交通法規を修得して，適性や技能が基準を満たした者について禁止を解除して，運転を許すのです。その後も，定期的に適性などを検査したり，違反行為をした者について運転の許可を停止したり取り消したりします。このような規制方法は，個人の自由に対する強力な制限となります。

許可制の性格を有する規制（許可規制）は，職業の選択（開業）と，職業活動の内容・態様の双方について行われます。

《気になる？》

何をもって1つの「職業」と捉えるかは，難しい問題です。

たとえば，インターネットを通じた医薬品の販売を許可制にしたとしましょう。これは，医薬品販売業という職業について，店頭での対面販売など各種の販売方法があるうち，インターネットによる販売（具体的な職業活動のあり方）を規制したものと考えれば，職業遂行の自由の制限になりそうです。しかし，「医薬品のインターネット販売業」を始めようとしていた人にとっては，開業の自由，すなわち狭義の職業選択の自由そのものに対する強力な制限になりそうです。

許可制には，同業者の競合や集中を防止する適正配置規制が組み込まれることがあります。同業者の既存の店舗から一定の距離（地域の事情に応じて設定される）の範囲内には新規の出店を許可しないという「距離制限」が，許可条件の内容になっていることもあります。このような規制は，国が，新規参入を望む者を締め出して既存業者を保護することになり，「公共の福祉」のための規制といえるかは疑問で，憲法22条に違反しないかが問題となりました。

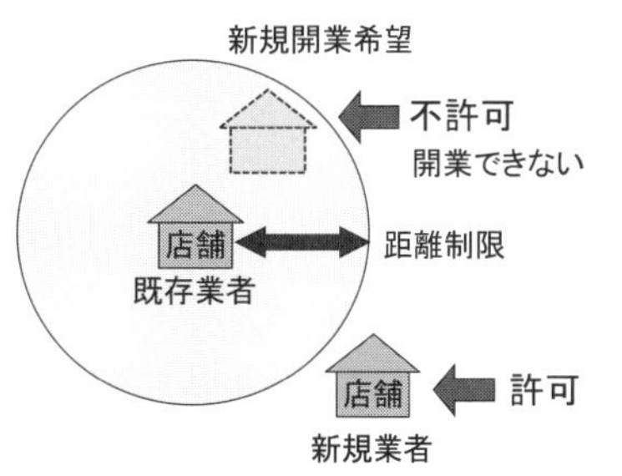

当初，銭湯の距離制限規制について，❶公衆浴場許可制昭和30年合憲判決（最大判昭30・1・26刑集9巻1号89頁）は，比較的簡単に合憲と判断しました。それを受けて小売市場の距離制限を定め

ていた小売商業調整特別措置法をめぐって，❷小売市場許可制合憲判決（最大判昭47・11・22刑集26巻9号586頁）は合憲と判断しましたが，同様に❶判決の合憲判断をみて薬局に距離制限規制を導入していた薬事法（現在は「医薬品，医療機器等の品質，有効性及び安全性の確保等に関する法律」（薬機法））について，❸薬事法判決（最大判昭50・4・30民集29巻4号572頁）は違憲と判断しました。そこで，同じような距離制限規制を伴う許可制について，なぜ異なる結論となったのかが論じられました。

4　規制目的二分論の展開

職業の自由を規制する法律の違憲審査について，判例・学説は，目的・手段審査（第7章3・第8章3）を行うべきとしています。その際に，「消極規制」と「積極規制」の区別が論じられます（「消極目的規制／積極目的規制」とか「消極的規制／積極的規制」などとも呼ばれる）。

消極規制とは，国民の生命・身体・財産に対して危険を及ぼすなど，社会の害悪となる行為の防止といった消極目的のための規制です。最低限の秩序維持のための規制だといえます。「消極」という表現は，社会に対する国家の介入は少ないのが望ましく，国家の機能は最小限で足りるとする「消極国家」（「福祉国家」に対して「夜警国家」とも呼ばれる）に通じるものでしょう。

積極規制とは，社会的・経済的弱者の保護や，国全体としての調和のとれた経済発展といった積極目的のための規制です。政府の積極的な社会経済政策の実施のために行われる規制だといえます。

❷小売市場判決は，経済活動の自由には消極規制だけでなく積極規制も許されるとしました（表現の自由などの精神的自由には政策目的の規制は許されない）。そのうえで，❷小売市場判決は，〈積極規制の場合〉には，社会経済政策に関する国会の判断を尊重すべきであり，規制措置が「著しく不合理であることが明白」な場合に限って違憲と判断されるという，かなり緩やかな違憲審査のスタンスを示しました。これは「明白の原則」とか「明白性の原則」と呼ばれます。

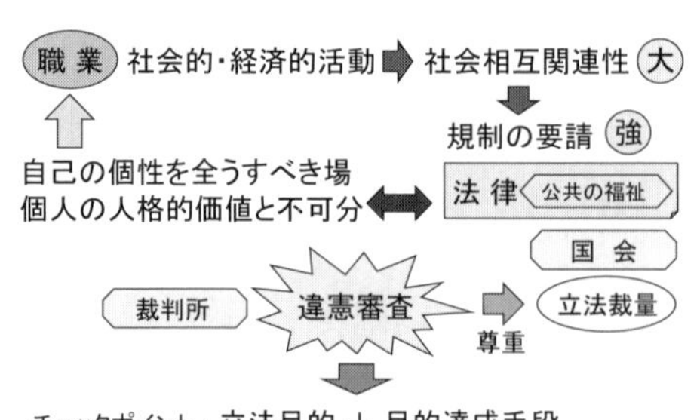

❸薬事法判決は，職業について，「人が自己の生計を維持するためにする継続的活動」であるとともに，分業社会における「社会的機能分担の活動」としての性質を有し，「自己のもつ個性を全うすべき場」として「個人の人格的価値とも不可分」だとしました。しかし，職業は，その性質上，「社会的相互関連性が大きい」ものだから，職業の自由は精神的自由よりも規制の要請が強いとも述べています。

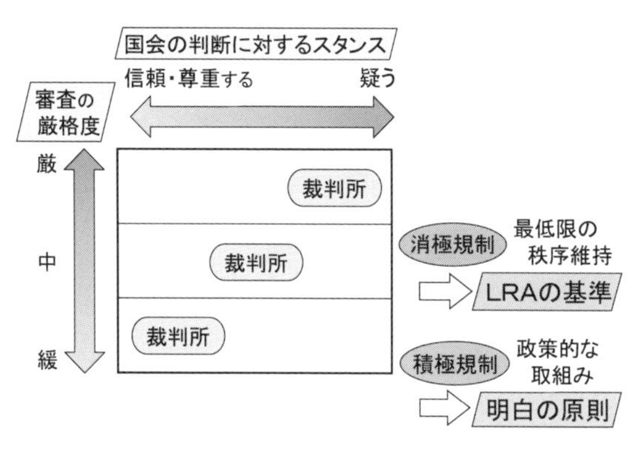

続けて，❸薬事法判決は，職業は多種多様であり，規制の理由・目的も千差万別で，規制の重要性も区々にわたり，それに対応して，職業の自由に対して加えられる制限も各種各様の形をとるから，どのような規制措置を行うかの判断は「第一次的には立法府の権限と責務」だとして，裁判所としては国会の判断を尊重すべきとします。

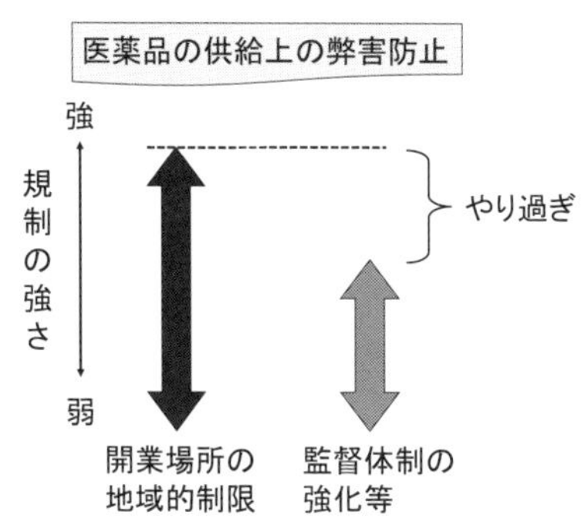

そのうえで，許可制は，「重要な公共の利益のために必要かつ合理的」であることが必要で，それが消極目的の措置である場合には，許可制に比べて「よりゆるやかな制限である職業活動の内容及び態様に対する規制」では目的を十分に達成できないと認められることが必要だとしたものと理解されました。つまり，❸薬事法判決は，〈消極規制の場合〉には，その必要性・合理性をやや厳しく審査することとし，学説の主張していた「LRA の基準」（より制限的でない他の選びうる手段の基準）を採用したものとみられたのです。

このようにして，❷小売市場判決は積極規制，❸薬事法判決は消極規制という規制目的の相違に応じて，違憲審査の厳格度が異なるのだと理解されました。

学説は，最高裁の抽象的な「公共の福祉」論に対して，違憲審査基準の確立

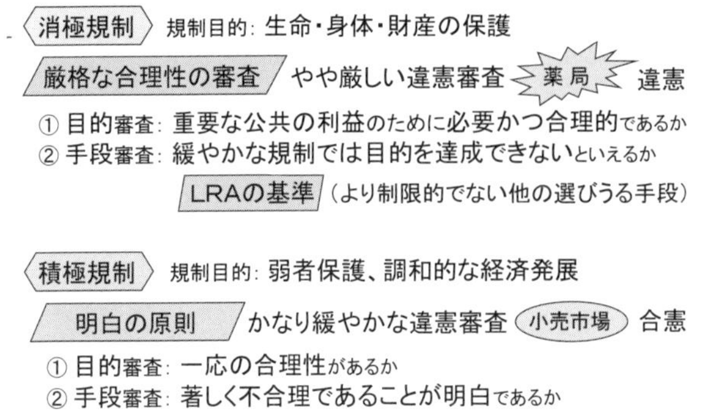

消極規制　規制目的: 生命・身体・財産の保護
厳格な合理性の審査　やや厳しい違憲審査　薬局　違憲
① 目的審査: 重要な公共の利益のために必要かつ合理的であるか
② 手段審査: 緩やかな規制では目的を達成できないといえるか
LRAの基準（より制限的でない他の選びうる手段）

積極規制　規制目的: 弱者保護、調和的な経済発展
明白の原則　かなり緩やかな違憲審査　小売市場　合憲
① 目的審査: 一応の合理性があるか
② 手段審査: 著しく不合理であることが明白であるか

が重要だと考えていました。その際に，この2つの判決は，重要な手がかりになるとみられました。

そして，多くの学説は，規制目的によって違憲審査の厳格度を使い分ける「規制目的二分論」とか「積極・消極二分論」などと呼ばれる考え方が，許可制の事案だけでなく職業の自由全体に，さらには財産権も含む経済的自由に一般的に当てはまると考えたのです。

5　規制目的二分論への疑問

もちろん，規制目的二分論に対しては，当初から批判や疑問もありました。

第1に，なぜ規制目的の相違によって違憲審査の厳格度が変わるのかが疑問とされました。Ⓐ違憲審査基準は，規制を受ける人権の重要度によって決まるはずで，同じ人権について政府が決める規制目的によって違憲審査の厳格度が変わるのはおかしい，Ⓑ生命・身体・財産を保護するための法律は，踏み込んだ審査によって違憲になりやすく，消費者の利益を犠牲にして業界団体の既得権益を保護するような法律は，緩やかな審査でよいとされるのは，不可解だ，Ⓒ積極規制の設定には広い立法裁量が認められるとしても，規制手段についての審査の厳格度は規制目的とは無関係ではないか，といった批判がなされました。

規制目的二分論を支持する側からは，積極的な経済政策については，裁判所の審査能力に限界があるため，国会の判断が尊重されると説明されました。また，業界保護的な積極規制が，国会での議論の結果として導入されたのなら，裁判所が民主的政治過程に介入する必要性は小さいが，消極規制については，国民一般の重要な法益を掲げて反対派を眩惑し，特定業界の利益を図る法律なのに国会での議論が不十分なまま成立しているおそれがあるので，裁判所が踏み込んだ審査をすべきだという理論も示されました。

第2に，Ⓓ多種多様な規制を積極目的・消極目的に振り分けるのは困難ではないか，Ⓔ国会は法律が合憲になるように規制目的を恣意的に選択することになるのではないか，Ⓕ積極規制も，弱者保護，業界保護（過当競争防止），経済・財政政策など，さまざまではないか，といった批判がなされました。

規制目的二分論を支持する側からは，単純な二分論の機械的適用ではなく，規制目的を重要な指標としながら，規制の態様も勘案することが論じられました。たとえば，新規参入規制は狭義の職業選択の自由そのものの制限だから，やや厳しく審査すべきとされ，また，参入制限でも，本人の能力に関わる資格や試験によるのではなく，本人の努力では対処できないような競争制限的規制の場合には，裁判所はさらに踏み込んだ審査をすべきだとされるのです。

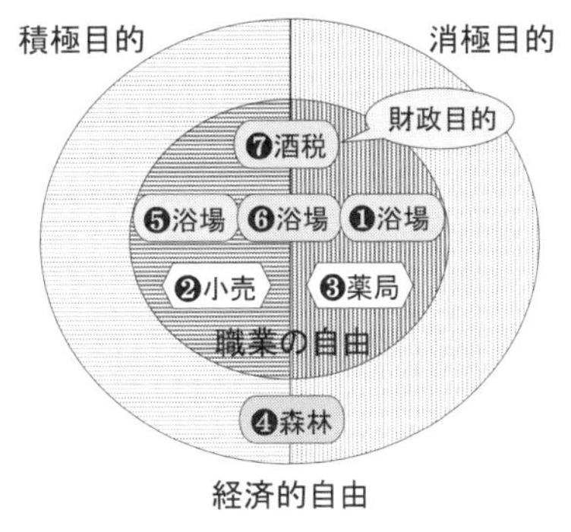

ところが，規制目的二分論では説明できないような判例が増えてきました。第1に，財産権に関する❹森林法判決（最大判昭62・4・22民集41巻3号408頁）は，薬事法判決を引用しながらも，規制目的が消極・積極のいずれなのかは明言せず，❷小売市場判決とも❸薬事法判決とも異なる違憲審査基準を用いました。第2に，公衆浴場の規制について，かつての❶公衆浴場法判決は消極規制と捉えているようでしたが，公衆浴場の経営が困難な状況にある今日においては積極規制だとする❺公衆浴場許可制〔刑事事件〕合憲判決（最判平元・1・20刑集43巻1号1頁）が登場したため，規制目的二分論は規制目的の恣意的な操作・選択を許すものではないかとの疑念が強まりました。他方，同時期の❻公衆浴場許可制〔行政事件〕合憲判決（最判平元・3・7判時1308号111頁）では，消極規制と積極規制の双方に関わるような言及がなされました。第3に，❼酒類販売免許制合憲判決（最判平4・12・15民集46巻9号2829頁）は，国家の「財政目的」のための規制だとして，❷小売市場判決とも❸薬事法判決とも異なる厳格度で審査しました。第4に，その後の判例では，消極規制か積極規制かには触れずに結論を出している例がみられるようになりました。そのため，判例の全体像を的確に説明できないとして，規制目的二分論に疑問を示す見解が増えつつあるとされます。

《気になる？》

職業の自由に対する規制措置の合憲性は一律に論ずることができず，「規制の目的，必要性，内容」と「制限される職業の自由の性質，内容及び制限の程度」を比較衡量して国会が判断したことを，裁判所としては尊重すべきというのが，❸薬事法判決の基本的な構えだとされます。そのうえで，❸判決は，国会の立法裁量の範囲には「事の性質上おのずから広狭がありうる」のであって，「具体的な規制の目的，対象，方法等の性質と内容」に照らして，具体的な規制措置が公共の福祉のためのものといえるかどうかを決定すべきとしています。そこで，違憲審査の厳格度は「事の性質」によって決まるとする説明が有力です。

とはいえ，どのようなことを「事の性質」として取り上げて，どのように考慮するのかが示されないと，基準のない比較衡量になりかねません。

❸薬事法判決に手がかりを求めるならば，第1に，「規制の対象」すなわち「制限される職業の自由」に関して，㋐「狭義における職業の選択の自由そのもの」と，㋑「選択した職業の遂行自体」すなわち「職業活動の内容，態様」の自由が区別されます。そして，㋐に対する規制は㋑の規制を超える「強力な制限」とされます。第2に，「規制の目的」に関しては，Ⓐ〈自由な活動が社会公共に対してもたらす弊害を防止するための消極規制〉は公共の福祉における「内在的制約」に，Ⓑ〈社会政策ないしは経済政策上の積極規制〉は「政策的制約」に対応すると解されます。Ⓑについては裁判所の審査能力の限界もあり，ⒶとⒷに違憲審査の厳格度の違いが生じるというのは「二重の基準」論に関する機能論的な根拠づけ（第8章2）にも通底する思考でしょう。

❷小売市場判決で問題になった許可制は，関西地区を中心に全国42市において特定の形態の小売市場のみを規制するもので，❸薬事法判決にいう「職業の許可制」（単なる職業活動の内容及び態様に対する規制を超えて，狭義における職業の選択の自由そのものに制約を課するもの）に該当するかは疑問です。つまり，❷判決は，㋑・Ⓑの事案で〈明白の原則〉を用いたものとみられます。他方，❸判決も，薬局の距離制限規制は「設置場所の制限にとどまり，開業そのものが許されないこととなるものではない」とします。ただし，❸判決は，個々の許可条件についても〈LRAの基準〉で審査するとしています。薬局については，「特定場所における開業の不能は開業そのものの断念にもつながりうる」として，「開業場所の地域的制限は，実質的には職業選択の自由に対する大きな制約的効果を有する」と解していたのです。そうすると，❸判決は，㋐・Ⓐとみられる事案で〈LRAの基準〉を用いたということができるかもしれません。そして，㋐・Ⓐと，㋑・Ⓑという両極間には，異なる違憲審査のスタンスがありうるでしょう。

第21章　財産権

1　財産と財産権

憲法が保障するのは，土地や貴金属といった「財産」ではなく，財産「権」です。財産権とは，たとえば，土地などを売買したり賃貸したりする法的な能力です。小さな貴金属なら，紛失・盗難がないように保管し，売買の際は現物を手交すればよいでしょう。しかし，北海道在住の人が，鞄に入れて持ち帰ることのできない沖縄の土地を購入・所有するには，どうすればよいでしょうか。自己の所有地だという看板は破壊されるかもしれないし，見張り人も裏切るかもしれません。その土地を第三者に賃貸・売却するにも，どうすれば相手方に土地を渡したことになるでしょうか（そもそも，自分は土地を手に入れたのか）。また，マンションの10階の住戸を購入したとして，廊下やエレベータなどの共有部分や，そもそもマンションの建物自体（自分の住戸の床や壁を含む）は，誰のもので，誰が利用・売却・改築などを要求・決定できるのでしょうか。

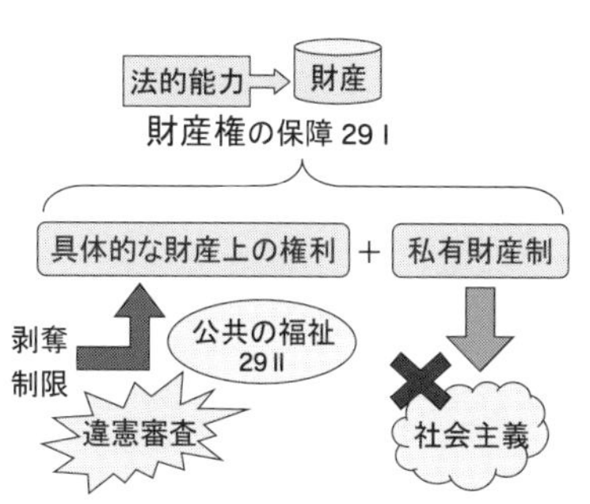

このように，財産権の「形」（権利の対象となるもの，その権利を手に入れる要件，自分が権利を持ったときにできること，など）については，法律で詳細を定める必要があります。そうすると，憲法29条が保障する財産権とは，〈現在の法律で規定されている財産的な権利の総体〉ということになります。法律で認められている具体的な財産上の権利について，公権力によって剥奪されたり不合理な制限を課されたりしないというのが，財産権の保障です。

憲法29条は，個人が財産権を有する前提として，私有財産制を保障しているともいわれます。これは，社会主義（共産主義を含む）に魅力を感じる人が少なからず存在した時代の名残ともいえます。暴力的な革命を起こさなくても，法律を改正して私有財産制を廃止すれば社会主義体制に移行できるという主張に対して，個人の財産所有を否定して私有財産を全面的に国有化するようなしくみを導入するには憲法改正が必要だ（少なくとも29条を改正する必要がある）という批判がなされたのです。

2　財産権の保障をめぐるジレンマ？

憲法29条は，1項で「財産権は，これを侵してはならない」と定めています。遡れば，1789年のフランス人権宣言17条は，「所有権は，神聖かつ不可侵の権利である」と規定していました。日本国憲法は，近代憲法の原則である〈財産権の不可侵〉を確認しているのです。憲法で「不可侵」と定める意味は，国会が制定する法律によっても侵害できないということでしょう。

他方で，憲法29条は，2項で「財産権の内容は，公共の福祉に適合するやうに，法律でこれを定める」としています。資本主義の弊害に対処するため，1919年のワイマール憲法153条3項は，「所有権は義務を伴う。その行使は，同時に公共の福祉に役立つべきである」と規定しました。日本国憲法は，〈財産権は社会的な制約を受ける〉という現代的な財産権の理解も受け容れているわけです。

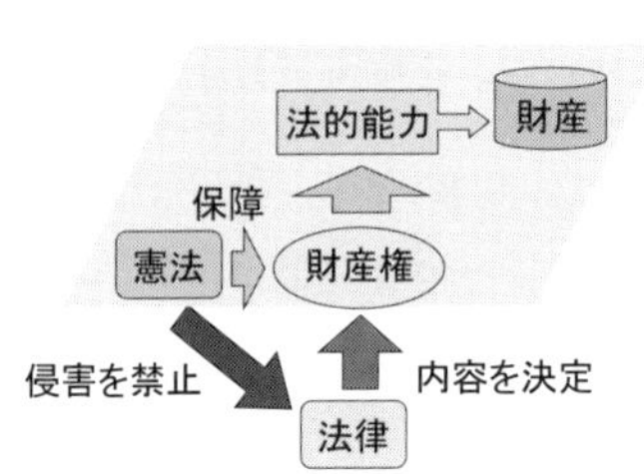

前述のように，財産権は，法律で土地や建物の登記制度を定めたり，法律で契約の方式や効力を定めたりしなければ，有効に存在することができません。憲法29条2項は「財産権の内容は，……法律でこれを定める」としています。しかし，法律によっても侵害できないはずの財産権について，その内容を法律で定めるというのは，不可解でしょう。これが，財産権のジレンマです。いくら憲法が「不可侵」だといっても，その内容を国会が法律で自由に決めることができるのでは，意味がなさそうです。

たしかに，財産権は，国家が設営する法制度を前提として存在する自由だと解されます。そのため，「制度的自由」とか，「構成された自由」とか，「国家による自由」と呼ばれることがあります。また，憲法規定の段階では権利として保障される範囲が確定していなかったり，権利の行使に関する規律を設定する必要がある場合には，憲法上の人権について法律による「内容形成」が求められる（財産権もその例だ）と説明されることもあります。

所有や契約の制度については，社会の伝統や慣習が反映されることも多いでしょうが，複雑・多様な社会における取引の安全や安定のために，法律で内容を明確化することが求められます。法制度の内容については，法律を制定する国会に広い判断の幅（立法裁量）が認められますが，それにも憲法上の限界があると解されます。それが，憲法で財産権を保障することの意味でしょう。

憲法29条2項は，「公共の福祉に適合するように，……これを定める」としています。つまり，国会は，法律によって，財産権の内容を決めたり，財産権の規制を行うことができますが，その法律が「公共の福祉」に適合していなければ違憲とされるのです。

《気になる？》

国会が制定する法律は，憲法上の人権を制限するばかりでなく，憲法上の人権を実現するための「具体化」や「内容形成」と呼ばれる機能を有していることがあります。憲法29条に関して財産制度や契約制度が必要なように，夫婦別姓や同性婚をめぐって論じられる24条に関しては，婚姻や家族についての制度が問題となります。

自ら選んだ人を生活のパートナーとして暮らすこと自体は，法律がなくても存在する「自然的自由」でしょう。これに対して，社会において婚姻（正式な結婚）と認められ，一定の保護や便宜を受けるためには，婚姻制度を定める法律が肝要でしょう。再婚禁止期間違憲訴訟判決（最大判平27・12・16民集69巻8号2427頁）および夫婦別姓訴訟判決（最大判平27・12・16民集69巻8号2586頁）は，そのような婚姻制度の利用を前提に，婚姻をするかどうか，いつ誰と婚姻をするかについての意思決定の自由を「婚姻をするについての自由」と称しています。これは，「制度的自由」といえるでしょう。法律による制度が前提となる以上，国会の立法裁量が憲法によってどの程度・どのように拘束されるかが問題となります。

かりに同性愛行為を禁止・処罰する法律が存在していて（かつてのアメリカ合衆国のように），そのために同性カップルがパートナーと暮らすことが法的に制約を受けているとしたら，憲法13条の自己決定権の侵害が問題となるかもしれません。それに対して，24条は，個人の「婚姻の自由」を直截に規定するのではなく，婚姻制度や家族制度について適切な立法を行うように国会を義務づける規定であることに注意が必要です（第11章2参照）。

3　財産権の制限

財産権の保障は，個人の自律を支え，他の人権を行使するための物的な基盤ともなるものです。他方で，資本主義の高度化による弊害などに対する規制も求められます。かつては，財産権の「内容」については幅広い政策的制約が認められるが，財産権の「行使」の制限は内在的制約に限定されるとか，〈個人の自律の前提〉となる「小さな財産」は強く保障され，法人などの「大きな財産」は広く制限されるといった区別も主張されました。しかし，実際の適用段階で明確な区別を貫徹することは困難だと批判されました。やはり，財産権についても，法律による規制が「公共の福祉」のためといえるかについての違憲審査が重要な問題です。

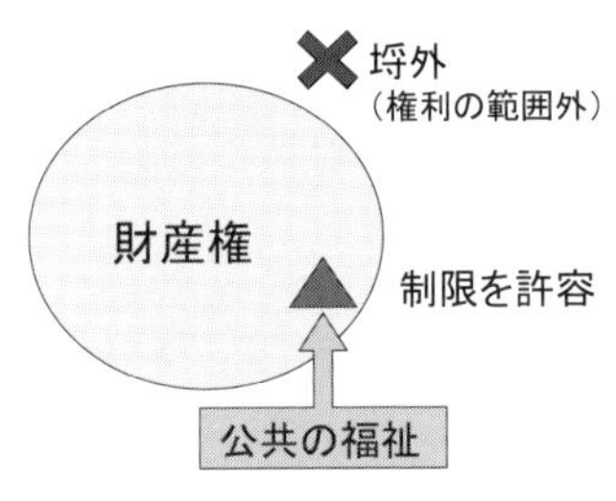

なお，憲法29条2項は「財産権の内容は，……法律でこれを定める」としていますが，財産権は，国会の制定する法律だけでなく，地方自治体の制定する条例によって規制することも認められています。ちなみに，そのことを示した奈良県ため池条例事件判決（最大判昭38・6・26刑集17巻5号521頁）は，(a)問題となった条例は「財産上の権利に著しい制限を加えるもの」だが，それは「公共の福祉のため」であり，(b)問題となった行為は弊害が大きいもので「財産権の行使の埒外にある」と論じていました。(a)人権の制限が許されるか否かと，(b)そもそも人権として保障される範囲内か否かは，論理的には別の問題のはずですが，当時は，言葉遣いの問題にすぎないとして，(a)と(b)の区別を重視しない考え方が学説でも有力だったとされます（この判決の少数意見を読むと，最高裁判事の間に見解の対立があったことが分かる）。

《気になる？》

日本国憲法には，ある特定の事項について法律で規律するように求めている規定があります。法定主義ないし法律主義と呼ばれます。①財産権についての法定主義（憲法29条）の他にも，②国籍法定主義（10条），③罪刑法定主義（31条），④法律による行政の原理（41条の解釈から導かれる），⑤租税法律主義（84条）などがあります。

このうち，①と③～⑤は，厳密な意味の「法律」（形式的意味の法律，国会制定法）だけでなく，地方自治体の「条例」で規律することも許されると解されています。他方，②は，国全体として統一的に規定する必要もあり，条例での規定は認められません。逆に，国際規律との関係が考えられるので，②については「条約」で規定することも許されるといわれます。⑤についても，国際的な課税の調整の問題があり，条約による規律が認められる場合があるとされます。これらの法定主義の例外が認められる根拠は，必ずしも明確ではありません。

4　財産権規制の違憲審査

法律による財産権の規制についての違憲審査は，目的・手段審査によって行うのが，判例および学説の一般的な理解です。また，財産権の規制についても，消極規制（消極目的の規制）だけでなく積極規制（政策的規制）も認められるとされています。

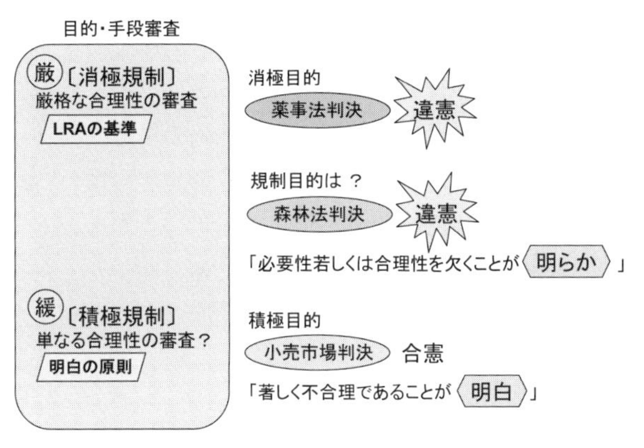

かつては，財産権を規制する法律の場合にも，積極規制か消極規制かで違憲審査の厳格度を変える「規制目的二分論」が当てはまるとみられていました。ところが，森林法判決（最大判昭 62・4・22 民集 41 巻 3 号 408 頁）は，財産権規制にも積極目的から消極目的に至るまでさまざまなものがあるとしつつ，問題となった森林法の規制が積極規制なのか消極規制なのか（あるいは，そのどちらでもないのか）について明言していません。森林法判決における違憲審査は，小売市場判決の「明白の原則」と似た「明らか」という文言が入っていますが，審査自体は踏み込んだものとみられ，実際に，法律は違憲と判断されました。しかし，薬事法判決（最大判昭 50・4・30 民集 29 巻 4 号 572 頁）のような「LRA の基準」が用いられたわけではありません。

その後，証券取引法判決（最大判平 14・2・13 民集 56 巻 2 号 331 頁）以降は，積極規制か消極規制かの区別に言及されなくなり，森林法判決よりも緩やかな審査が行われる場合もありますが，違憲審査の厳格度の違いが何によるものか，明言されていません。

ところで，森林法判決には，もう 1 つ大きな問題があります。

財産を複数人で共同所有する場合，共有者の間で，共有財産の利用方法や各人の持分（権利の割合）を定めておき，共有者の誰でも各自の持分に応じた財産の分割を求めて，共有状態の解消を請求できる，というのが民法の原則です（民法 256 条）。ところが，森林法 186 条は，森林を共有している場合（共有林）

について民法の例外を定め，森林の細分化を防止して森林経営の安定を図るためとして，持分価格が2分の1以下の共有者による分割請求を禁止していたのです。

しかし，財産権の内容は法律で定められる（憲法29条2項）のですから，〈共有財産が森林の場合には分割請求権が制限される〉というのが法律によって定められた財産権の「形」であって，森林法186条は財産権を制約するものではないとも考えられます。

それでも森林法判決が違憲（財産権を侵害している）と判断したのは，憲法が保障する財産権の前提には〈単独所有が近代的な財産権保障の核心だ〉という理解があり，民法という基本法典に示された「財産権の原形」から離れる立法については，立法裁量が限定され，違憲の疑いが生じると考えたからだといわれます。とりわけ，問題となった法律の制定時に行われた利益衡量が，古くて疑問の多いものならば，裁判所として国会の判断を信頼・尊重する必要が弱まるとされます。

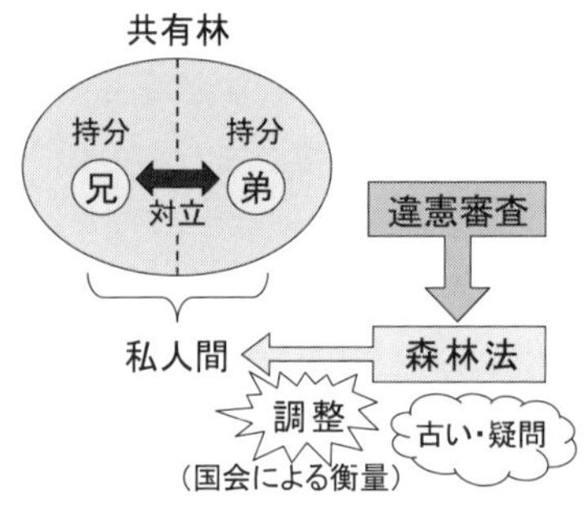

なお，森林法判決の事案は，父から譲り受けた森林を共有する兄弟の間の対立，すなわち，私人間の利害対立です。しかし，私人間の利害を衡量・調整する法律として森林法が制定されていたので，人権規定の私人間効力論は問題とならず，森林法という法律の規定の違憲審査が行われたのです（第11章6）。

5　正当な補償

憲法29条3項は「私有財産は，正当な補償の下に，これを公共のために用ひることができる」と定めています。国は，道路や学校，ダムなどの公共施設の建設用地の確保のために，必要ならば私有地を強制的に取り上げることができます。ただし，その場合には，しかるべき埋め合わせをしなければなりません。財産権の剥奪（たとえば，土地を取り上げる場合）だけでなく，財産権の行使の制限（たとえば，土地の利用規制の場合）も含まれます。

また，「損失補償」とは，財産権の剥奪・制限そのものは合法（合憲）な場合に，それによって生じた損失の補填のことです（違法な侵害についての「損害賠償」とは異なる)。社会の一員として当然に受忍（我慢）すべき範囲内だ，換言すれば，財産権に内在する制約だと考えられる場合（たとえば，自己の所有地でも敷地の境界線ギリギリまで建物を建ててはいけない，など）には，補償は不要とされます。

なお，補償が必要なのに，関係する法律に損失補償についての規定がない場合には，そのような法律は違憲と解されるでしょう。けれども，河川附近地制限令事件判決（最大判昭43・11・27 刑集22巻12号1402頁）は，法律の規定がなくても，憲法29条3項に基づいて直接に補償請求することも可能だとしています（ただし，実際に29条3項を根拠として補償を認めたわけではない)。

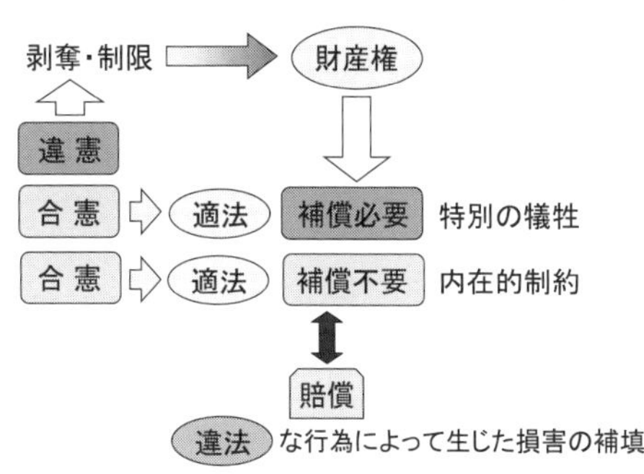

以上のことを整理すると，法律に基づく財産権の制限にも，①法律が違憲とされる場合，②違憲ではないが補償が必要な場合，③違憲ではないし補償の必要もない場合があることになります。

「正当な補償」とは，原則として「完全な補償」を意味し，財産の市場価格の全額補償が必要とされます（完全補償説)。しかし，農地改革事件判決（最大判昭28・12・23 民集7巻13号1523頁）は，合理的に算出された相当な額であれば，市場価格未満でも許されるとしました（相当補償説)。学説も，農地改革のように，既存の財産権秩序が大きく変革されるような特殊事情がある場合には，例外的に相当補償でも許されると説明してきました。

《気になる？》

「正当な補償」をめぐって，今日では，完全補償説か相当補償説かという対立を超えて，Ⓐ生じた損失の全部を個人の負担とするのではなく，どこまで国民一般の負担として補償するか，Ⓑ具体的な状況において，自由な取引が成立せず，市場価格が想定できない場合もありうる，Ⓒ市場価格の完全補償だけでなく，附帯的損失の補償や，土地収用による移転後の生活再建も視野に入れた生活権補償が問題となる場合もある，といったことも考慮すべきだとの指摘がみられます。

第22章　生 存 権

1　自由権と社会権の違い

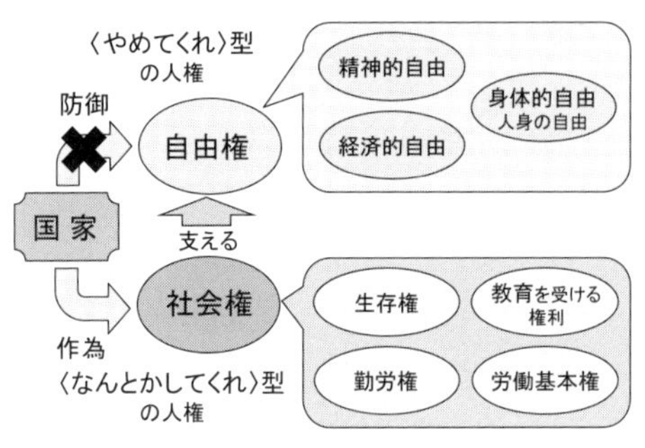

ここまでに説明してきた「自由権」とは異なり，憲法25条～28条は，「社会権」の規定とされます。社会権は，20世紀になって，社会国家ないし福祉国家の理念に基づき，ある程度の実質的平等を実現するために保障されるようになったものといえるでしょう。

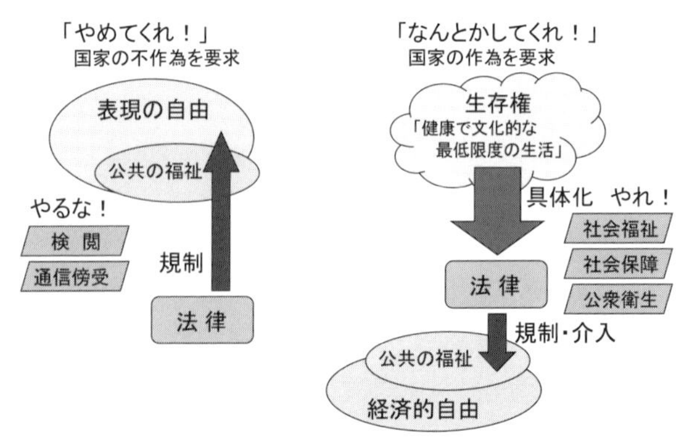

自由権は，国家の介入の排除を目的とする権利（不作為請求権）です。それに対して，社会権は，国に対して一定の行為（介入や給付）を要求する権利（作為請求権）です。ただし，社会権には「自由権的側面」あるいは「自由権的効果」があり，国家による不当な侵害の排除（不作為）を求める場面もあるとされます。自由権と社会権の代表的なものとして，表現の自由と生存権を比較してみると，両者の性格の相違は，憲法21条と25条それぞれの第2項の規定にも現れています。

2　生存権の法的性格

生存権をめぐっては，憲法25条を直接の根拠として裁判において具体的な請求をすることができるか，25条は裁判規範性を有するか，といった問題が「生存権の法的性格」として論じられてきました。この問題についての学説の議論は，①プログラム規定説，②抽象的権利説，③具体的権利説として跡づけられます。ただし，①〜③説という類型は，学説の発展過程を示したものといえます。①〜③説の論理が排他的に対立しているわけでもなく，今日では教科書上の「名所旧跡」でしょう。

①プログラム規定説は，日本国憲法の初期，高度成長前で法律の整備も不十分な段階において，ドイツのワイマール憲法時代の理論を手がかりに主張されたものです。憲法25条は政府の政策の指針に過ぎないとして，生存権が法的権利であることを否定する見解です。

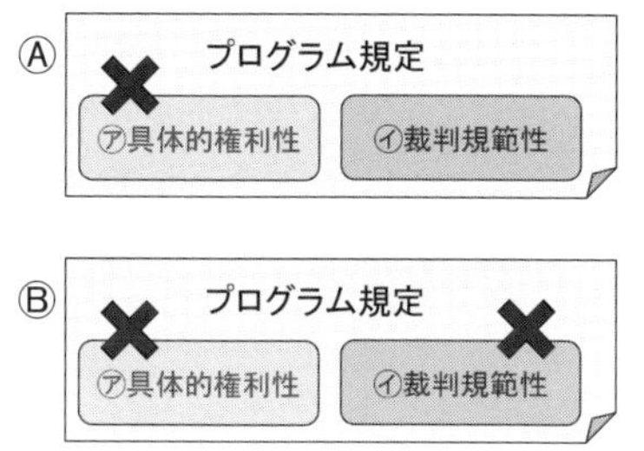

ただし，①プログラム規定説の定義は，論者によって相違があります。㋐憲法25条は直接に個々の国民に具体的な権利を付与するものか，㋑裁判の基準となる法規範といえるかについて，㋐を否定するものを①説とする理解Ⓐと，㋐と㋑の双方を否定するものを①説とする理解Ⓑとがあります。判例は，㋐を否定し，㋑を肯定する立場と解されます。したがって，判例の立場は，理解Ⓐでは①説とされ，理解Ⓑによれば①説ではないとされます。

憲法25条に関する議論が十分進展する以前に下された❶食糧管理法違反事件判決（最大判昭23・9・29刑集2巻10号1235頁）は，㋐具体的権利性を否定したことから，①プログラム規定説を採るものと評されることが多かったのですが，㋑裁判規範性の有無には論及していません。❷朝日訴訟判決（最大判昭42・5・24民集21巻5号1043頁）は，❶食管法判決を引用して㋐を否定しているものの，行政裁量の審査基準として25条に言及しており，㋑は否定していないと解されます。❸堀木訴訟判決（最大判昭57・7・7民集36巻7号1235頁）も，❶食管法判決を引用して㋐を否定しているものの，㋑は肯定しています。したがって，㋐と㋑の両方を否定するのが①プログラム規定説であるとする理解Ⓑに立てば，判例は，①説を採るものではないことになるのです。なお，㋐を否定しながら㋑を肯定していることから，判例は25条を「客観法」（第4章6）と解しているとする説明もあります。

他方，②抽象的権利説によれば，憲法25条は，国民が，立法者に対し，生存権を保障するための立法その他の措置を要求する抽象的権利を保障しているとされます。それは法的権利ですが，抽象的なので，25条を直接の根拠として裁判による救済を受けることはできません。しかし，生存権を具体化する法律が制定されれば，25条は裁判規範としての力を発揮するとします。③具体的権利説は，それに加えて，25条を具体化する法律が不存在の場合には，立法不作為（必要な法律を制定していないこと）の違憲確認訴訟が提起でき，そこで生存権の一定の具体的権利性を主張できると論じました。

通説的見解となった②抽象的権利説は，その後，国家賠償請求訴訟という形で立法不作為の違憲性を主張できると考えるようになりました。したがって，③具体的権利説は，②抽象的権利説に吸収されることになります。

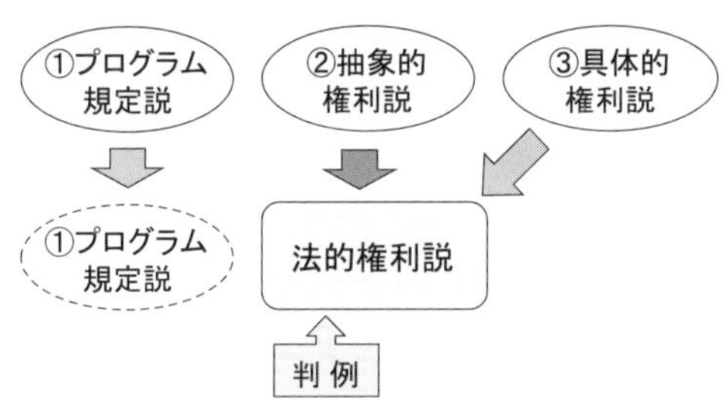

つまり，①～③説の3分類ではなく，対立するのは，①プログラム規定説と，法的権利説（③説を吸収した②説）となります。かりに判例を①説だとするとしても，最高裁は，憲法25条の㋑裁判規範性を肯定して違憲審査を行ってきました。結局のところ，25条には裁判規範性があることを前提に，〈いかなる訴訟類型において，いかなる違憲審査基準によって生存権に裁判規範としての効力を認めるか〉という問題が重要となります。

3　生存権の裁判規範性と訴訟類型

学説では，憲法25条に裁判規範性があることを前提に，次の(a)～(d)のような訴訟類型に分類して考察することが提唱されています（本章末尾の図も参照）。

(a)生存権の自由権的側面の法的効果を認める場合。重過ぎる課税が生存権を侵害すると主張された事案についての総評サラリーマン税金訴訟判決（最判平元・2・7判時1312号69頁）は，この類型の典型例でしょう（ちなみに，租税法制における平等について緩やかな審査を行った，大島サラリーマン税金訴訟判決（最大判昭60・3・27民集39巻2号247頁）との混同に注意）。❶食管法判決も，配給米だけでは生命・健康を保持できないとして闇米を購入・運搬したことが食糧管理法違反として起訴された事案であり，この類型に該当するとされます。

(b)生存権を具体化する法律の存在を前提にして，行政処分の合憲性を争う場合。生存権を具体化する法律が制定されれば，憲法25条はその法律と一体化して裁判規範となります。それによって，問題となった行政処分は「違法」であるだけでなくて「違憲」となるという論理は，朝日訴訟の第1審判決（東京地判昭35・10・19判時241号2頁）を契機として形成されたものです。この訴訟類型に属するものとして，❷朝日判決や，福岡市中嶋学資保険訴訟判決（最判平16・3・16民集58巻3号647頁）などが挙げられます。

(c)生存権を具体化する法律の規定の合憲性を争う場合。生存権を具体化する法律に基づく訴訟において，その法律自体の違憲性を主張することになります。憲法25条を具体化する法律について，立法裁量の範囲を逸脱していないかが審査されます。❸堀木判決や，介護保険料賦課徴収違憲訴訟判決（最判平18・3・28判時1930号80頁），学生無年金障害者訴訟判決（最判平19・9・28民集61巻6号2345頁）などが該当します。

(d)生存権を具体化する法律が制定されていないときに，立法不作為の合憲性を争う場合。なお，立法不作為（国会による法律整備の懈怠）を国賠訴訟で争うことは，生存権の場面だけでなく，広く論じられるようになっています。それについては，第26章で説明します。

《気になる？》

訴訟類型(c)では，立法裁量の逸脱・濫用が審査されます。たとえば，❸堀木判決は，障害福祉年金の受給者が児童扶養手当の給付を受けようとしたところ，他の公的年金給付との併給を禁止する規定（併給調整条項）のために給付を受けられなかったという事案でした。これは，併給を制限する法律によって生存権が「規制」されているのではありません。「併給調整条項が無ければ，100パーセントの生存権が享受できる」と考えるのは適切ではありません。複数の年金受給を調整する形で，国会が生存権を「具体化」したのです。そこで，そのような具体化が国会の立法裁量の範囲内かを審査するのです。

ところで，目的・手段審査（第7章3・第8章3）が行われるのは，人権を「制限」する法律の違憲審査の場面です。憲法が保障する人権の制限が問題だから，制限の「目的」と「手段」を審査するのです。憲法が保障する生存権の「具体化」が目的である法律について，立法目的を審査して「不合理」と判断されたら，ビックリでしょう。

4　生存権の違憲審査

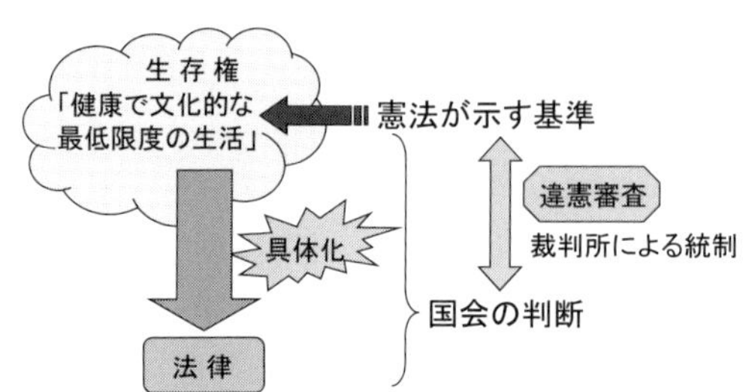

訴訟類型(c)において，生存権を具体化する法律の違憲審査のあり方が問題となります。換言すれば，生存権の実現において，裁判所がどのような役割をどの程度果たすことができるかという問題です。ここでは，「健康で文化的な最低限度の生活」を具体的に保障するために国会が制定した法律が，憲法の要求水準を満たしているかについて，裁判所で審査されることになります。憲法の示す基準がある程度明確なものであれば，それを法律で具体化した国会の判断に対して，裁判所は相応に厳しい統制ができるはずです。つまり，下の図のAのように考えれば，踏み込んだ違憲審査が期待できます。

しかし，❸堀木判決は，Bのように考えて，生存権を具体化する法律については国会に広い立法裁量があり，その法律が「著しく合理性を欠き明らかに裁量の逸脱・濫用と見ざるをえないような場合」でなければ違憲とならないとしたのです。このような緩やかな違憲審査のスタンスは，「明白の原則」と呼ばれます。ただし，憲法25条の裁判規範性を否定するプログラム規定説とは区別されます。

生存権を具体化する法律の合憲性を争う訴訟類型(c)については，広い立法裁量を認める❸堀木判決が判例として定着しました。判例は憲法25条の裁判規範性を認めているといっても，極めて広汎な立法裁量を認めてしまうと，実質的には①プログラム規定説とほとんど変わらないことになってしまいます。そこで，学説は，違憲審査の厳格度（裁判所のコントロール力）を高める方策について論じています。

一般に，最高裁には，広い立法裁量の下で形成された制度の論理を前提とする「制度準拠思考」がみられると評されることがあります。憲法上の人権の「制限」ではなく，「制度」を構成する法律に合理性があるかが問題となる場合を，「制度準拠審査」と説明する見解もあります。その場合も，立法裁量を強調するばかりでなく，法律の「首尾一貫性」や国会の「自己拘束」を問う可能性が論じられます。

《気になる？》

生存権についての違憲審査の厳格度を高めるために，次のようなことが論じられています。

第1に，憲法25条1項については裁量を限定する「1項・2項区分論」があります。ただし，堀木訴訟の控訴審判決（大阪高判昭50・11・10判時1145号3頁）が唱えた〈25条1項＝救貧政策／25条2項＝防貧政策〉という区分は，25条1項の対象を生活保護法による公的扶助に限定しており，その他の施策を広汎な立法裁量に委ねることになるとして強く批判されました。学説では，25条1項を生活保護法に限定せず，「最低限度の生活」を法的権利として保障するものと解して裁量を限定し，25条2項は「より豊かな生活」の保障について広い裁量を認めるものと論じる説があります。

第2に，⑴人間としての最低限度の生活に関わる部分には，違憲審査の厳格度として「厳格な合理性の審査」を求め，⑵より快適な生活の保障を求める部分については，国会の判断を尊重して「明白の原則」でもよいとする「二段構えの保障論」があります。⑴と⑵は，憲法25条1項内部での分類であり，「1項・2項区分論」とは異なります。

第3に，法律が定める制度の存在を前提に，制度の内部での別扱い（区別）の合理性を法の下の平等の問題とみて，目的・手段審査を求める議論があります。「健康で文化的な最低限度の生活」が抽象的な概念で広い立法裁量が認められるとしても，すでに国会が制定した法律について憲法14条違反を問題とする場合は，問題が別です。法の下の平等について，生存権という重要な人権が関わっているので，厳格な合理性の審査が求められるとするのです。

5　制度後退禁止原則

「右肩上がり」を前提としていた社会保障制度も，経済成長の停滞や少子高齢化などによって，保障の「見直し」が行われるようになりました。「前進あ

るのみ」だった生存権の保障が，「後退」を余儀なくされることになったのです。法律を改廃して，これまでよりも保障を切り下げることは憲法に違反しないかが問題になります。

一般に，かつての国会と現在の国会とは同じ資格・同じ権限を有していますから，かつての国会が自由に制定した法律を，現在の国会が改正・廃止することを禁止する理屈はないはずです。しかし，生存権については，事情が異なるとされます。「向上および増進に努めなければならない」と規定する憲法25条2項を根拠としたり，生存権を具体化する法律は25条1項と一体となって生存権の具体的内容を形成するという②抽象的権利説（現在の法的権利説）の思考を根拠とするなどして，「制度後退禁止原則」が説かれるのです。

「制度後退禁止原則」といっても，制度の後退（保障の切下げ）が一切許されないとするものではありません。制度の設立が憲法上の義務ではなく，広い立法裁量が認められるとしても，いったん設立された制度の廃止・縮小については広汎な裁量は認められないとするのです。選挙で選ばれた国民の代表である国会が多数決によって法律を改廃する際には，多数派にとって痛みの少ない方策が採用されがちです。そこで，少数派や弱者への不当なシワ寄せが生じていないかを，裁判所は慎重に審査する必要があると解されるのです。

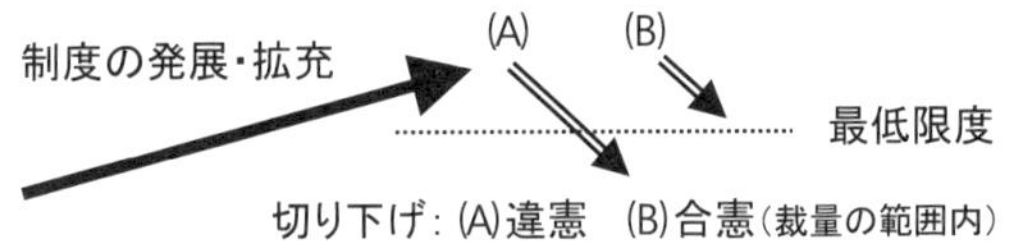

これに関する生活保護老齢加算廃止違憲訴訟判決（最判平24・2・28民集66巻3号1240頁）は，制度後退そのものを問題とするのではなく，切り下げの結果が「最低限度の生活」を下回るか否か（裁量の範囲内か）という問題として扱っています。ただ，切り下げを行った「判断過程」の統制に目を向けていることが注目されます。なお，この判決は，行政基準（行政機関によって定立された一般的抽象的な定め。「行政立法」ともいわれる）が問題になった事案なので，❷朝日判決と同じ訴訟類型(b)に分類されるはずですが，❸堀木判決を引用して判断しています。

生存権をめぐる違憲審査の場面を整理すると，次のようになるでしょう。

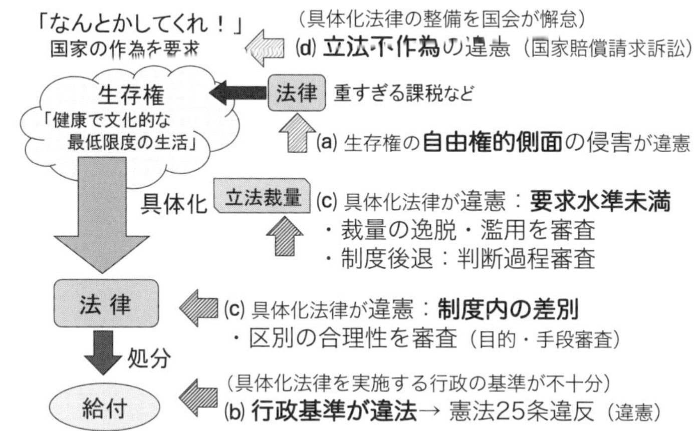

《気になる？》

ⓐ「明白の原則」，ⓑ「明白かつ現在の危険」の基準，ⓒ「明確性の理論」などは，平たくいえば「ハッキリ」していることを求めるものです。ⓐは，違憲審査の厳格度について，極めて緩やかな違憲審査のスタンスを示すものです。裁判所は国会の判断を尊重して，法律が著しく不合理であることがハッキリしている場合しか違憲にしないのです。❸堀木判決では，生存権を具体化する法律の違憲審査において，立法裁量の逸脱・濫用の審査についてⓐがいわれました。また，小売市場判決（第20章4）では，経済的自由に対する規制の違憲審査において，目的・手段審査のなかでⓐがいわれました。

ⓑ「明白かつ現在の危険」の基準（第17章3）は，母国のアメリカ合衆国の判例・議論には変遷があるといわれるものの，日本国憲法の解釈においては，ⓐとは逆に，厳格審査に結びつくものです。つまり，今すぐ対処しなければ危ないことがハッキリしている場合しか規制が合憲にならないのです。“Clear and Present Danger”は，文学的に訳せば，「今そこにある危機」です。

ⓒ「明確性の理論」は，刑罰法規や表現の自由の規制立法について，規制対象がハッキリと規定されていることを求めるものです。違憲審査との関係では，規制対象ド真ん中の行為をした者も，ⓒによって法律の合憲性を争うことができると論じられます（第17章3）。

第23章　教育を受ける権利と労働に関する権利

1　社会権の基底にある自由

憲法施行後の早い時期には，社会権を国家の積極的義務を中心とするものと捉え，自由権と社会権の異質性を強調する見解が有力に唱えられました。しかし，もっぱら恩恵的な弱者保護として行われる国家の介入・給付は，個人の自律とそれに基づく民主政にとって危険を孕むと考えられます。

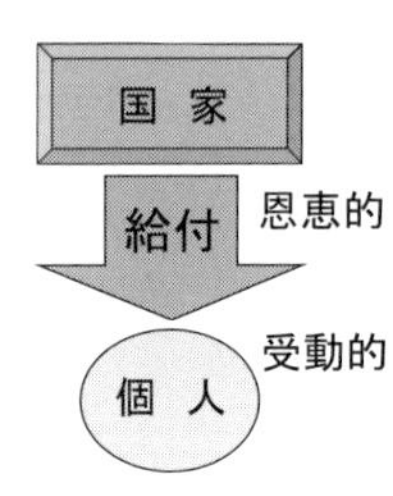

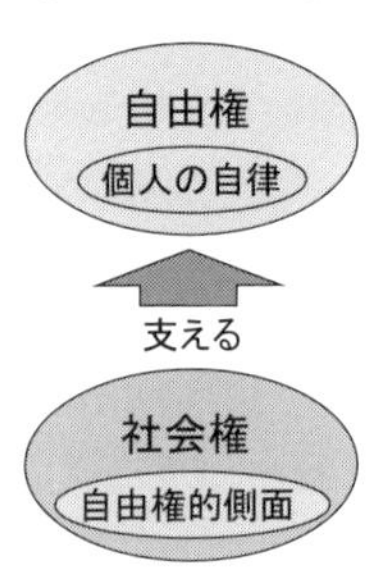

そこで，社会権の基底には自由権が存在し，社会権と自由権には相互に関連性があると考えられるようになりました。社会権は，自由権の行使が現実に可能となる前提として，個人の存在を支えるものだとされます。また，社会権に分類される権利にも自由権的側面があり，それぞれの権利の内部での自由権的側面と社会権的側面との構造的な関係が，具体的な解釈の場面で論じられます。

2　教育を受ける権利と学習権

教育は，個人の人格形成に不可欠です。それは同時に，民主政の存立と維持を担う国民の育成という意味も有します。そこで，経済的に貧しい者の子どもが労働力として酷使され，教育を受ける機会を奪われるような事態を防ぎ，国民一般の教育水準を向上させ，民主政の維持を図るため，教育を受ける権利の保障が重要と考えられるのです。

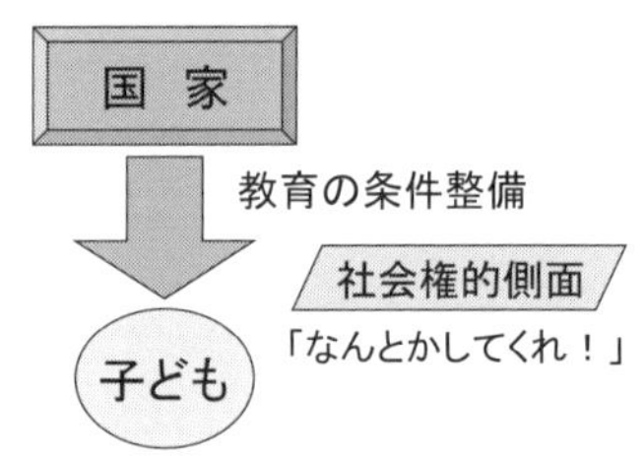

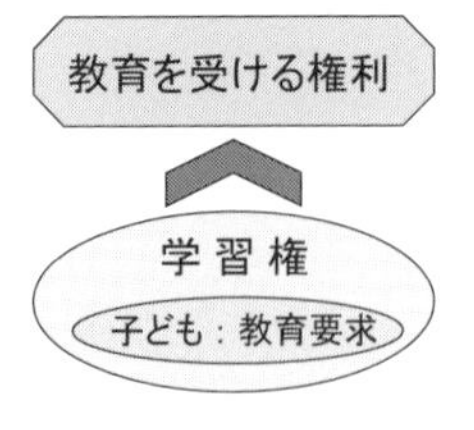

憲法26条も，当初は，教育の機会均等を実現するための経済的配慮を国家に要請する，〈なんとかしてくれ〉型の人権だとみられていました。26条は，教育の条件整備（教育制度や学校施設など）を国家に求めるものと解されたのです。

しかし，こうした理解に対する批判がなされ，個人の「学習権」を中心とする説明がなされるようになりました。旭川学テ判決（最大判昭 51・5・21 刑集 30 巻 5 号 615 頁）も，個人には「自己の人格を完成，実現するために必要な学習をする固有の権利」があるという観念が憲法 26 条の背後に存在し，子どもは，自分の力では学習できないので「教育を自己に施すことを大人一般に対して要求する権利」を有するのだとしました。

3　教育内容の決定権限（教育権）の所在

このように，教育を受ける権利は，子どもの学習権を前提として，適切な教育を提供することを国民が国家に要求する権利と解されます。そこで，子どもの学習権を実質的に保障するための教育の条件整備として，国家が何をどこまで行うべきかが問題となります。

この問題は，「教育内容を決定するのは国家か国民か」（教育権の所在）という論争となりました。国家教育権説は，政府が教育内容および方法の決定に関与することを広く認める立場です。それに対して，国民教育権説は，教育内容を決定するのは親や教師といった国民だと主張しました。

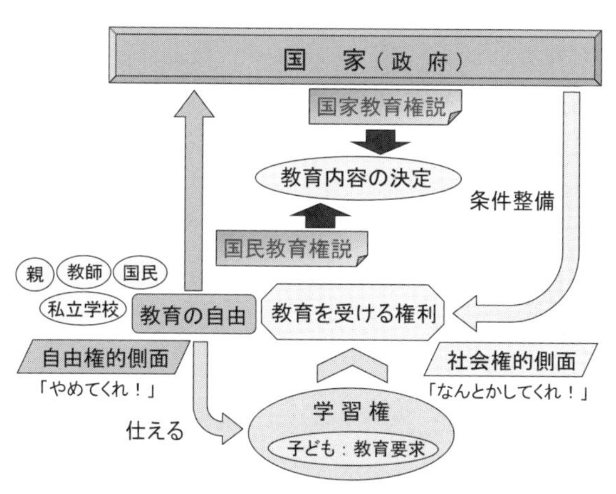

この論争のなかで「教育の自由」という考え方が示されました。子どもの学習権に対応して教育の責務を担うのは，親を中心とした国民全体であり，親，教師，国民，私立学校などのさまざまな主体が，〈誤った知識や一方的な観念を子どもに植えつけるような教育は，やめてくれ！〉と主張するのです。

もちろん，「教育の自由」といっても，あくまで教育を受ける権利に仕える限度でのものです。子どもの学習権の実現と無関係に，親や教師が自己の自由を主張できるわけではありません。なお，教育を受ける権利の自由権的側面として親や教師の「教育の自由」を論じることに対しては，それは「権限」あるいは「責務」の問題ではないのかという疑問・批判もあります。

旭川学テ判決は，国民教育権説も国家教育権説も「いずれも極端かつ一方的」だとして，教師に一定の範囲における教授の自由を認めるとともに，国も必要かつ相当と認められる範囲で教育内容について決定する権能を有するとしています。この判決は，もともとは国民教育権説の側から主張されたといわれる学習権の考え方を導入しながら，教育内容の決定に関する国の権限を広く認める結果になっているといわれます。

教育に関しては，第17章4で触れた教科書検定も大きな問題になりました。日本史研究者の家永三郎教授による第1次〜第3次の家永訴訟が有名です。

4　勤労の権利と義務

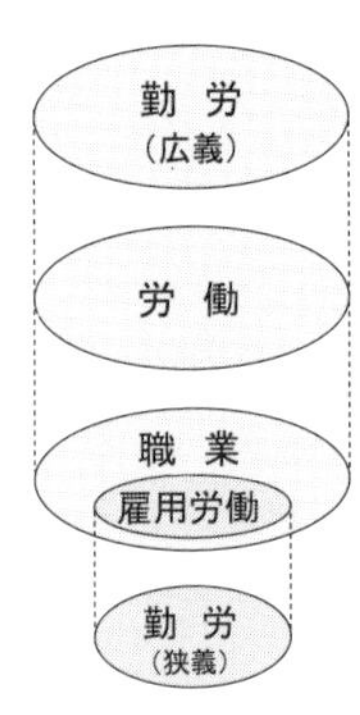

「勤労者」（憲法28条）とは，労働組合法3条にいう「職業の種類を問わず，賃金，給料その他これに準ずる収入によって生活する者」を指すとされ，「農漁業や小売商工業等の自営業を営む者」は該当しないが，公務員は含まれます。27条にいう「勤労」も，「他人に雇われて従事する職業」すなわち「雇用労働」を指していると解されます。27条は，国民に「勤勉」を求める趣旨ではないでしょう。

国が企業に対して就労希望者の雇用を強制することはできず，雇用の確保は国の経済・財政政策の課題として考えるしかないから，憲法27条を直接の根拠として個人が政府に対して労働の機会を要求できるわけではなく，就労が不可能なときに相当の生活費を求める「限定的な労働権」が保障されるにとどまると説明されることがあります。しかし，「勤労の権利」をワイマール憲法と同じ「労働の機会」と読み替えて，プログラム規定説のように憲法上の人権の議論を遠ざける解釈には疑問があります。

職業が「個人の人格的価値とも不可分」（薬事法判決・第20章4）だとすれば，雇用労働についての勤労権にも，憲法上の人権としての解釈が求められるでしょう。また，勤労（雇用労働）という職業選択について実質的な自由を確保することも，勤労権の内容を構成すると解されます。個人が「勤労」するにあたっての雇用者側と被用者側の力の不均衡（情報格差や交渉力格差）による弊害，とりわけ職業の自由の空洞化を是正するため，国家に対し一定の積極的施策を要求するものと解されるのです。憲法27条2項は，私人間の不均衡な関係を国家が法律によって調整するよう指示しています。27条3項は，私人間でも直接適用可能な規定と解されます（第11章2・3）。

勤労の義務については，(a)精神的・道徳的なものとする説と，(b)法的意味を認める説があります。憲法27条が規定するのは「勤労＝雇用労働」の義務であって，「労働」の義務ではありません。つまり，政府が個人に〈雇用労働への従事（他者の指図に服従するのが常態となる生活）〉を要請することを一定の場合（生活保護法4条1項や雇用保険法32条）に許容するのが27条の趣旨だと解されるのです。公共の福祉についての内在・外在二元的制約説の難点（第5章3）を想起すれば，(a)説では勤労権も法的権利性を否定されるでしょう。

《気になる？》

憲法26条は「保護する子女に普通教育を受けさせる義務」，27条は勤労の義務を規定しています。また，30条は納税の義務を規定しています。「今の憲法には権利ばかり書いてあって，国民の義務の規定が少ない」という人がいるようです。日本国憲法が定める国民の義務は，上記の3つです（12条を加えるなら4つ）。それに対して，大日本帝国憲法（明治憲法）には納税と兵役の2つしかありませんでした（勅令により定められた教育の義務と合わせて臣民の三大義務といわれた）。戦争放棄・戦力不保持を定める日本国憲法では，兵役義務は不要になりますから，納税義務だけになってもよさそうなものです。それなのに，「子どもを学校に行かせなさい」とか「勤め先をみつけて，働きに出なさい」などというのですから，日本国憲法は結構おせっかいなタイプかもしれません。しかし，第13章の末尾で触れたように，国民主権の憲法（国民が制定した憲法）における国民の「義務」とは，憲法を作ったときに国民同士で「みんな，頑張ろうぜ」と約束したということなのでしょう。

一般に，国民に義務を課すには法律の定めが必要であり，憲法上の義務規定を直接の根拠として具体的な義務を課すことはできないとされます。憲法26条および30条が，国民は「法律の定めるところにより」義務を負うと規定しているのに対し，27条は，法律による義務の具体化を求めていないと解されます。27条は，勤労を求める法律の制定を「許容」するだけで「要請」していないといえます。生活保護法4条などは，そのように許容された範囲内でとられた立法措置だと考えられるのです。

5　労働基本権

憲法28条が保障する〈勤労者＝雇用労働者〉の団結権・団体交渉権・団体行動権の労働三権は，労働基本権と呼ばれます。団体交渉を有利に行うための手段としての団体行動の中心が争議行為なので，団体行動権は争議権と呼ばれることもあります。争議行為の典型的・中心的なものはストライキ（同盟罷業）であり，争議権はストライキ権とも呼ばれます。ただ，争議行為には他にもサボタージュ（怠業）やピケッティング（作業場閉鎖）などがあります。

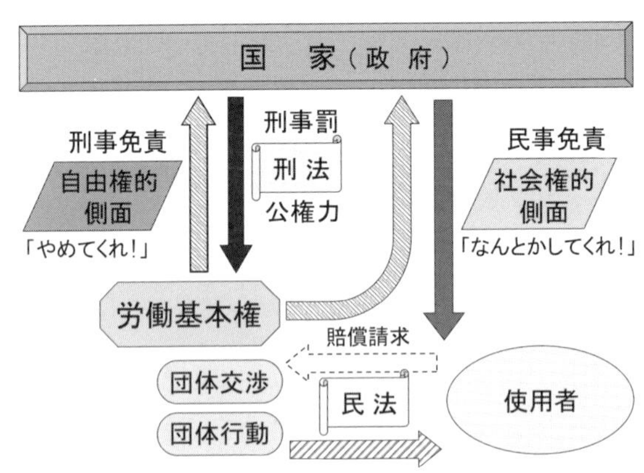

契約自由の原則は当事者が対等なことを前提としますが，労働者と使用者は対等ではなく，不利な立場の労働者は団結して交渉するでしょう。団体交渉の要求は逮捕監禁罪・強要罪となる可能性があり，争議行為は威力業務妨害罪などに問われるかもしれません。労働基本権は，労働者の刑事免責に第1の意味があります。国家権力（刑罰権）からの自由であり，労働基本権の自由権的側面です。

労働関係における私的自治（契約自由）の修正として，争議行為などについての民事責任（債務不履行など）からの解放が求められます。正当な争議行為は，解雇や損害賠償などの理由にはできないとされるのです。契約自由の原則を労働者に有利に変更して民事免責を認めることは，労働者の自由権からは説明できないでしょう。これは労働基本権の社会権的側面と解されます。

教科書においては，公務員の労働基本権が大きな問題として扱われます（第12章3参照）。公務員の労働基本権の制限は，公務員に労働基本権として刑事免責や民事免責をどこまで認めるかという問題です。法律による自由権の規制ではないので，違憲審査において目的・手段審査を行う筋合いではありません。他の対立する利益との比較衡量の問題に立ち返ることになります。どのような要素を天秤に載せて，どのように衡量するかについては，まずは，判例が何をどう扱ったかを理解すべきでしょう（それに対する批判も含めて）。

第24章　適正手続の保障

1　適正手続と罪刑法定主義

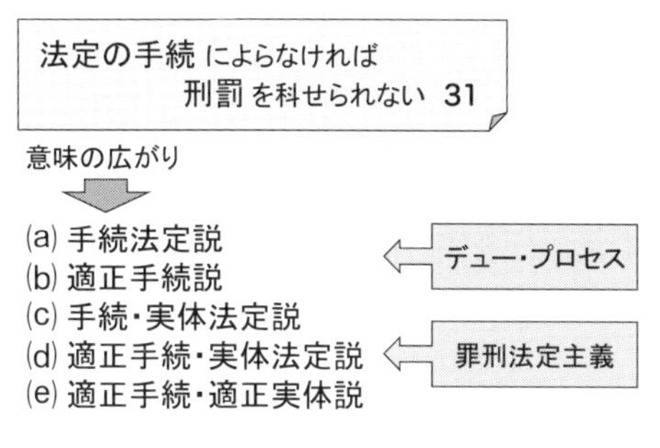

憲法31条は，「何人も，法律の定める手続によらなければ，その生命若しくは自由を奪はれ，又はその他の刑罰を科せられない」と規定しています。法律には，権利・義務とか，犯罪と刑罰など法律関係の内容について定める「実体法」と，それを実現するためにとるべき手順や方法について定める「手続法」という分類があります。31条は，刑罰を科すには，その「手続」について国会が「法律」で定めることが必要だ，という趣旨にみえます。換言すれば，「法定手続」の保障です。しかし，31条の意味の広がりについては，さまざまな学説が主張されてきました。以下の第1～第3の点への応答の組み合わせで，図の(a)～(e)の学説が分岐します。

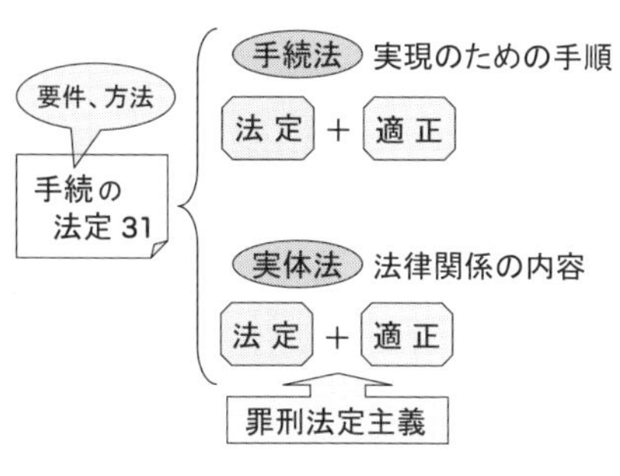

第1の分岐点は，手続法の法定だけでなく，手続の「適正」さの要請が含まれるか，です。手続が法定されていても適正なものでなければ意味がないから，条文に書いていなくても当然に適正手続を要求しているといえそうです。人権の手続的保障を重視する英米法の思考に由来するデュー・プロセス（due process of law,「法の適正な手続」ともいわれる）を保障する，アメリカ合衆国憲法の適正手続条項と，日本国憲法31条は同じ趣旨だと説明されるのです。

第2の分岐点は，日本国憲法には明記されていない罪刑法定主義の根拠条文として，憲法31条を挙げることができるか，です。刑法の基本原則である罪刑法定主義が，憲法で保障されていないのは，どうにも据わりが悪いのです。

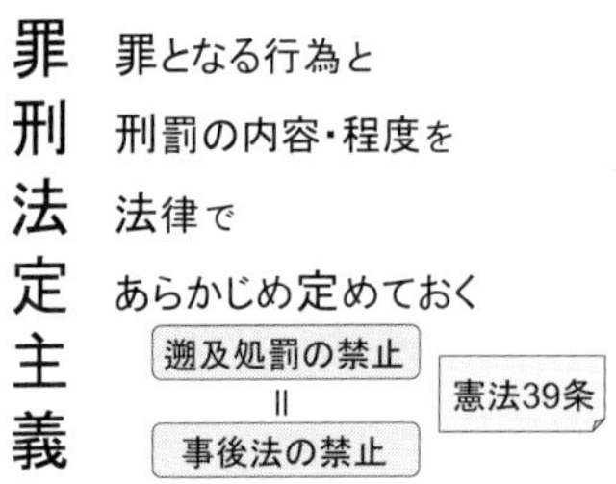

罪刑法定主義
罪となる行為と
刑罰の内容・程度を
法律で
あらかじめ定めておく
遡及処罰の禁止
＝
事後法の禁止
憲法39条

〈どのような行為が犯罪とされるのか，それに対してどのような種類の・どの程度の重さの刑罰が科されるのかを，あらかじめ法律で定めておかなければならない〉というのが，罪刑法定主義の要請です。犯罪と刑罰の内容を定める法律としての「刑法」は，実体法に分類されます。そこで，憲法31条のいう「法律の定める手続」は，〈刑罰を科す前提として必要になる要件ないし方法〉というような趣旨に理解すべきだと主張されます。そのようにして，31条は，手続法の法定だけでなく，実体法の法定も要請しており，罪刑法定主義の根拠規定といえると説明されるのです。

第3の分岐点は，適正さの要請は，手続法だけではなく，実体法についても及ぶと解するか，です。実体法の適正としては，①刑罰法規の明確性と，②刑罰法規の内容の適正性が求められます。②は，刑罰法規の謙抑性（刑罰を科すのは最後の手段と考える）と，罪刑の均衡の要求を含みます。

憲法31条は〈刑罰に関する適正な手続法と適正な実体法を，国会が定めること〉を要求するものと解する，最も豊富な内容を唱える(e)説に落ち着きそうにみえますが，そうでもありません。

憲法が特定の内容を法律で定めることを要求する「法定主義」ないし「法律主義」の規定は他にもありますが，それらの規定でも，法律の内容が適正であることは当然に要求されているはずです。たとえば，憲法10条も，国籍に関する法律の適正さを求めているはずです。違憲審査において「適正でない」と判断されれば，法律は違憲となるでしょう。また，今日，罪刑法定主義は，それ自体が内容の適正性の要請を含んでいると解されます。したがって，31条が罪刑法定主義の保障を含むなら，「実体の法定」とともに当然に「実体の適正」の要請が含まれることになります。

他方，ニュー・ディール政策による社会経済立法を連邦最高裁がデュー・プロセス条項を手がかりに違憲としたアメリカの経験に学んで，憲法31条は，あえて「適正」という文言を外したのだともいわれます。ところで，日本国憲法は，33条～39条で刑事手続について詳細な要請を規定しています。そして，そこに明記されていなくても，「適正」な手続として必要なものは31条によって保障されることが，第三者所有物没収事件判決（最大判昭37・11・28刑集16

巻11号1593頁）でも述べられています。

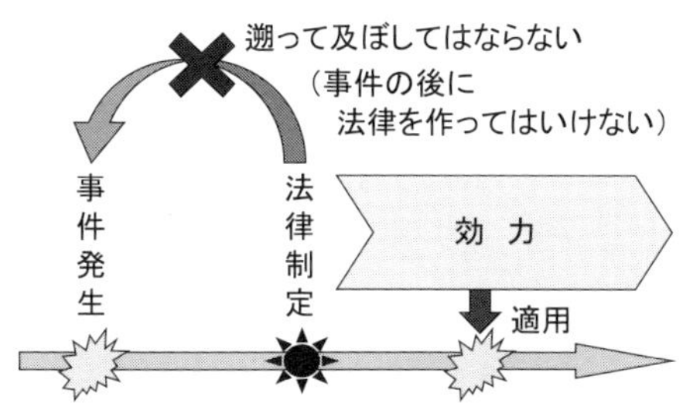

罪刑法定主義については，そのような重要な原則を日本国憲法が無視・否定しているとは考えにくいでしょう。憲法39条は，罪刑法定主義から要請される「遡及処罰の禁止」ないし「事後法の禁止」を規定していると解されます。罪刑法定主義から導かれる要請を定めているならば，罪刑法定主義自体を前提として承認していると理解できます。その内容を法律で定めることは，日本国憲法の場合，41条によって当然に国会の任務とされるでしょう（73条6号も参照)。そうだとすれば，罪刑法定主義を無理に31条に読み込む必要はないともいえそうです。

結局のところ，刑罰について「適正な手続」と「適正な実体」の法定を憲法が要請しているという結論には争いがなさそうですが，それを条文解釈にどのように結びつけるかに見解の相違があるといえるでしょう。

2　刑事手続の憲法的統制

日本国憲法は，人身の自由の保障についての一般的な規定は置かず，奴隷的拘束や意に反する苦役といった極度の侵害状況についての規定と，手続的保障の規定を設けています。憲法33条から39条は，刑事手続においても生じる可能性のある人身の自由の制約に関して，それが不当なものとならないために求められる手続的要件を規定しています。これは，〈人身の自由〉と〈犯罪の捜査・訴追の必要〉との比較衡量に基づき，特定の手続や方式を最低限必要なものとして，憲法が規定しているものと解されます。つまり，すでに憲法制定時点で個人の人権と公共の要請との間の衡量が行われているのですから，適用段階で公共の福祉によって再度制約することはできないとされるのです。

通常の人権規定は，憲法上の人権と，対立する権利・利益とを立法者が比較衡量して，必要ならば人権を制限する法律を制定することが許されるのに対して，憲法33条から39条の詳細な規定は，国会や裁判所による公共の福祉との衡量の排除を意味していると説明されます。36条が拷問・残虐な刑罰は「絶対に」禁ずると規定しているのは，比較衡量による相対化の排除を典型的に明示したものといえます。

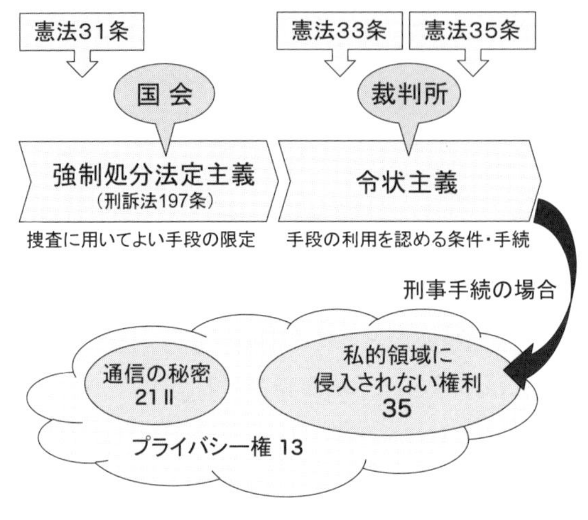

憲法31条の要請により，捜査機関が行うことのできる強制処分の内容と手続は，あらかじめ法律で規定しておく必要があります（強制処分法定主義）。そして，法定された強制処分を行う場合には，裁判官の発する令状を要求するのが，33条と35条の「令状主義」です。なお，第13章2で触れた京都府学連判決（最大判昭44・12・24刑集23巻12号1625頁）には，警察官による写真撮影が強制処分に該当するか，という問題が含まれていました。

ところで，憲法35条は，「住居，書類及び所持品について，侵入，捜索及び押収を受けることのない権利」を規定しています。この規定は「住居の不可侵」とも呼ばれますが，GPS捜査違憲訴訟判決（最大判平29・3・15刑集71巻3号13頁）は，35条の保障対象には「住居，書類及び所持品」に準ずる私的領域に「侵入」されることのない権利が含まれるとしています。そのような権利は，人身の自由というよりも，プライバシー権に類するものともいえます（第13章5参照）。私的領域に侵入されない権利が刑事手続によって制約される場合については，35条は，令状という方式を要求しています。行政手続による制約については，憲法の明文上は規定されていません。このことは，次の3の問題に結びつきます。

3　行政手続の規律

「自由の歴史は大部分手続的保障の歴史だった」といわれるように，公権力の行使はキチンとした手順で行われるべきであり，その際は，こちらの言い分も，ちゃんと聞いてほしいものです。そうした要請は，国家が刑罰権を発動する場合に限られないはずです。ところが，日本では，一部の法律に手続についての規定があったものの，行政機関の行為についての一般的な手続的規律は法定されていませんでした。そうした法律の不備・不足をめぐって，憲法を手がかりに議論がなされました。とりわけ，憲法31条や33条以下の規定は，刑事手続だけではなく行政手続にも及ぶかが論じられます。なお，32条の「裁判をうける権利」は，民事事件も対象としており（刑事事件については37条に規定がある），国務請求権に分類されます。

たとえば，憲法31条について，学説では，㋐31条が行政手続にも適用されるとする説，㋑31条は刑事手続についての規定だから行政手続には適用されないが，準用ないし類推適用されるとする説，㋒行政手続の適正さについての要請は，31条ではなく13条から導かれるとする説などが主張されます。

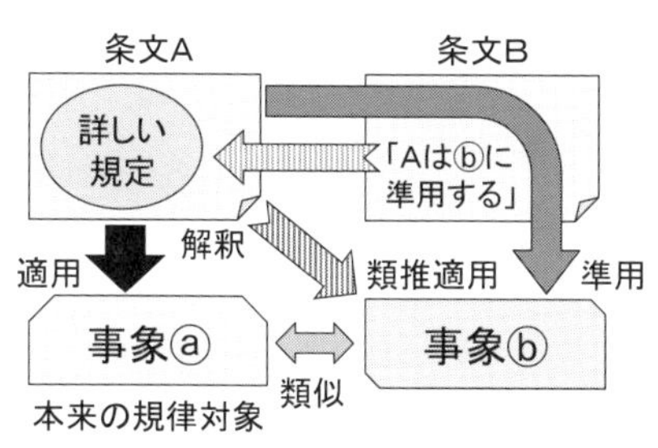

最高裁は，成田新法判決（最大判平4・7・1民集46巻5号437頁）で，問題とされた法律が相手方に事前に告知・弁解等の機会を与える規定を含んでいないことは，憲法31条の「法意に反する」ものではないとしました。31条に「違反する」ではなく「法意に反する」と表現されているのは，行政手続に31条の保障が及ぶとしても，種々の行政手続に応じて変更を加えて「準用」する可能性を認める趣旨であると説明されます。このような判断は，川崎民商事件判決（最大判昭47・11・22刑集26巻9号554頁）で35条および38条について示されていた判断を，31条に及ぼしたものと解されます。

これらの判例は，〈憲法31条や35条の規定は直接には刑事手続に関するものだが，刑事手続ではないとの理由のみで，行政手続のすべてが当然に31条や35条による保障の枠外だとすることは相当ではない〉としつつ，〈行政手続は個々の行政目的に応じて多種多様であり，31条や35条の保障が行政手続に一律に及ぶとはいえない〉としています。

そこで，たとえば憲法31条については，刑事手続と行政手続では要求される適正さに相違があることを認めながら，1994年に行政手続法が施行された後も，同法でカバーされない問題について31条による保障を考えなければならないといわれます。入管法による収容や，精神保健福祉法による措置入院も，

34条との関係が問題となります。

《気になる？》

学説が憲法31条や33条以下の規定を行政手続に「準用」ないし「類推適用」できるかを論じる場合，行政手続がこれらの規定の本来の適用対象ではないとみていることになります。ちなみに，条文Aの本来の適用対象ⓐではない類似事象ⓑに条文Aの規定内容を当てはめることを定める条文B（準用規定）がない場合に，解釈で条文Aを事象ⓑに準用するのが類推適用です。

しかし，明治憲法下では，行政執行法による予防検束や違警罪即決例（軽い犯罪類型について警察署長等による即決処分を認めるもの）による留置のような身体の拘束が，捜査のために濫用されたことが指摘されます。そうだとすると，行政手続上の人身の自由の制約が憲法33条・34条の（本来の）適用対象ではないとすることには，慎重でなければならないはずです。33条は，「理由となっている犯罪を明示する令状によらなければ，逮捕されない」と規定しているのであって，「犯罪が理由となっている場合」（つまり，刑事手続）に限定されているわけではありません。「逮捕」とは，人の行動の自由を奪い，身体的に拘束することであって（刑法220条参照），必ずしも刑事手続に固有の問題ではないはずです。34条については，行政の迅速性の要請と抵触する度合いが低いことが指摘されます。

また，憲法31条も，〈法律の定める手続によらなければ，生命・自由を奪われない〉と規定しているのであって，〈法律の定める手続によらなければ，生命若しくは自由を奪われる刑罰，又はその他の刑罰を科せられない〉としているわけではないと解することもできるでしょう。35条は，私的領域に侵入されない権利の存在を前提としていて，そのような私的空間の公権力からの保護は，犯罪捜査の場合に限られないと解されます。36条は「公務員による拷問」を絶対的に禁止していますが，対象を刑事手続に限定する必要はないはずです。〈拷問は犯罪の取調べで自白を得るために，すなわち刑事手続で行われるものだ〉というのは，思い込みではないでしょうか。今日では，日本国も締結している拷問等禁止条約1条の定義を参照して，36条を解釈する必要があるはずです。

第 25 章　国務請求権と違憲国賠訴訟

1　受益権ないし国務請求権

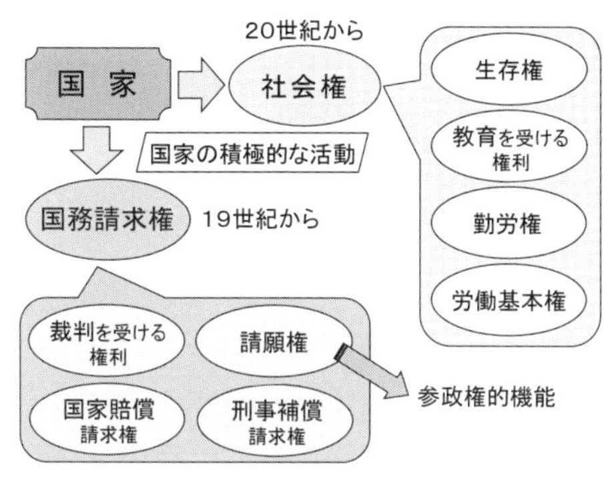

国家の積極的な活動を要求する性格を有する権利のうち，国家の設営に際して当然に設置すべき制度（紛争の裁判や国会への請願など）を整備して，公平に利用させるという国家の職務を，個人の権利の側から捉えて，「国務請求権」と呼びます。「やめてくれ！」とか「なんとかしてくれ！」ということを裁判で訴えたり，政府に伝えたりできるようにして，人権保障を確実にする意味があり，「人権を確保するための人権」といわれます。

2　請 願 権

国民の政治参加の保障が不十分な時代には，「請願」は民衆にとって重要な手段でした。しかし，参政権や表現の自由が保障されるようになると，請願の意義は減少しました。しかも，制度上は，政府には請願に応答する義務がありません。請願を受理するだけなら，国務請求権といえるのか疑問とされます。

そこで，選挙以外の場で国民の意思を国政に反映させる手段として，「参政権的な機能」ないし「参政権の補充機能」が請願権に期待されます。憲法 16 条の「いかなる差別待遇も受けない」との規定に，15 条 4 項と同様に私人間への直接的効力が認められるといわれることがあります。それは，請願権を一種の参政権と捉えることに立脚するものでしょう。もちろん，請願権は，国家意思の決定に参与するものではなく，典型的な参政権そのものではありません（それゆえ，未成年者や外国人も請願権を行使できる）。

3　裁判を受ける権利

自力救済（実力行使で権利を実現すること）が原則として禁止される以上，司法機関を利用する権利，すなわち「裁判」という国務を請求する権利が保障される必要があります。

民事事件・行政事件において，裁判を受ける権利は，適法な訴えに対する「裁判の拒絶」の禁止を意味します。これを，〈国会が法律で定める訴訟制度〉を利用する権利にとどまると解すると，裁判を受ける権利の保障が，制度についての法律の内容次第で骨抜きにされかねません。そこで，憲法は，裁判制度の設置・運営を「人権」の側から枠づけていると考えることができます。現行法による裁判制度の不備のために憲法上の人権の侵害を裁判で十分に争えない場合には，裁判を受ける権利の侵害と捉え，憲法32条に基づく出訴（基本権訴訟）が認められるべきだとされることがあります。

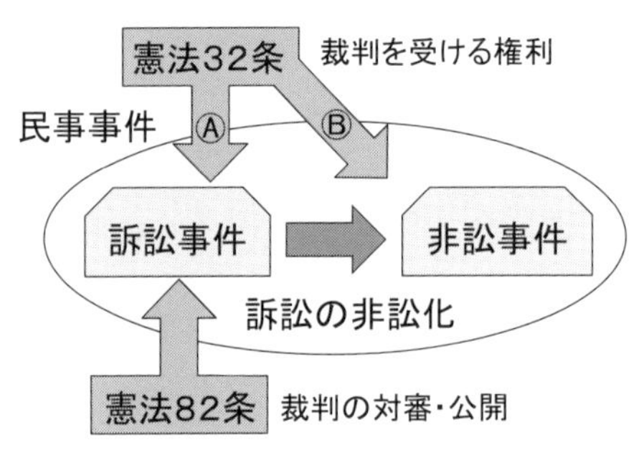

訴訟事件の裁判では，憲法82条によって，公開・対審（訴訟の当事者が裁判官の前で双方の主張を述べ合うこと）・判決という原則が保障されます。これに対して，非公開の簡便な手続で，裁判所が職権で介入しながら迅速に民事事件を処理する「非訟事件」手続の拡大（訴訟の非訟化）が指摘されます。32条の保障はⒶ82条の対象となる「純然たる訴訟事件」について及ぶとする判例に対して，32条はⒷ非訟事件についても，その性質に応じて適切な手続の保障を求めるものと解すべきだともいわれます。

行政機関の活動に対して，その是正や，生じた損害や損失の塡補（埋め合わせ）を求める制度に関する法律を，まとめて「行政救済法」といいます。裁判による行政活動の是正について定めているのが，行政事件訴訟法（行訴法）です。是正のための訴訟には，主観訴訟と客観訴訟（第6章4）があります。

主観訴訟に分類される行政事件には，①行政機関による公権力の行使に不服を申し立てる訴訟や，②行政機関との公法上の法律関係に関する訴訟があります（行政機関と市民の関係でも，役所の備品の購入のような，私人相互間と同じ扱いを受ける法律関係は，民事事件とされる）。

①は「抗告訴訟」と呼ばれ，行訴法が定める訴訟類型の代表的なものです。行訴法は，抗告訴訟の形式として，取消訴訟，無効等確認訴訟，不作為の違法

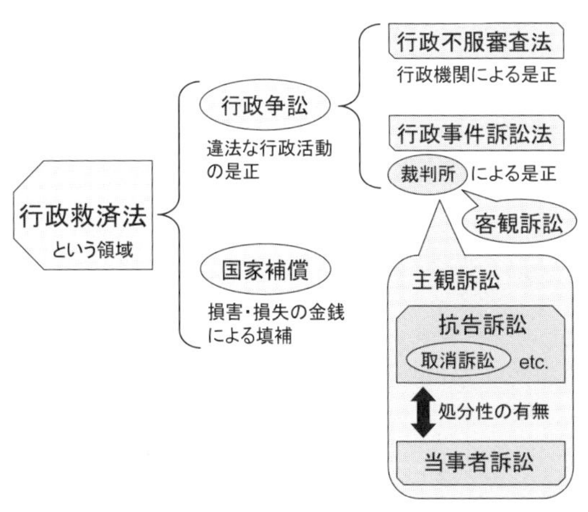

確認訴訟，義務付け訴訟，差止訴訟を定めています。ただし，これ以外の形態の訴えでも，「法定外抗告訴訟」ないし「無名抗告訴訟」として認められる可能性があるとされます。

②は，「当事者訴訟」とも呼ばれます。2014年の行訴法改正によって，「公法上の法律関係に関する確認の訴え」が②に含まれることが明記されました。行政機関の行為のうち，公権力の行使として国民に対し具体的規律を行う「行政処分」の性格（処分性）が無いとされるもの，つまり①で争えないものについて，訴訟を提起する可能性が実質的に拡大されたといわれます。この行訴法改正は，在外邦人選挙権制限違憲訴訟判決（最大判平17・9・14民集59巻7号2087頁）や，在外邦人国民審査権制限違憲訴訟判決（最大判令4・5・25民集76巻4号711頁）のように，憲法訴訟の可能性を拡げるものとしても重要です。

刑事事件については，裁判所の裁判によらなければ刑罰を科せられないことが，憲法37条で確認されています。これは，自由権（防御権）としての性格を有するともいえます。市民が刑事訴訟手続に関与する制度として，2004年に「裁判員の参加する刑事裁判に関する法律」（裁判員法）が成立し，2009年から裁判員制度が施行されています。「国民の司法参加」の形態として，諸外国にみられる「陪審制」と「参審制」をミックスしたような制度ともいえます。

	事実認定	法解釈（量刑）	市民の任期
陪審制	市民（多人数）	裁判官	事件ごと
参審制	市民（少人数）＋ 裁判官		一定期間
裁判員制度	市民（多人数）＋ 裁判官		事件ごと

明治憲法24条が「裁判官ノ裁判ヲ受クルノ権」と規定していたのに対して，日本国憲法32条も37条も〈「裁判所」における裁判を受ける権利〉を保障し

ています。この「裁判所」は〈裁判官のみで審判する機関〉でなければならないとはいえないから，裁判員制度は裁判を受ける権利を侵害しないと説明されます。裁判員制度合憲判決（最大判平23・11・16刑集65巻8号1285頁）も，同様に判断しています。

《気になる？》

法律学において，裁判所で行われる「裁判」とは，⑴裁判所または裁判官が具体的事件について行う公権的な判断（判決，決定，命令の3種類）をいう場合と，⑵裁判所が訴訟について法律を適用して判断を下す過程をいう場合とがあるようです。⑴は，手続の中間または終局のいずれかの「点」でのものであるのに対して，⑵は，訴訟が始まってから結論が出るまでの「過程」全体を指しています。日常感覚に近いのは⑵でしょうけれども，法律用語辞典などでみられる説明は⑴でしょう。

4　国家賠償請求権と国家賠償法

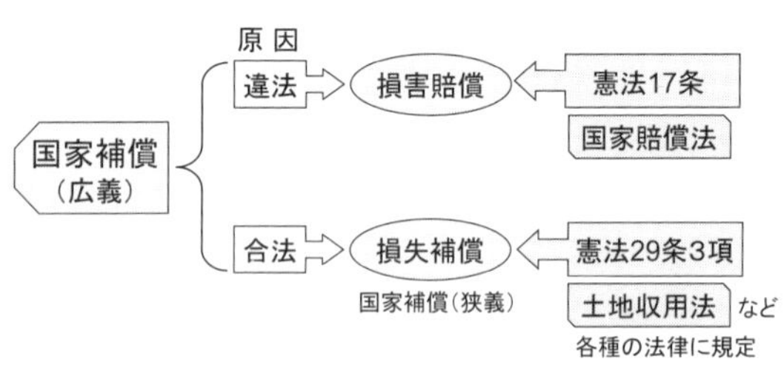

憲法17条の規定する国家賠償請求権を具体化する法律として，国家賠償法（国賠法）が制定されています。公務員個人の故意・過失（違法な行為）に起因する損害の賠償（国賠法1条）とともに，道路や建築物の欠陥，空港や基地の騒音問題，水害などに関する国の責任（国賠法2条）が，国家賠償請求訴訟（国賠訴訟）において争われてきました。

国賠法1条は，「公権力の行使に当る公務員」が「職務を行うについて」与えた損害を，国が賠償すると規定しています。国賠法のいう「公権力の行使」は広く解釈され，「公務の執行」とか「公務の運営」という意味合いだといわれます。憲法上の人権が対国家・対公権力だといったり，行政事件訴訟法で抗告訴訟の対象を考えたりする場合よりも広く解するのです。国賠法は，民法が適用される政府の純粋な私経済活動（民間企業と同様に事業をする場合など）以外に適用されます。財産的損害だけでなく，精神的損害も対象になります。

首相の靖国神社参拝が政教分離の原則に違反しないかが争われる場合，個人の信条ないし宗教上の感情が害されて精神的苦痛を受けたとして，慰謝料（精神的損害に対する賠償）を請求する国賠訴訟が提起されることがあります。「精神的苦痛とは大げさだ」と思うかもしれませんが，裁判所の違憲審査を求めるためには，自分の権利・利益が侵害されたことを主張する必要があります。地方自治体の首長（都道府県知事，市町村長）の行為であれば，客観訴訟の一種である住民訴訟の制度があるので，政教分離の原則に違反しないかを直接的に裁判所で争うことができます。それに対して，首相や閣僚など（中央政府の構成員）の行為については，そのような訴訟制度がないため，国賠訴訟が利用されるのです（第 16 章 4 の《気になる？》参照）。しかし，小泉首相靖国神社参拝違憲訴訟判決（最判平 18・6・23 判時 1940 号 122 頁）は，〈他人が特定の神社に参拝することで不快の念を抱いたとしても，損害賠償の対象となりうるような法的利益の侵害があったとはいえない〉として，訴えを退けています。

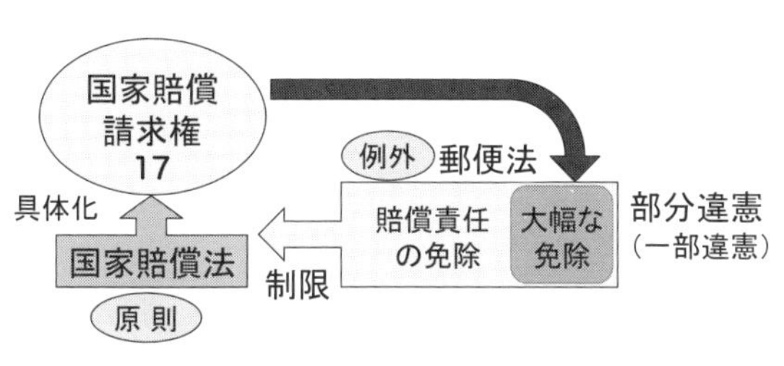

なお，他の法律で賠償責任の制限や免除が定められることがあります。郵便法も，ユニバーサル・サービスとしての郵便制度の維持を目的に，賠償責任の制限・免除を規定しています（損害をすべて賠償することになると，料金の値上げにつながるおそれがある）。しかし，郵便法違憲判決（最大判平 14・9・11 民集 56 巻 7 号 1439 頁）は，郵便事業を国が運営していた当時の郵便法 68 条・73 条による書留郵便物に関する賠償責任の制限について，憲法 17 条に基づく賠償の〈原則〉を定めた国賠法に対する〈例外〉を規定するものとしては合理性・必要性は認められないとしました。この郵便法判決は，第 9 章 3 で触れた「部分違憲」の判断をしたものとしても注目されます。

5　立法不作為の違憲国賠訴訟

行政事件訴訟法に規定される取消訴訟の場合，一般の民事訴訟とは異なる訴訟要件のハードルがあり，本案（裁判所に判断してほしい中身の問題）の審理に入る前に却下（いわゆる「門前払い」）となることが少なくありません。それに対して，国賠訴訟は，民事訴訟法の定める手続に従うとされています。そうしたこともあって，国賠法によって制度の合憲性をめぐる訴訟が提起されることがあり，それらは「制度改革訴訟」と呼ばれます。国賠法上で「違法」となるかの前提として，「違憲」の問題が争われるのです。

その代表例として，立法不作為の違憲国賠訴訟が注目されます。公務員である国会議員による違憲な立法行為や立法不作為（必要とされる法律を制定していないこと）が，国賠法上の違法（国家賠償の対象）となるかが争われるのです。

ただ，立法の違憲性を問題とする国賠訴訟をあまり広く認めてしまうと，日本国憲法の違憲審査制においては認められないはずの法律の「抽象的違憲審査」に実質的に近づいてしまうのではないかと懸念されます。最高裁は，在宅投票制度廃止違憲訴訟判決（最判昭60・11・21民集39巻7号1512頁）において，〈国会議員の立法行為（立法不作為を含む）の国賠法上の違法性〉と〈法律の内容の違憲性〉の問題とは区別されるべきである（法律の規定が違憲でも，立法行為が常に国賠法上の違法となるわけではない）としました。そして，国会議員の立法行為が国賠法上で違法となる場合を，著しく限定したのです。

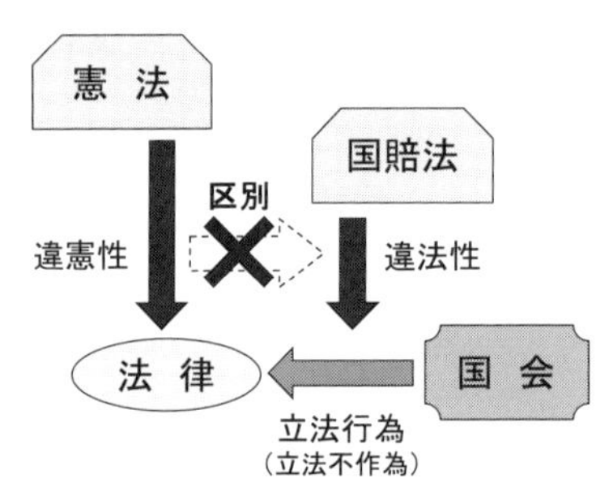

これを承けて，最高裁は，たとえば，女性の再婚禁止期間を定める民法733条を改廃しない国会議員の行為が争われた国賠訴訟における再婚禁止期間合憲判決（最判平7・12・5判時1563号81頁）でも，上記の昭和60年判決が示した，国会議員の立法行為が国賠法上で違法と認められる極めて例外的な場合には該当しないとして，民法の規定の合憲性には踏み込みませんでした。

ところが，3で触れた平成17年の在外邦人選挙権判決は，〈国会議員の立法行為の国賠法上の違法性〉と〈法律の内容の違憲性〉の問題とは区別されるという考え方は維持しながら，前者の違法性が認められる〈例外的な場合〉を拡大したと受けとめられました。この平成17年判決においては，昭和60年判決も「異なる趣旨をいうものではない」と説明されています。しかし，学説では，最高裁の態度は変化してきていると評されます。

そして，再婚禁止期間違憲訴訟判決（最大判平27・12・16民集69巻8号

2427頁）は，平成17年判決に基づきながら，〈例外的な場合〉についての判断基準を整理したものとみられています。しかも，この平成27年判決は，まず民法の規定について踏み込んだ違憲審査を行い，その一部が違憲だと判断した後に，国賠請求が認められるかを検討しているのです。結論としては，国賠法上の違法性は否定されました。しかし，法律の規定が最高裁によって違憲と判断されたことのインパクトは大きく，実質的には違憲確認訴訟として機能していると評価されます。〈国会議員の立法行為の国賠法上の違法性〉と〈法律の内容の違憲性〉の区別を逆手に取ったともいえそうです。

《気になる？》

憲法学説は，憲法25条をめぐって，生存権を具体化する法律が整備されていない場合にどのように争えるかを議論していたこともあり，「立法不作為」の違憲性に関心が向きがちでした。しかし，国会議員の職務行為が問題になるとすれば，不作為だけでなく，「立法行為」も問題となるはずです。そうすると，(A)明白に違法な法律の制定（立法行為）や，(B)必要な立法措置の長期にわたる懈怠（立法不作為）が，国賠の対象になりそうです。(A)は，ⓐ憲法の人権保障が及ばない領域での立法行為と，ⓑ憲法の人権保障が及ぶ領域での立法行為に分けて考えることができるでしょう。ⓐのほうが，国会の立法裁量は広く，国賠法上で違法とされる可能性は極めて低いことになりそうです。(B)の立法措置の必要性とは，憲法によって法律の整備が要求されていることと解されます。そのうえで，理屈としては，ⓒ憲法上必要とされる法律が「制定」されていない場合（制定の不作為）と，ⓓ憲法上問題のある法律が「改廃」されていない場合（改廃の不作為）に分類することができそうです。実際には，(A)のⓐやⓑのような立法がなされる可能性は低いでしょうし，憲法制定から70年を経過していますので，必要な法律が全く存在していない(B)ⓒの事態も稀でしょう。逆に，古い法律のメンテナンスが不十分という(B)ⓓの事例は，今後も問題になるでしょう。平成27年判決も，この類型の事案についてのものです。

ちなみに，首相の靖国神社参拝違憲訴訟において，かつて下級審で，中曽根首相に関する判決（大阪高判平4・7・30判時1434号38頁）や，小泉首相に関する判決（福岡地判平16・4・7判時1859号125頁，大阪高判平17・9・30訟月52巻9号2979頁）が，結論としては国賠法上の違法性を否定したものの，それに先行して憲法判断を行っていました。

第26章　選挙権と投票価値の平等

1　参政権の全体像

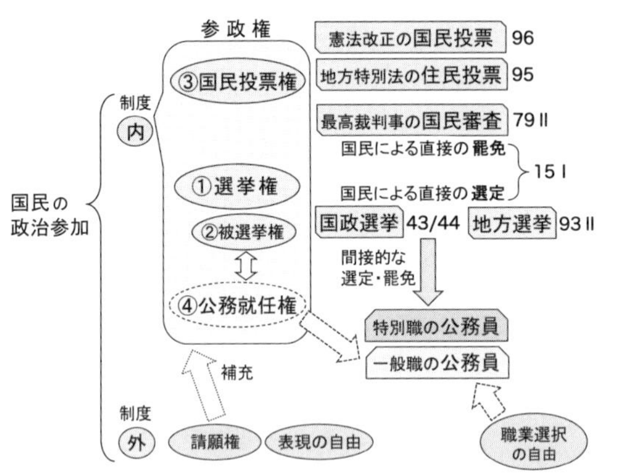

参政権は，国民が主権者として，直接に，または代表者を通じて間接に，国の政治に参加する権利です。①選挙権，②被選挙権，③国民投票権などがあり，④公務就任権が広義の参政権に含まれるとされます。

憲法15条1項は，「公務員を選定し，及びこれを罷免することは，国民固有の権利である」とします。国民主権の原理に基づき，あらゆる公務員の究極的な任免権が国民にあることを示しています。参政権の代表的なものである選挙権を規定する15条において，封建的な身分制原理を否定して，政治参加についての国民の本来的な権利を保障しているのです。

①選挙権に関して，国会議員は自主独立に職務を行うべき全国民の代表者であり（憲法43条・51条），選挙区の代理人ではないから，国会議員に対する国民の罷免権は認められないとされます。15条1項は，すべての公務員を国民が直接に選定・罷免することを意味しないのです。15条3項は「成年者による普通選挙」を保障しており，第10章1でみたように，憲法が明文で未成年者の人権を制限しています。

②被選挙権とは，選挙で当選人となる資格，つまり，選挙によって選定されたときに公務員となる資格のこととされます。憲法には，被選挙権は明示されていません。そこで，選挙権と被選挙権は表裏一体と捉えて憲法15条1項に根拠を求める説，44条が選挙権と被選挙権とを区別していないことを根拠にする説などが提唱されています。これに対して，被選挙資格の制限は〈誰に投票するのも自由〉なはずの選挙権の制限につながるから，被選挙権を独立の人権とみる実益は小さいとの批判もあります。これは，国会議員の年齢制限や地

方自治体の首長の多選制限（再選回数制限）の問題も意識して，被選挙権を憲法上の人権として説明する必要はないとするものです。

③国民投票権をめぐっては，重要な政策や立法についての国民意思を問うために法律で国民投票制度を新設することの可否が，憲法の採る間接民主制との関係で問題になります。投票結果を「参考」とするにとどまる諮問的・助言的な国民投票は別として，投票結果が国会を拘束するような国民投票制度の可否は，議論となるところです。

④公務就任権とは，選挙で選ばれる職以外の公務員になる資格の問題です。公務員になることについて，〈選挙で選ばれる資格〉が被選挙権として論じられ，〈選挙以外の試験などで採用される資格〉が公務就任権として問題になるのです。ただし，後者については，職業選択の自由として考えるべきだともいわれます。公務就任権は，とりわけ定住外国人をめぐって問題となります。

《気になる？》

講学上の人権の分類を離れて日本国憲法の条文を眺めてみると，個別の人権のカタログの冒頭には，〈国家の運営を統制する権利〉として，

・15 条：国家の運営にあたる公務員を選定・罷免
・16 条：国家の運営に対して直接に要望
・17 条：国家の運営で生じた損害に賠償を請求

というものが構想されているようにみえます。古典的な自由権についての規定は，その後に並んでいます。

2　選挙権の法的性格と選挙権の制限

参政権の中心となる選挙権の法的性格をめぐっては，選挙という公的制度によって代表者を選ぶ公務（仕事）としての性格を伴うとする「権利・公務二元説」と，あくまで個人の権利だとする「権利一元説」の対立があります。両者の相違は，(a)選挙権の制限（公選法 11 条）の正当化と，(b)棄権の禁止（強制投票制度）の可否の点に現れるとされます。しかし，(a)については両説とも違憲審査を厳格にすべきとしています。(b)については，投票を促し，棄権に一定の制裁を設けるとしても，具体的な内容・程度はさまざまで，棄権率の高い現状に鑑みてあらゆる方策が違憲とまではいえないでしょう。どちらの説を採るか

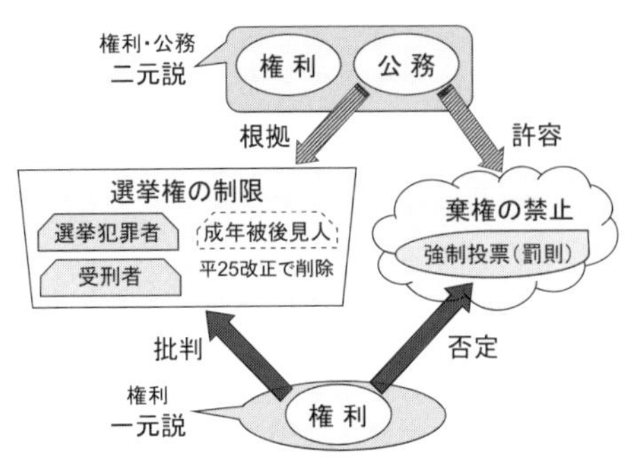

で答が定まるわけではなさそうです。

そもそも，憲法は43条2項，44条，47条において選挙制度法定主義（選挙事項法定主義）を採用しています。憲法で基本原則を規定したうえで，選挙人（選挙権を有する人＝有権者）の資格，選挙区，投票方法などの選挙制度に関する具体的事項は，国会が法律で定めることとなるのです。したがって，選挙権の制限も含めて，国会には立法裁量が認められることになります。そうした選挙権の制限を，公務性（仕事だからサボってはいけないし，仕事を任せるわけにはいかない人もいる）によって説明する二元説と，権利の内在的制約（主権者として積極的に行使すべき譲れない権利だが，選挙の公正確保のための必要最小限度の規制は許される）と説明する一元説とで，結論に大きな違いは生じないとされます。したがって，どのような場合に，どの程度の制限が，どのような根拠に基づいて許容されるのかについての具体的な検討が重要だとされるのです。

在外邦人選挙権判決（最大判平17・9・14民集59巻7号2087頁）は，選挙権を制限するには，選挙の公正を害する行為をした者は別として，「やむを得ないと認められる事由」がなければならないとしています。この判決の考え方は，その後の判決に大きな影響を及ぼしています。

また，形式的に選挙権が認められているだけでなく，選挙権の行使を実質的に保障するための制度（たとえば，投票所に行くことが困難な人の選挙権行使を可能にする方策）の整備が問題となります。かつての在宅投票制度判決（最判昭60・11・21民集39巻7号1512頁）の時点では，この点に憲法の保障は及ばないとされていましたが，精神的原因による投票困難者の在宅投票訴訟判決（最判平18・7・13判時1946号41頁）では，在外邦人選挙権判決を前提に，憲法の趣旨に鑑みて「選挙権の行使を可能にするための所要の措置を執るべき責務がある」とされています。

在外邦人選挙権判決では，選挙権の行使そのものが制限されていることを重くみて，立法裁量を排して厳しい審査がなされていました。それに対し，次の

3 でみる投票価値の平等をめぐる一連の判例では，選挙制度の具体的決定に関する立法裁量を前提として，国会の裁量判断に合理性が認められるかを審査しています。有権者の平等については大きな問題があるとしても，選挙権自体は行使されているという相違によるものかもしれません。

3　投票価値の平等と議員定数不均衡

憲法が選挙に対して要求する基本原則は，近代立憲国家の選挙制度に共通する内容とされます。これは「選挙法の原則」とか「選挙法の公理」と呼ばれます。また，その多くが選挙権の行使に関係するので，「選挙権の要件」ともいわれます。その内容として，⑴普通選挙，⑵平等選挙，⑶秘密選挙（投票の秘密），⑷自由選挙（強制投票の禁止＝棄権の自由），⑸直接選挙が挙げられます。

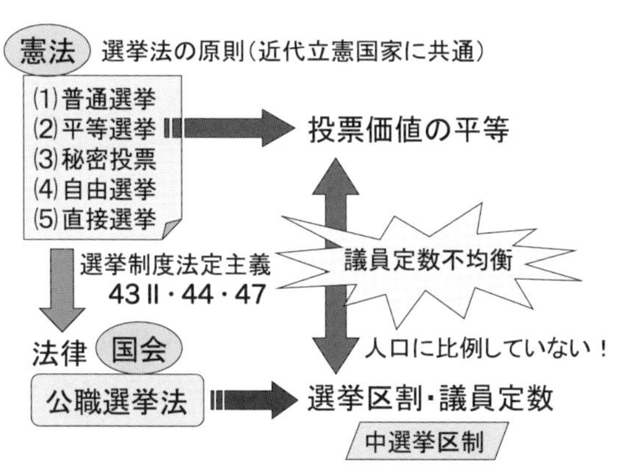

⑵の平等選挙は，「選挙権の平等」ともいわれます。投票の数的平等としての「1 人 1 票の原則」だけでなく，投票の価値的平等も，平等選挙の内容に含まれるとされます。「投票価値の平等」とは，選挙人＝有権者それぞれの投票が選挙結果に及ぼす影響力の平等です。

平等選挙の要請が憲法 15 条に含まれるなら，投票価値の不平等の問題も 15 条違反の問題となりそうです。しかし，最高裁は，15 条や 44 条の規定上は選挙人資格における差別禁止が定められているにとどまるが，14 条が選挙権に関して徹底した平等化を志向することから，投票価値の平等も憲法の要求だと解されるとします。教科書でも，投票価値の平等は，法の下の平等（14 条）の箇所で扱われることがあります。

ところで，かつて 10 人で鉄道愛好会を結成して代表を選出したときの自分の 1 票の重みに比べて，会員が 30 人に増えた今，自分の投票が代表選挙の結果に及ぼす影響力は小さくなったと感じませんか。

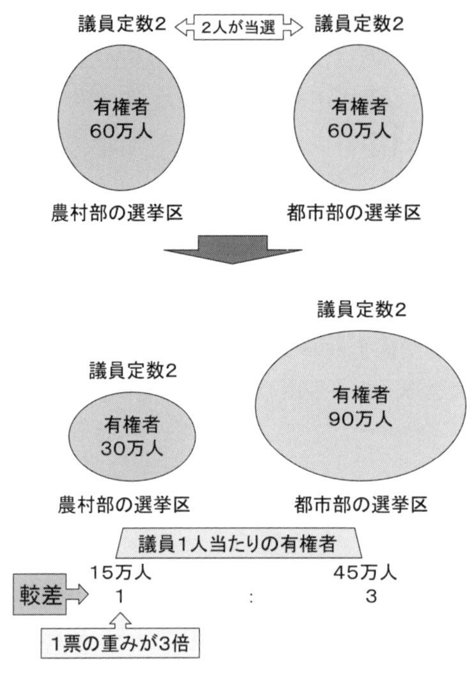

有権者を選挙区に分けて行う選挙の場合は，選挙区によって有権者が投じた1票が候補者を当選させるために寄与する効果に大小があることが問題となります。これが，投票価値の不平等とか，「1票の重み」の差といわれる問題です。各選挙区の「議員1人あたりの有権者数」を比較することで論じられます。

国会議員選挙の選挙区割と議員定数は，公職選挙法（公選法）が定めています。「議員定数」とは，その選挙区から選出される議員の数（当選する人数）です。全国を多数の選挙区に分けて，選挙区ごとに配分された定数の議員を選出する場合には，各選挙区の有権者数（人口数で計算することもある）に比例するように議員定数が配分されます。定数が比例配分されていない（不均衡がある）と，投票価値の平等が害され，⑵平等選挙に違反する疑いが生じます。これが，「議員定数不均衡」の問題です。

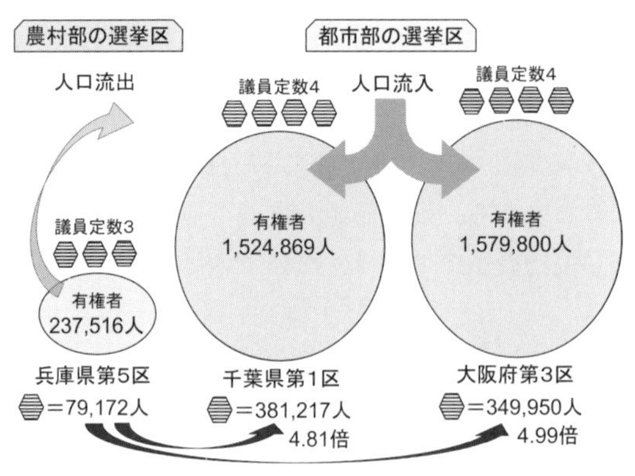

1947年から1993年までの衆議院議員選挙では，各選挙区から原則として3～5人を単記投票（候補者1人を選択して投票する）で選出する〈中選挙区制〉を採用していました。当初は，人口調査に基づいて議員定数を配分し，「議員1人

あたりの有権者数」が最も少ない選挙区と多い選挙区の較差は1対1.5程度でした（「較差」とは，最高と最低や最大と最小の差であって，格付け上の差をいう「格差」とは異なる）。「1票の重み」の較差は1.5倍程度だったのです。

ところが，その後の都市への人口集中と農村の過疎化に対して，公選法の改正による定数配分の是正は十分に行われず，較差が拡大しました。1972年12月に実施された衆議院議員選挙の時点で，「議員1人あたりの有権者数」が最も少ない兵庫県第5区と最も多い大阪府第3区との間で計算した最大較差は1対4.99になっていました。議員1人あたりの有権者数が2番目に多かった千葉県第1区の有権者は，公選法204条に基づき，選挙無効訴訟を提起しました。

《気になる？》

公選法204条が定める選挙の効力に関する訴訟（選挙無効訴訟）は，「客観訴訟」（第6章4）の一種です。本来は，特定の選挙区で不正やミスがあった場合に，その選挙区の有権者や候補者が，自分たちの選挙区での選挙を無効にして選挙をやり直すよう求める制度（第1審は高裁）です。問題は，公選法に基づく適法な再選挙の実施を求める選挙無効訴訟の制度を用いて，公選法の議員定数配分規定が違憲だ（公選法を改正しなければ適正な選挙ができない）と争うことの可否です。衆議院千葉1区違憲判決（最大判昭51・4・14民集30巻3号223頁）は，「他に訴訟上公選法の違憲を主張してその是正を求める機会はない」として，選挙無効訴訟で議員定数不均衡を争うことを認めました。「およそ国民の基本的権利を侵害する国権行為に対しては，できるだけその是正，救済の途が開かれるべきであるという憲法上の要請に照らして考える」べきだとしたのです。カッコイイです。在外邦人選挙権判決も，「選挙権は，これを行使することができなければ意味がないものといわざるを得ず，侵害を受けた後に争うことによっては権利行使の実質を回復することができない」として，次の選挙で選挙権が行使できることの「確認をあらかじめ求める訴え」が「法律上の争訟に当たることは論をまたない」としました。気合いが入っています。

4　衆議院の定数訴訟における違憲審査

議員定数不均衡の違憲性を争う訴訟は，「定数訴訟」などと呼ばれます。議員定数不均衡が投票価値の平等に反して違憲だと判断した初めての最高裁判決が，衆議院千葉1区違憲判決（最大判昭51・4・14民集30巻3号223頁）です。それ以降，定数配分規定が違憲だとする選挙無効訴訟が繰り返し提起されてきましたが，この判決が示した違憲審査の枠組みについて，最高裁は，「変更する必要は認められない」としています。それは，次のようなものです。

選挙制度を決定するにあたって，各選挙区の人口数と議員定数との比率が平等なこと（人口比例原則）が「最も重要かつ基本的な基準」だけれども，国会は，それ以外の要素（非人口的要素）も考慮することができるとされます。それらの要素をどのように考慮するかについては，国会に広汎な裁量があります。そこで，具体的な選挙制度の合憲性は，国会の裁量権の行使として〈合理的に是認できるか〉によって判断されることになります。

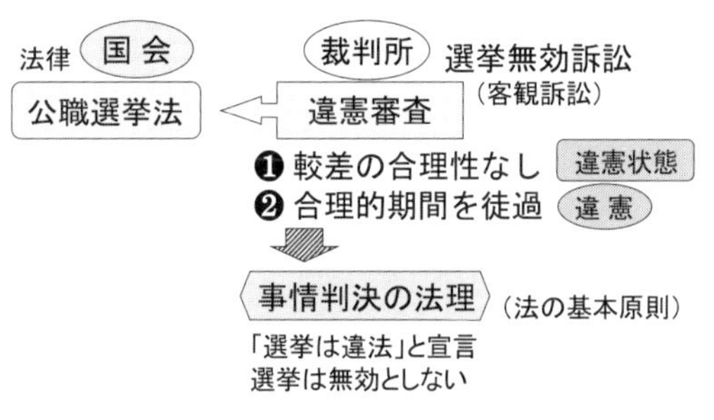

定数配分規定が〈合理的に是認できるか〉の判断は，❶定数配分規定によって生じた較差に合理性があるか，❷合理的期間内に定数配分の是正がなされたか，という2段階で判断されます。❶で合理性がないとされると，投票価値の平等についての憲法の要求に反する状態（違憲状態）にあることになります。しかし，当初は合憲だった法律について事情が徐々に変化した場合，どの時点で違憲と断定するかは難しい問題です。しかも，人口と議員定数との比率は絶えず変動します。そこで，❶の後，一定の合理的期間が過ぎても是正がなされない場合に「違憲」と判断されるのです。

違憲となる場合は，訴訟になった選挙区の選挙だけが違憲なのではなく，定数配分全体が不均衡で違憲だということになります。そうすると，問題となった選挙で選出された議員（全員）がこれまでに議決に関わった法律の効力にも疑問が生じ，また，衆議院が活動できないので公選法の定数配分規定を改正することも不可能になるという，憲法の想定外の事態が生じてしまいます。そこで，「事情判決の法理」という法の基本原則によって，選挙は違法だと判決の主文（結論）で宣言するけれども，選挙は無効としないこととするのです。

❶較差の合理性について，最高裁は数値基準を示していませんが，後の判例を並べてみると，較差1：3が目安のように解されました。学説は，判例が，投票価値の平等という憲法の要求よりも，選挙の「制度」についての立法裁量を重視しすぎていると批判しました。〈較差が2倍を超えると，実質的に1人

2票になってしまう〉からです。さらに，1：2未満ならよいわけでもなく，較差を正当化する理由がなければ違憲という理解が強まりました。選挙制度が変わった現在では，判例も，較差1：2程度を求めるようになっています。

衆議院の選挙は，1994年の法改正によって，それまでの中選挙区制から，小選挙区比例代表並立制に変わりました。小選挙区制とは，議員定数が1，つまり各選挙区から1人の議員を選出する制度です。選挙区割と定数配分の両方を考える必要があった中選挙区制に比べ，選挙区の区画だけを考えればよいわけで，人口比例の実現が容易とされます。そこで，中選挙区制の時代よりも違憲審査が厳しくできるのではないかと期待されました。しかし，最高裁は，当初，中選挙区制の頃と同様の，広汎な立法裁量を認める態度を維持しました。

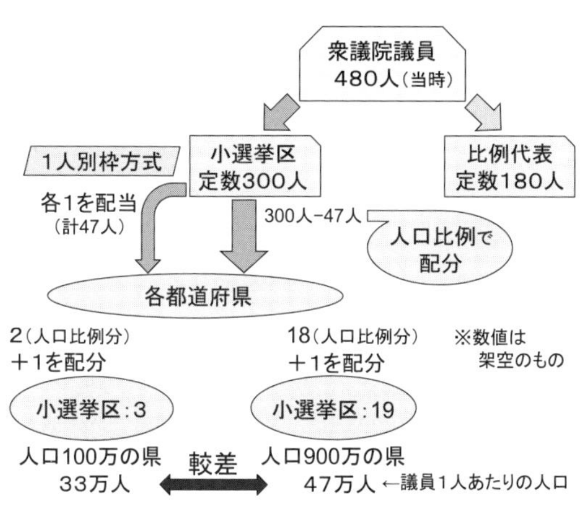

ところが，衆議院平成23年判決（最大判平23・3・23民集65巻2号755頁）は，従来の判例の基本的な判断枠組みを維持しながら，踏み込んだ判断をしました。それまでは立法裁量の範囲内とされていた「1人別枠方式」（人口比例の定数配分とは別枠で，各都道府県に人口に関係なく議員定数を1ずつ配当する方式）についても，選挙区間の投票価値の較差を生じさせる主要な要因となっており，投票価値の平等の要求に反すると断じました（図は機械的に県の人口を選挙区に等分しているが，実際には市町村の境界などを考慮して区割をするので，較差は拡大する。ちなみに，現在の鳥取県の人口は約55万人，神奈川県は約920万人）。1人別枠方式は，選挙制度の変更に際して，人口の少ない県の議員定数の急激な減少を緩和するためのものであり，新しい選挙制度が定着・安定した段階では，その合理性は失われるとしたのです。

このようにして，最高裁は，❶投票価値の較差の評価を厳しく行う姿勢へ転じてきており，❷合理的期間内における是正の有無の判断については，期間の長さだけでなく，是正の実現に向けた国会の取組みを評価するようになり，しかも，取組みについての立法裁量を漸次的に縮小する傾向にあるとされます。そして，衆議院平成25年判決（最大判平25・11・20民集67巻8号1503頁）は，従来の判例の判断枠組みを最高裁自身で整理したうえで，「憲法秩序の下における司法権と立法権との関係」に照らすと，❶で「違憲状態」と判断されれば，国会は「是正を行う責務」を負うとしています。選挙権の平等（憲法の規定）と定数配分（法律の規定）の客観的な抵触だけでなく，立法過程における国会の行為（主観的な要素）も重視されるようになっているとされます。

ちなみに，衆議院議員の定数は削減が続いています。

1947年	1970年	1975年	1986年	1993年	2000年	2014年	2017年
466人	491人	511人	512人	500人	480人	475人	465人

5　参議院についての投票価値の平等と二院制

憲法施行当初の参議院の選挙制度は，㋐全国を1つの選挙区とする「全国区」と，㋑各都道府県を単位とする「地方区」に定数を配分していました。㋐は，特別の職能的知識経験を有する者の選出を容易にして，職能代表的な色彩の反映を狙ったものでしたが，1982年に，㋐は比例代表制に改変され，㋑は「選挙区」に名称変更されました。参議院議員選挙では，㋑について，議員定数不均衡が問題となります。衆議院と同様，人口の変動に応じた議員定数の是正が十分に行われなかったため，定数訴訟が繰り返し提起されてきました。

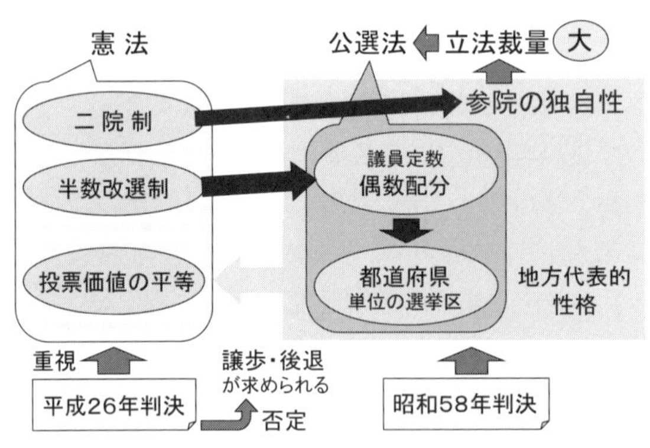

そのなかで，参議院昭和58年判決（最大判昭58・4・27民集37巻3号345頁）は，4で説明した衆議院昭和51年判決に依拠しながら，参議院の独自性を考慮して，選挙制度の決定には国会に「極めて広い裁量」があるとしました。憲法が二院制を採用した趣旨から，衆議院とは異なる選出方法を採用して，参議院に独自の役割や機能を持たせることも許されるとします。そ

して，都道府県単位の選挙区によって，参議院に地域代表ないし都道府県代表的な性格を加味することも許されるとするのです。参議院は，憲法 46 条により，3 年ごとに議員の半数を改選します。そのため，各選挙区には「偶数」の定数配分が行われます。都道府県の人口差は大きいのに，最少の県にも定数 2 を配分すると，議員の総人数に限度がある以上，人口比例の配分が難しくなります。しかし，「投票価値の平等の要求は，人口比例主義を基本とする選挙制度の場合と比較して一定の譲歩，後退を免れない」としたのです。

ところが，1989 年の選挙以降，衆議院と参議院の多数派が異なる「ねじれ国会」の状況が生じると，参議院の権能と政治的影響力の大きさが注目されるようになりました。しかし，較差是正は最小限にとどまり，大きな較差が常態化していました。

そうしたところ，参議院平成 26 年判決（最大判平 26・11・26 民集 68 巻 9 号 1363 頁）は，参議院昭和 58 年判決以降の制度・社会の状況変化を考慮すべきだとして，参議院選挙だからといって投票価値の平等の要求が後退するわけではないとしました。とくに，都道府県単位の選挙区という制度は，公選法（法律レベル）の定めであって，むしろ，憲法の要請である「投票価値の平等」の観点から制度を見直す必要があるとしています。そして，判例は，参議院についても，最大較差 1：3 程度を目安とするようになっているとされます。

《気になる？》

参議院選挙における「投票価値の平等」と「二院制（両院制）」の関係についての考え方は，ⓐ～ⓒの 3 つに大別できるでしょう。ⓐ参議院にも「投票価値の平等」が要請される。憲法が認めた半数改選制も平等の要請の枠内で実現されるべき。ⓑ参議院にも「投票価値の平等」は当てはまるが，二院制の趣旨や参議院の性格により人口比例主義が後退することがある。ⓒ「投票価値の平等」は代表選出制度の総体において実現されればよく，衆議院には厳格な人口比例主義を要求するが，参議院には異なる考慮が可能だ。

参議院昭和 58 年判決はⓑの立場でしたが，今日では，衆参両院の役割や選挙制度が同質化した状況を前提に，衆議院とは異なるものの，かつてよりは厳格に投票価値の平等を求めるようになり，判例はⓐの立場だとみられます。

ⓒは，憲法は「投票価値の平等」について明示的に規定しておらず，逆に，二院制を採用して，両院の選挙制度の決定を原則として国会に委ねていることを指摘します。憲法は，異なる構成で，異なる特色を有するものとして両議院

が機能することを予定しており，国会が，投票価値の平等以外の事項も合理的に考慮して，衆議院・参議院それぞれに相応しい選挙制度を定めることができると考えるのです。ⓒは，厳格な人口比例主義を憲法の要求として参議院に課すことが，参議院改革の選択肢を狭めてしまうのを懸念する立場です。

第4部　統治機構の勘どころ

「国家の統治制度の基本法」としての憲法について，その意味で最も重要なのが教科書や授業科目において「統治機構」と称される内容かもしれません。他方で，そこで説明される制度の基本的な概観（まさに「見取り図」）は，中学校や高等学校の授業で説明されてきたでしょうし，日常のニュースなどでも接するものでしょう。

そこで，本書では，一般的な教科書とは少々角度を変えて，政府の〈しくみ〉と〈うごき〉を照らし出してみることにします。また，第2部で概説した違憲審査制について，もう少し説明を補充します。さらに，今日，憲法解釈を考えるうえで等閑視できない国際関係についても言及します。それは，最高裁の人権関係の判例を理解する際にも関わってくる問題です。

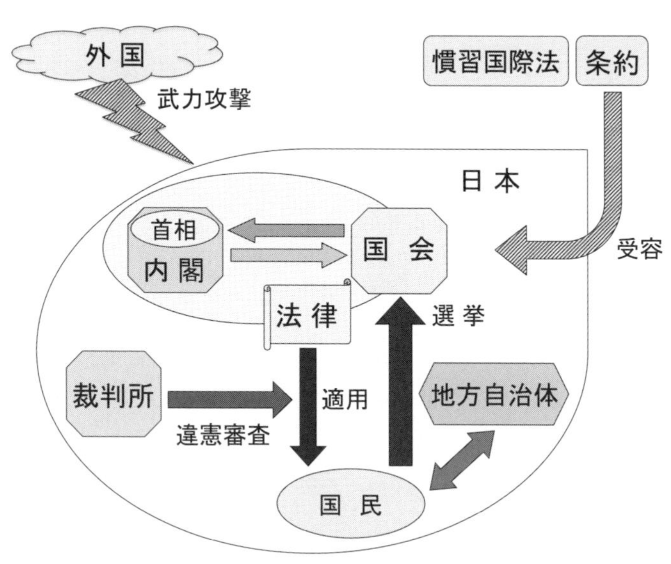

第27章　立法過程と委任立法

1　国会の地位・権能と二院制

憲法は，国会について定める第4章の冒頭に，次のような条文を置いています。

> 第41条　国会は，国権の最高機関であって，国の唯一の立法機関である。
> 第42条　国会は，衆議院及び参議院の両議院でこれを構成する。
> 第43条　両議院は，全国民を代表する選挙された議員でこれを組織する。
> 　②　両議院の議員の定数は，法律でこれを定める。

上院

貴族院型　身分制議会を継承　旧憲法　貴族院

連邦制型　州の代表　アメリカ合衆国　ドイツ連邦共和国　など

民主的第2次院型　民意の多面的反映　慎重審議　

下院　議員を公選（一般国民による選挙）　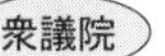

憲法42条は，二院制（両院制）を規定しています。議会が2つの合議体（議院）で構成されるとき，全員公選の議員で組織されるものを「下院」と呼び，〈そうでないほう〉を「上院」といいます。〈そうでないほう〉には，いくつかの類型があります。

連邦国家の上院は，多くの場合，各州の代表者の会議体です。各州の代表者が同数であれば，各国の代表が集まる国際会議に似てきます（連邦国家における「州」は，もとは1つの国家で，州憲法に基づく州の政府や裁判所がある）。

- 国会の権能（衆参両院の議決）
  法律案の議決 59　条約の承認 61・73Ⅲ
  弾劾裁判所の設置 64
  内閣総理大臣の指名 67
  財政の統制 83-88
  憲法改正の発議 96Ⅰ
- 議院の権能（各院単独の議決）
  議院自律権 55・58
  （議院規則制定権・議員懲罰権など）
  国政調査権 62
- 議員の特典
  歳費受領権 49
  不逮捕特権 50　発言の免責特権 51

単一国家（連邦制ではない国）で人口の少ない国では，一院制を採る例も多くあります。日本国のように人口1億を超える「大きな国」では，二院制が一般的です。

日本国憲法は，上院も全員を公選とし，しかも，下院とほぼ対等の権限を与える（「衆議院の優越」はそれほど強くない）という，比較的珍しいタイプです。日本国憲法の二院制の下で，

「国会」の権能（憲法・法律で認められている能力）は，原則として，衆議院と参議院の議決が一致したときに行使できます。国会としての活動を支えるために，各議院には，単独の議決で行使できる権能があります。さらに，議院（ハウス）の活動の確保という趣旨もあり，議員（メンバー）の職責遂行を保護するために一般の国民とは異なる「特典」があります。

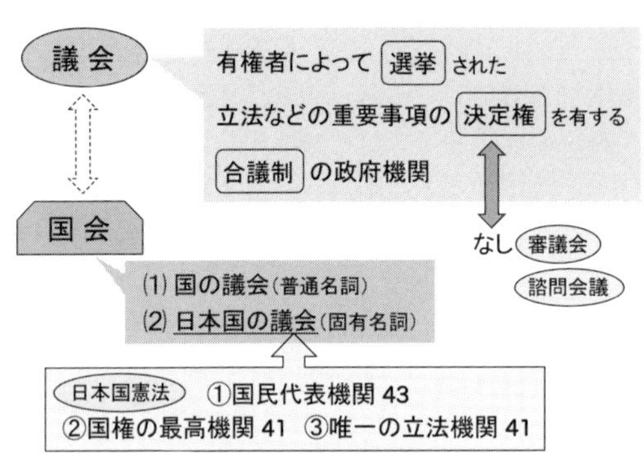

日本国の議会としての「国会」について，憲法41条と43条で3つの地位が規定されています。主権者＝天皇に「協賛」する機関だった帝国議会とは違って，主権者＝国民から選挙された①国民代表機関であり，それゆえ，②国権の最高機関として「国政の中心的機能」を担う地位にあるとされています。ただ，「国権の最高機関」ということから，特別の具体的な「権限」が導かれるわけではないとされます（「政治的美称説」と呼ばれる）。そもそも，国家機関として「最高」の地位にあるのは主権者＝国民です（国会議員選挙，最高裁裁判官の国民審査，憲法改正国民投票などは，個人が個別に参政権を行使しているのではなく，国民が「選挙人団」とか「公民団」として集合的に行為していると説明される）。また，国会が制定した法律も，裁判所の違憲審査によって効力を否定されることがあります。ただ，憲法が規定している国会の機能から，「国権の最高機関」として期待される役割を考えることができるでしょう。

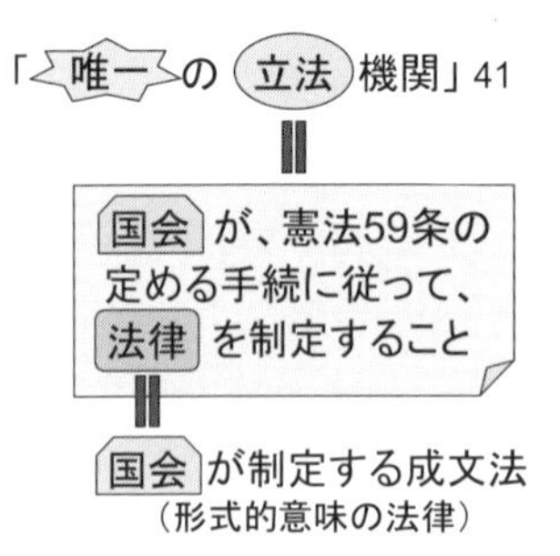

2 「唯一の立法機関」の意味

③唯一の立法機関とは，〈国会だけが法律を制定できる〉という意味でしょうか。ところが，本書第1章では，国会が制定した条文（成文法）だけを厳密な意味での「法律」と呼ぶと説明しました。そうすると，〈国会だけが法律を制定できる〉ことと，〈国会が制定したものだけが

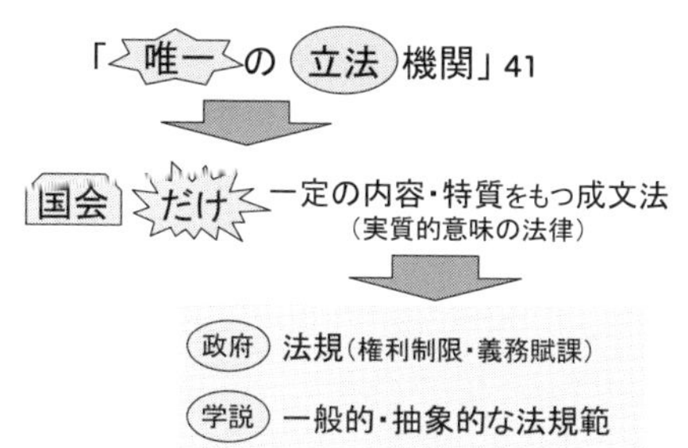

法律だ〉ということが，グルグル回ってしまいます。

そこで，国会だけが制定できるのは，「法律」という名称の成文法（形式的意味の法律）だと説明するのではなく，一定の内容・特質を有する成文法（実質的意味の法律）だと考えることになります。国会だけが制定できる内容，換言すれば，国会で「法律」として定めなければならない事柄を，「法律事項」といいます。

伝統的な見解は，〈国民にとってマイナス方向の事柄は，国王だけで決定せず，国民の代表者の同意を得なければならない〉という古くからの考え方を受け継ぎ，国民の権利を制限したり，義務を課したりする法規範（伝統的に「法規」と呼ばれる）は，国会が制定しなければならない法律事項だとします。かつて，栄典の一種である褒章について，国会で法案が不成立となった後，内閣が政令で定めたことがあります。つまり，〈栄典の授与は国民にとってプラス方向だから，いざとなれば国会を通さなくてもいい〉と考えられていることになります。そのため，法律事項は「法規」に限られるとするのが政府の実務だといわれることがあります。もちろん，社会保障など，国民にとってプラス方向の事柄についても，通常は国会で法律が制定されています。

これに対して，学説は，国民主権の憲法において旧来の考え方にこだわる必要はなく，法律事項を広く捉えるべきだとしています。見解の相違がありますが，法律事項をできるだけ広く捉えるならば，対象事項を限定せずに，不特定多数の人に関わる一般的・抽象的な法規範は国会が制定すべきことになります。

注意すべきは，㋐必ず法律で定めなければならない（国会の権限に専属する）とされる「必要的法律事項」と，㋑（他の機関の権限と競合するものの）国会が法律で規律することも許される「任意的法律事項」の区別です。もちろん，㋐の「必要的」とは，国会に法律の制定の義務があるということではなく，行政機関が活動するためには法律の根拠が必要だ（行政権にとって法律が必要）という意味です。他方，異常事態や例外的な大事件に際して，既存の法律を適用して行政機関が対処するのではなく，国会で「処分的法律」ないし「措置法律」（一般性・抽象性のないもの）を制定することは，㋑に属するとされます。

また，行政組織の大綱（大枠）も法律で定められていますが，国民の権利・義務に関わる事項だと説明するのは苦しそうですし，特定の行政機関について規定することが一般的・抽象的な法規範といえるかも疑問でしょう。これは，「国権の最高機関」としての国会に期待される役割として説明することができるといわれます。

3　政府立法と立法の委任

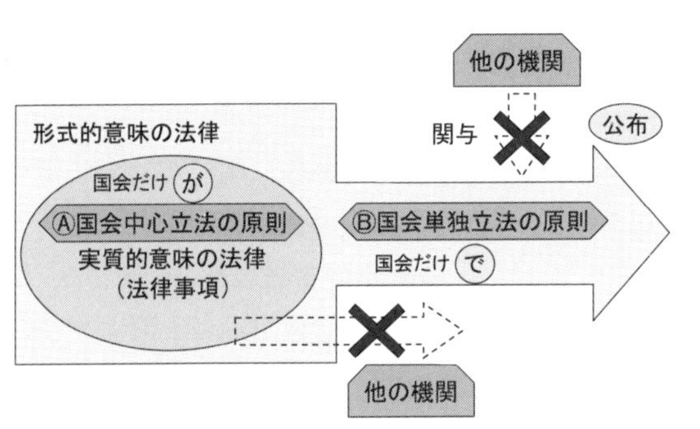

国会は③〈唯一の〉立法機関なので，一定の事柄（法律事項）についての法規範（実質的意味の法律）は〈国会だけが〉制定できるというⒶ「国会中心立法の原則」が導かれます。他の機関は，実質的意味の法律を制定できず，国会が「独占」することになります。行政機関が制定する条文を「命令」といいますが，Ⓐの下で行政権が制定できるのは，法律の規定を実施するための細則を定める「執行命令」と，法律が委任した事項を定める「委任命令」に限られます。周辺部分で行政権による命令の制定が許されるとしても，国会が立法の「中心」です。明治憲法では，法律とは無関係に制定される「独立命令」や，既存の法律を排除して適用される「緊急勅令（代行命令）」がありましたが，日本国憲法ではⒶによって排除されます。

国会は③〈唯一の〉立法機関なので，「法律」という名称の成文法（形式的意味の法律）は〈国会だけで〉制定できるというⒷ「国会単独立法の原則」が導かれます。法律制定に天皇の裁可が必要だった明治憲法とは異なります（法律の公布に際して天皇の署名がなされるのは，儀式にすぎない）。

ところで，豊臣秀吉が大坂城の建築作業に従事したのではないように，法律の条文を国会で議員がイチから書き上げるわけではないでしょう。国会に「法律案」を持ち込むのは，多くの場合，内閣です。もちろん，国会議員からも法律案が提出されますが（議員立法），最終的に法律として成立する重要法案は，内閣が提出したもの（政府立法）が多数です。呼び方は種々ありますが，「政府立法」といっても，〈政府＝内閣が立法する〉わけではありません。

政府立法	政府提出法案	閣法（内閣提出の法律案、内閣提出法案）
議員立法	議員提出法案	衆法（衆議院議員提出の法律案）
		参法（参議院議員提出の法律案）

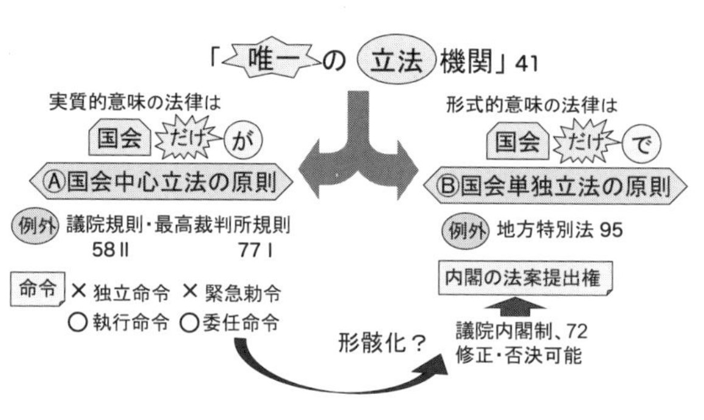

内閣の法案提出権については，憲法に明示の規定はありません。しかし，憲法72条は，「議案を国会に提出」できるとしています。また，議院内閣制では，国会の多数派が内閣総理大臣（首相）を選んで内閣を構成させますから，与党としては，内閣に法律案を作らせればよいわけです。そして，内閣が作成・提出した法律案でも，国会はそれを修正・否決できます。したがって，内閣による法律案の提出を認めても，Ⓑ国会単独立法の原則には反しないとされます。

問題は，現実の立法過程（法律が制定されるプロセス）において，内閣提出の法律案を作成するのは，中央省庁の官僚だということです。そして，今日の重要な法律の多くは，詳細な定めを行政権に委任する内容を含んでいます。委任を受けて，実際に行政機関として条文を作成するのも官僚です。1周回って戻ってきた感じです。法律案を内閣が作成・提出しても，国会で審議・修正できると説明されますが，詳細が委任されていると，国会では審議が行き届かないことになりかねません。

4　委任立法と裁判所による統制

本来は国会が法律で定めるべき事項を，行政機関の制定する命令に委ねるのが，「立法の委任」です。たとえば，「◯◯法」という法律について，「◯◯法施行令」とか「◯◯法施行規則」が制定されていることが多くあります。この場合の◯◯法が「授権法律」（委任する側），施行令や施行規則が「委任命令」です。委任命令は，内閣の定める「政令」だったり，各省の大臣が定める「省

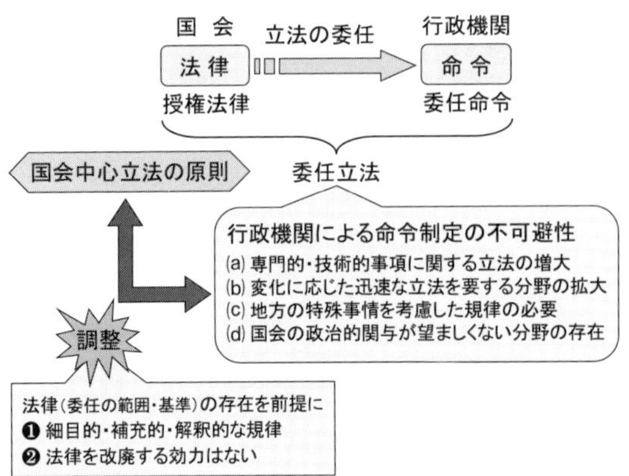

令」だったりします。授権法律と委任命令を合わせて「委任立法」と呼びます。

立法の委任は，憲法が予定した権限分配の変更を意味します。たしかに，憲法は，73条6号で，内閣が定める「政令」に罰則を委任することを認めています。しかし，それ以外の場合も含めて，複雑化した現代社会における詳細・迅速な対応などのための委任立法の必要性と，Ⓑ国会中心立法の原則との調整を踏まえて，委任立法の限界を考えることが必要とされるのです。

《気になる？》

委任立法の限界の問題は，ⓐ授権法律における委任の限界と，ⓑ委任命令の授権法律適合性の両面で検討されることになります。

ⓐをめぐっては，授権法律が個別的・具体的委任といえるか否かの判断基準として，学説は，委任範囲の明確性や，委任命令の制定機関が依拠すべき基準の有無などを挙げてきました。それに対して，判例は，規定の文言だけでなく，授権法律の趣旨や目的，委任を受ける機関の性格なども総合的に考慮するとしています。第12章3で公務員の人権に関して取り上げた猿払判決（最大判昭49・11・6刑集28巻9号393頁）では，国家公務員法（国公法）102条1項による，人事院規則への罰則の委任が問題となりました。包括的な白紙委任でないかが争われたのです。4人の裁判官による反対意見では，刑罰の対象を委任するときは懲戒処分と異なる「より厳格な基準ないしは考慮要素」により指示されるべきなのに，国公法102条1項が懲戒処分と刑罰の対象を「一律一体として人事院規則に委任」していることが「違憲」とされました。学説も，同項前段の例示が委任の範囲を限定しているかは疑問であり，少なくとも罰則の委任としては包括的な白紙委任の疑いが強く「違憲」だと批判しました。

ⓑは，委任命令が授権法律による委任の範囲を超えていて「違法」だという問題です。注目されるのは，医薬品のインターネット販売についての規制が問題となった，ケンコーコム事件判決（最判平25・1・11民集67巻1号1頁）で

す。最高裁は，授権法律や委任命令の規定の合憲性そのものを審査したわけではありません。この判決は，大臣が制定した施行規則（内閣法制局の審査も閣議決定も要しない「省令」）の規定が法律による委任の範囲を逸脱していて「違法」だとしたもので，ⓑの論点です。しかし，同判決は，省令による規制が憲法 22 条の保障する自由を「相当程度制約する」として，ⓑ委任命令の授権法律適合性について，授権法律の「立法過程における議論」も考慮に入れたうえで「省令の制定を委任する授権の趣旨」が法律の規定から「明確に読み取れることを要する」としたのです。これは，ⓑの審査において，憲法上の人権との関連性を考慮に入れたものとみられます。

ちなみに，第 20 章 3 の《気になる？》で触れた問題は，実は，このケンコーコム事件を念頭に置いたものでした。さらに，ケンコーコム判決の調査官解説（巻頭の《判例》参照）では，第 20 章 5 の《気になる？》で言及したように，薬事法判決が「特定場所における開業の不能は開業そのものの断念にもつながりうる」としていたのを参看しながら，業態規制が「開業ないし営業継続そのものの断念」につながりうることについて説明しています。

第28章　議院内閣制と解散権

1　大統領制と議院内閣制

代表民主制（間接民主制，代議制ともいう）における「議会」と「行政府」（行政権を担当する，狭い意味での「政府」）の関係についての主要な類型が，ⓐ大統領制とⓑ議院内閣制です。ⓐの代表例が，アメリカ合衆国です。日本国憲法は，国会と内閣に関する規定をみると，ⓑだといえます。

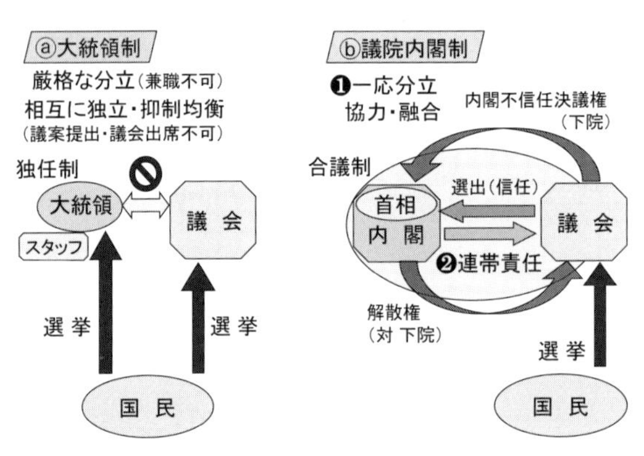

ⓐとⓑには，次のような相違があります。

⑴行政権の主体が，ⓐは大統領という独任制の機関（アメリカのホワイトハウスにいる国務長官や司法長官などは大統領が指名・諮問するスタッフ）なのに対して，ⓑは内閣という合議制の機関です。

⑵国民は，ⓐでは大統領と議会の議員をそれぞれ別個に選挙しますが，ⓑでは議会の議員のみを選挙します。ⓑの場合，内閣総理大臣（首相）は議会から選出されます。ⓑでは内閣のメンバーが議会の議員を兼職することも可能ですが，それぞれ別個に選挙するⓐでは，兼職は認められません。

⑶権限行使のあり方について，ⓐでは，議会と行政府は独立してそれぞれの権限を行使し，相互の抑制均衡が重視されます。ⓑでは，議会と内閣は協力してそれぞれの権限を行使し，内閣は連帯して（一体となって）議会に責任を負います。国会は，1人の大臣の失策や，大臣の間での見解の相違（閣内不一致）を理由に，内閣不信任決議をすることができます（各大臣を個別に問責することも可能）。ただ，議会の多数決で選出された首相が内閣を作るわけですから，通常は，議会の多数派と内閣が同じ党派となります。そして，ⓑの場合，内閣には法律案や予算案などの議案提出権があり，内閣を構成する大臣（閣僚）に各議院への出席発言権があるのに対して，ⓐにはどちらもありません。

⑷ⓑでは，議会（下院。日本なら衆議院）が内閣不信任決議権を，内閣が下院の解散権を有することがあります。ⓐでは，いずれも有しません。

各国の統治制度はさまざまであり，憲法の条文に「議院内閣制を採用する」と定めてあるわけでもないので，どのような特徴があれば議院内閣制に分類できるのかが問題となります。かつては，不信任決議に対して内閣が解散権を行使できることを，議院内閣制と認められる要件とする考え方（均衡本質説）も唱えられました。現在は，❶議会と行政府が一応分立していること，❷内閣が議会（おもに下院）に対して連帯責任を負うことが，議院内閣制の本質（他と区別するための基本的な特徴）とされています（責任本質説）。

《気になる？》

ⓐは，アメリカ合衆国のほか，ラテン・アメリカ諸国や，フィリピン，インドネシアなどで採用されています。ただし，ⓐは独裁的になりやすく，米国の場合は政治的・社会的な諸条件も相俟って民主的な運営が維持されてきたのだといわれます。

ところで，日本語では「大統領」と呼ばれる人がいる国でも，フランス共和国やロシア連邦は「半大統領制」（セミ大統領制という意味）と呼ばれ，議会から選ばれた首相もいて，ⓐとⓑのミックス型といえます。また，ドイツ連邦共和国の大統領は，形式的・儀礼的な職務を行うにとどまり，実際の国政運営は首相が行います。

2　解散権の所在と制約

憲法 69 条は，衆議院が内閣を信任しない（不信任）と議決した場合には，内閣が総辞職する（「閣僚」＝「首相とその他の国務大臣」が全員辞める）か，衆議院を解散すると規定しています。衆議院議員の 4 年の任期の途中で全議員の資格を失わせるのが「解散」です（「クビ」を宣告されたときに，議場で万歳三唱するのが日本の習わし）。衆議院が解散されると，議員を選び直すための総選挙が行われます。

解散については，Ⓐ憲法が明記している場合に限り可能と考える「69 条説」が素直かもしれません。しかし，国会の多数派と内閣は同じ党派なので，内閣不信任決議は多くなさそうです。そうすると，解散に続く総選挙で国民が意思

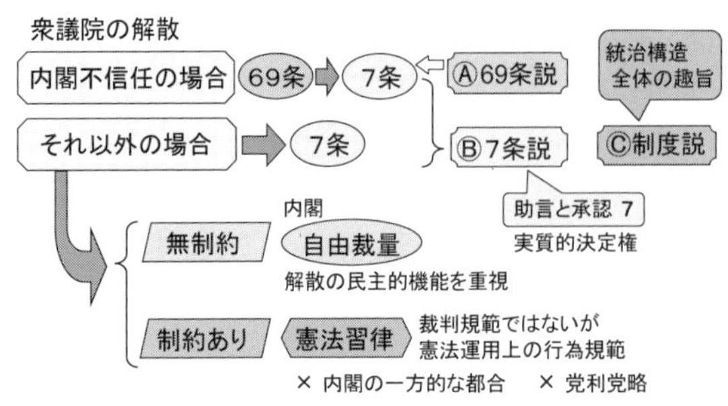

を示す機会が限られます。そこで，Ⓐ説に対しては，〈解散の民主的機能を阻害する〉との批判があります。

Ⓑそこで，〈憲法 69 条の場合以外にも，内閣は衆議院を解散できる〉とする解釈が唱えられます。解散は，歴史的には，君主の思い通りにならない議会を改選する手段だったといわれます。7 条は，天皇が「内閣の助言と承認により」衆議院を解散すると規定しています。もちろん，天皇が内閣のアドバイスを受けながら衆議院解散を決断して内閣の了承を得る，というわけではありません。天皇は国事行為として形式的に解散詔書を発するだけで，「内閣の助言と承認」に解散の実質的決定権が含まれていると解するのが「7 条説」です。実際の解散も，この考え方で行われているとされます。

Ⓒしかし，日本国憲法では，もともとは天皇の有していた決定権が「助言と承認」を行う内閣に移行したと考えるのは困難でしょう。そこで，統治構造全体の趣旨から，憲法 69 条の場合以外にも内閣は衆議院を解散できるとするのが「制度説」です。〈憲法は議院内閣制を採用しているから，内閣には解散権がある〉というのは説明にならないとの批判もあります。ただ，制度説の本旨は，そのようなものではないはずです。

Ⓑ説ないしⒸ説によって憲法 69 条の場合以外にも衆議院の解散は可能とするならば，内閣の解散権に制約はあるかが問題となります。解散が総選挙の機会をもたらすという民主的機能を重視して，解散は内閣の自由な判断に委ねられるとする見解と，「憲法習律」（裁判所が適用する裁判規範ではないが，慣行の蓄積と規範意識が備わることで，憲法の運用に関わる人々の行為規範として法律とほぼ同様の拘束力を有するもの）といいうる一定の制約があるとする見解とがあります。

《気になる？》

平均すると 2 年半ほどで解散される衆議院（4 年の任期を満了することは稀）

の総選挙と，3 年ごとの参議院議員の通常選挙（半数改選なので「総選挙」とはいわない。ただし，憲法 7 条 4 号の「総選挙」には含まれる）を合わせると，頻繁に行われる選挙のために，政治が目前の選挙を意識したものになる弊害が論じられるようになりました。また，諸外国では内閣による解散権の行使を制限する傾向にあると指摘されます。

昭和の学説では，定期的に実施される参議院の選挙に合わせて衆議院を解散して「衆参同日選挙」を行うことは，直ちに違憲とはいえないとしても，政権の支持率からみて両院で多くの議席の獲得が期待できるという党利党略による解散は，問題があるといわれました。平成に入って「ねじれ国会」を経験すると，同日選で両院に共通の多数派を形成する可能性も説かれるようになりました。

「解散は首相の専権事項」などといわれますが，憲法上，衆議院の解散を決定するのは「内閣」です。首相には国務大臣の任免権があり，反対する閣僚を交代させることができるとして，「首相が自由に判断できる」というのでしょう。

3　行政権と内閣

憲法 65 条は，淡白な条文が多い日本国憲法のなかでも，最もブッキラボーな規定でしょう。行政権の内容を定義することも試みられましたが，多種多様な行政機関の職務全体を過不足なく説明するのは困難で，全体を包括しようとすれば，定義としては広汎すぎて識別機能を果たせないことになりそうです。

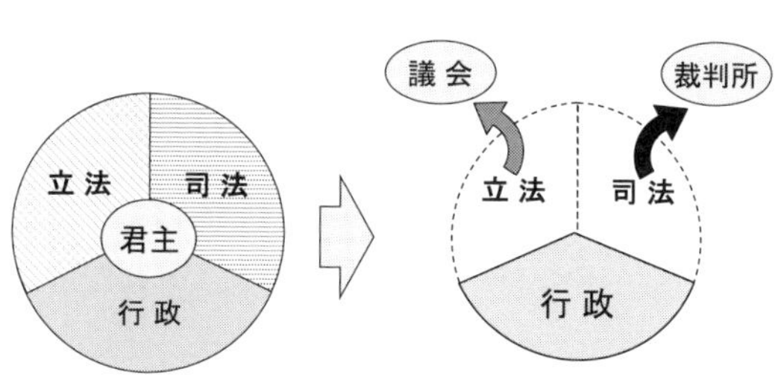

そこで，行政権の本質を定義することを断念し，行政権とは〈国家作用（あるいは国家の人民支配作用）の全体から立法と司法を差し引いた残り〉だとして，引き算で考える「控除説」が通説的見解となりました。控除説だと，行政機関のあらゆる活動を残さず含むことができます。そうすると，「内閣は，行政権の行使について，国会に対し連帯して責任を負う」とする憲法 66 条 3 項によって，国会が内閣を通じて行政権全体をコントロールできることになります。

また，控除説は，君主の権能から司法権が裁判所へ，立法権が議会へと分離した後，君主に残された権能を行政府が引き継いだという歴史的経緯に沿っているといわれます。しかし，国民主権の日本国憲法について，君主制を出発点とする説明は適切かという疑問もあります。「立法でも司法でもないものは行政」「残余はすべて行政」という発想にも批判がなされます。

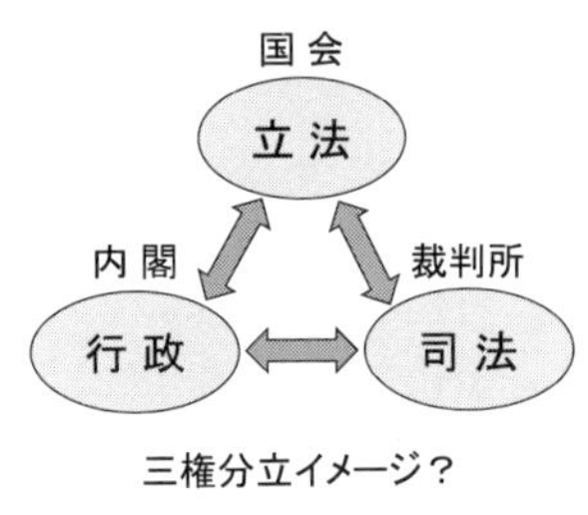

三権分立イメージ？

ところで，国民代表である国会が，議論をして政策を決定し，法律を制定すると，行政権がその法律を執行する（紛争が生じたら裁判所が法律を適用して判断する）という「三権分立」のイメージがあるかもしれません。しかし，実際には，首相のリーダーシップによって内閣が基本的な政策を打ち出し，それを実行していくのが今日の統治のあり方ではないでしょうか。

そこで，政治家である大臣の集合体としての内閣の働き（創造的・指導的作用としての「政治」）を強調し，内閣の本来の任務には（法律の執行としての「行政」だけではなく）「執政」があるとする見解が提唱されました。この㋐「執政権説」は，日本国憲法の制定時に作成された公式の英文において，65条と72条で「行政」の部分の英語表現が異なっていることに着目し，内閣の「行政権」（65条）は，高度の政治作用としての執政権も含むとするのです。

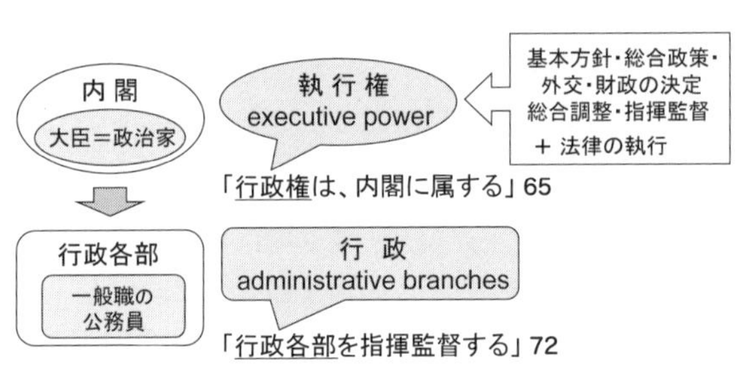

しかし，㋐説に対しては，内容茫漠だが国民生活への影響が大きい執政作用を，包括的に内閣の法的権限としてよいのか疑問とされます。国会や裁判所の統制の及ばない領域を認めることにつながる危険が，懸念されるのです。しかも，憲法は，基本政策の形成・推進に関して，法律の制定，予算の議決，条約締結の承認などは国会が関与して行うこととしており，内閣単独での「執政」を認めていないようにもみえます。

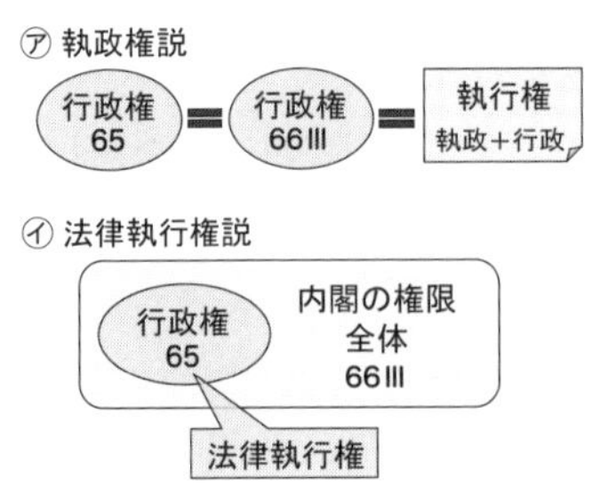

逆に，憲法65条の行政権は国会の制定する法律を執行する権限に限定されるとする㋑「法律執行権説」も唱えられています。行政府の行為には法律の根拠が必要であり，

内閣以下の行政府の中心的役割は法律の執行だとするのです。そうすると，行政権の内容を独自に定義しなくても，国会の定める法律の内容によって定まると考えることができます。この㋑説は，控除説では広汎で輪郭の不明確な権限を行政府に与えてしまうとして，65 条からは直接に権限を導き出せない（法律による授権が必要）とするのです。

㋑説に対しては，行政府の活動がすべて法律の執行だといえるのか，法律上の根拠のない行政指導も許されているのではないかとの疑問も示されます。これに対しては，行政府の国民に対する権力的活動（人民支配作用）は，法律の執行でなければならないのであって，そうした憲法 65 条の「行政権（＝法律の執行）」に加えて，憲法が内閣に付与した権限の総体をいうのが 66 条 3 項の「行政権」であり，それは国会によるコントロールの下にあると説明されます。

また，法律の執行は「行政各部」が行うことであり，政治家の集団としての内閣の本来の働きを見落としているのではないかとの疑問も生じます。これには，❶内閣の執政的な機能・活動は憲法 73 条の「国務を総理すること」に関わるとする説明と，❷法律の執行という「法の領域」と執政が関わる「政治の領域」を分けて考える説明とがあります。❷については，次の 4 で概観します。

4　内閣中心構想と国民内閣制論

現代国家の政治の中心は内閣にある，すなわち，国の基本政策の立案・決定は内閣が中心となって行われるならば，選挙を通じて国民の多数に支持された内閣を形成するのが重要だと考えられることになります。

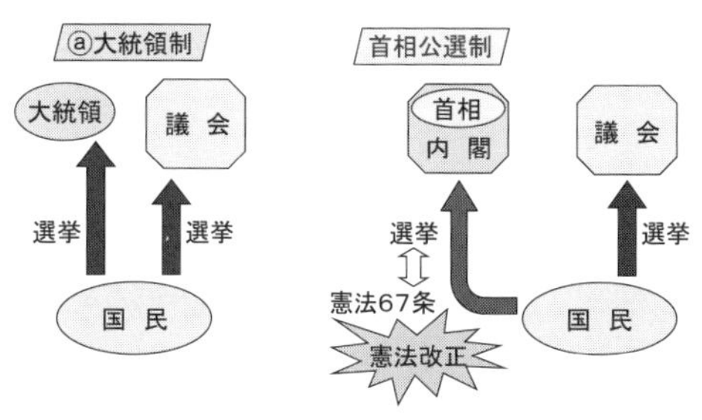

大統領制のように国の政治のリーダーを国民が直接選ぶのを可能にするしくみとして，「首相公選制」が提唱されることがあります。ただし，その導入には，〈国会の議決で指名する〉としている憲法 67 条の改正が必要だというのが通説的見解です。憲法を改正して首相公選制を導入しても，〈国民から直接に選出された首相が強力なリーダーシップを発揮する〉ことになるかは不明です。公選の首相と国会の多数を占める党派とが一致しない場合，法律や予算

が成立しにくくなります。また，〈多数派を形成して自分たちの党派から首相を選出し，その政権運営を支える〉というインセンティブを失った国会議員は，自分の再選だけが目標となり，地元の選挙区や支援団体のことしか考えなくなってしまうかもしれません（イスラエルは1992年に首相公選制を導入し，3回の首相選挙の後，制度を廃止した）。

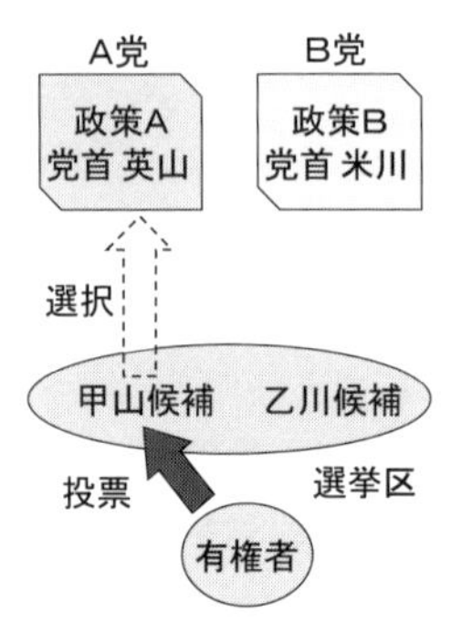

これに対して，憲法改正を必要とせずに，国民の多数に支持された内閣を形成することを〈議院内閣制の運用〉として実現しようとするのが，「国民内閣制」の構想です。まず，二大政党が，それぞれの政策体系と首相（政策を遂行する責任者）の候補を掲げて選挙に臨むことを前提とします。有権者は，自分の選挙区の候補者個人をみて支持・不支持を決めるのではなく，政党（かりにA党とB党とする）が掲げる政策体系と首相候補をみて，どちらを支持するかを選択するのです。

もし，有権者N氏が，A党の政策Aと首相候補とされる党首の英山氏を支持するならば，自分の選挙区でA党所属の甲山候補に投票します（たとえ甲山候補個人の人柄が気に食わなくても）。N氏と同様に多数の国民がA党を支持すれば，全国の多くの選挙区でA党所属の候補が当選し，国会でA党が多数となり，英山議員が首相に指名されるでしょう。つまり，国民の多数に支持された英山内閣が誕生するのです。

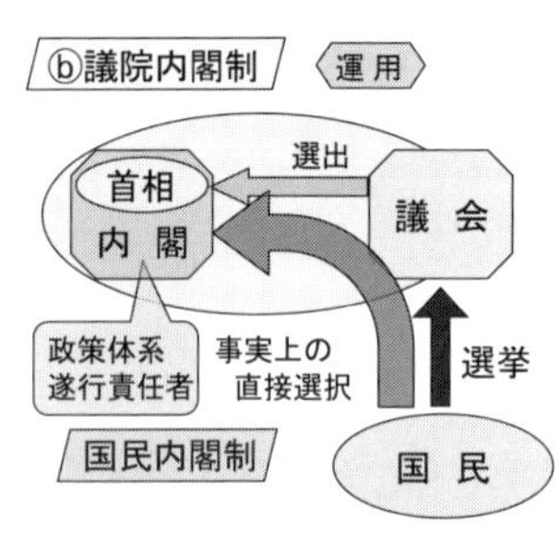

実は，㋑法律執行権説において内閣の執政機能を位置づける❷の考え方は，この国民内閣制論に結びついています。この考え方は，「政治の領域」では〈統治–コントロール図式〉を提唱します。統治を担う内閣は，国民の多数の支持によって形成されます。内閣は政治の中心として政策の立案・遂行を積極的に展開するけれども，それはすべて法律の執行という形をとらなければなりません。国民主権の下で，「法の領域」においては，まず国民の代表である国会が法律を制定します。法律の制定，その執行，法律による裁定について，立法権・執行権・裁判権を分離するというのが権力分立の要請だとされます。こ

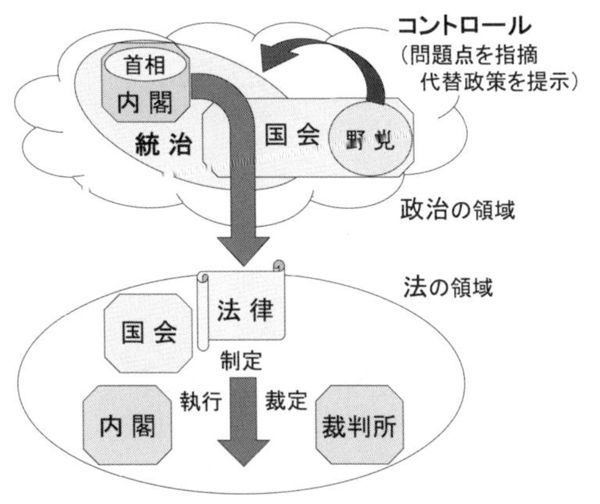

のようにして，「正しい法」を制定して，それを適用・執行するという「法の支配」が実現すると説明されるのです。

しかし，こうした説明については，内閣の政策決定や法案作成は憲法65条に基づく「法律の執行」に含まれるのか，「政治の領域」に属する行為として73条が根拠になるのか，憲法上の根拠が必要ない単なる事実行為なのか，あるいは，「政治の領域」は憲法で規律されない憲法外の領域なのか，といった疑問が示されます。また，内閣を政治の中心とみる国民内閣制論に対しても，憲法が採用する議院内閣制は国会を政治の中心と考えるものではないのか，との批判があります。さらに，複雑化した社会で次々と新たな問題事象が生じる状況において，選挙時に政策体系を選択して遂行を任せるという考え方が，内閣と国会の機能や相互関係の理解として適切か，といったことが問題となるのです。

《気になる？》

このような「政治の領域」と「法の領域」の区別に基づく㋑説の❷の考え方は，第27章2でみた「法律」の意味（国会だけが制定できる「法律」とは何か）についても，新たな理解を示しています。すなわち，実質的意味の法律を「法規」とするのは立憲君主制の時代の名残だと批判するだけでなく，「一般的・抽象的な法規範」と定義する必要もないとするのです。つまり，主権者の国民が，国会を国民の直接的な代表者であり「最高機関」だと定めて，立法権を授権したこと，しかも，憲法には立法について事項的な限定は規定されていないことから，国会は，どのような事項についても最初に法的規律を行う権限を有すると考えるのです。個別具体的な事項について法律の形式で定める「処分的法律」とか「措置法律」と呼ばれるものも，他の憲法規定（たとえば，法の下の平等）に違反しない限り，許容されると解するのです。したがって，「形式的意味の法律」と「実質的意味の法律」を区別する必要もないとされます。

第29章　付随的審査制における憲法判断

1　違憲審査制と司法権の範囲

裁判所による司法権の行使に付随して法律などの違憲審査が行われる「付随的審査制」では，裁判所による憲法判断（法律などが合憲か違憲かの審査・判断）は，〈司法権の範囲内で行われる〉ことになると考えられます。

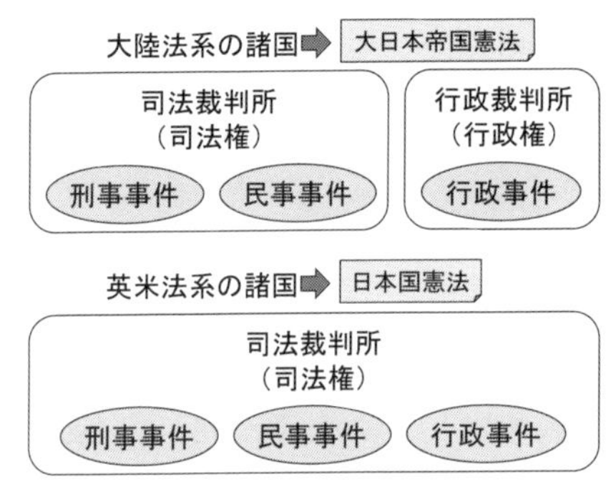

司法権の範囲をめぐっては，比較法的には（諸外国の法制度を比べてみると），行政事件（行政機関による公権力の行使に対する訴訟など）が含まれるかについて，考え方の相違があります。大陸法系の諸国（フランスやドイツなどのヨーロッパ大陸の国々）では，行政事件の裁判は，行政権に属する「行政裁判所」が行うのが一般的です。明治憲法の下では，この考え方をとっていました。それに対して，英米法系の諸国（イギリスや，イギリス法を受け継いだアメリカ合衆国や，同様に影響を受けた国々）では，政府や行政機関を含むすべての者が同じ法に服するのが「法の支配」だとされました。日本国憲法は，76条2項で特別裁判所の設置や行政機関の終審裁判を禁止し，また，81条は最高裁が行政処分の合憲性を最終的に判断するとしていて，行政事件も司法権の範囲内としていることが分かります。

憲法は，司法権について定義していません。裁判所法3条1項は，「裁判所は，日本国憲法に特別の定のある場合を除いて一切の法律上の争訟を裁判し，その他法律において特に定める権限を有する」と規定しています（憲法の「特別の定」として55条と64条がある）。

裁判所は，相談窓口でもサービスセンターでもないので，あらゆるモメごとに対応してくれるわけではありません。「法律上の争訟」に該当しなければ，司法権を行使する対象にはならないとされるのです。

「憲法違反だ！」と考えて裁判所に訴えても，❶違憲の主張が認められず（合憲と判断されて），申立てには理由がないとして，訴えが退けられるかもしれ

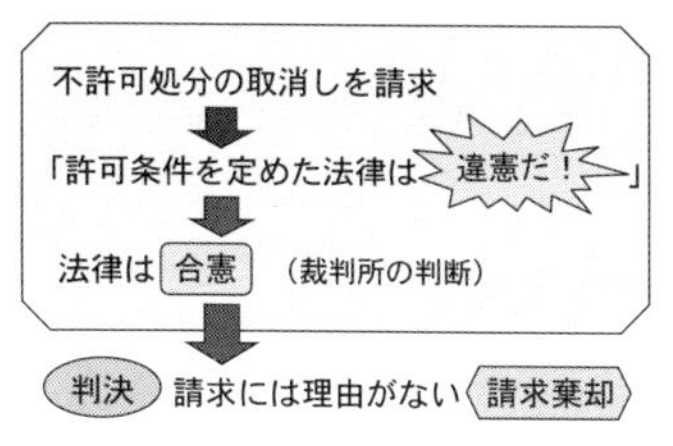

ません。「理由がない」といっても，理由はいろいろ主張しているはずですから，「十分な根拠がない」というような意味でしょう。❶の場合は「請求棄却」の判決となります。

これに対して，❷そもそも「法律上の争訟」に該当しないとされると，申立てに理由（十分な根拠）があるかを審理・判断する以前に，「不適法」として訴えが退けられます。「憲法違反だ！」という訴えに対して，合憲か違憲かの裁判所の判断は示されません。❷の場合は「訴えの却下」という判決になります。

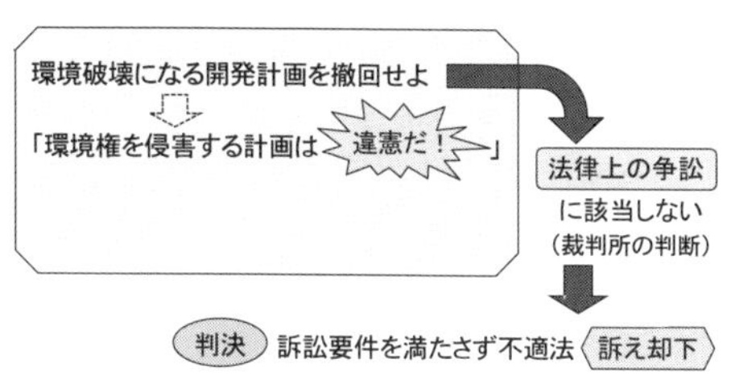

このように「法律上の争訟」ではない問題を裁判所に訴えると，当事者の主張の内容自体について判断せずに訴えを退ける「却下判決」が下されます。報道などで「門前払い」といわれるものです。

2　法律上の争訟と事件性の要件

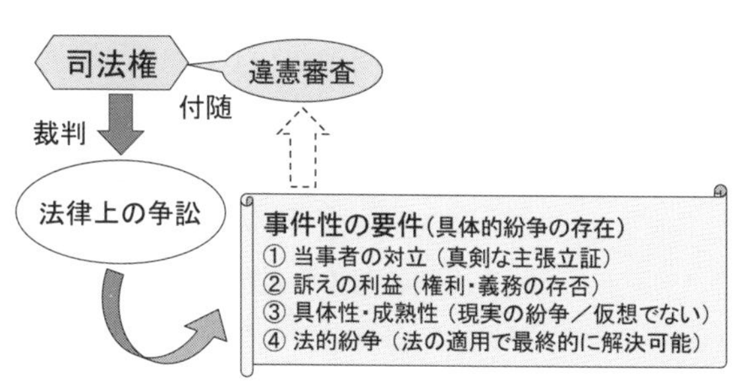

「法律上の争訟」とは，〈当事者間の具体的な権利義務ないし法律関係の存否に関する紛争〉であって〈法令の適用により終局的（最終的）に解決できるもの〉とされます。それをさらに分解して説明したのが，図の「事件性の要件」です（「具体的事件の要件」とか「事件性・争訟性の要件」などとも呼ばれる）。事件性の要件を備えた紛争が「法律上の争訟」とされます。

「事件性の要件」の内容の説明には学説によって多少の相違があります。要件の設定・理解によって，「法律上の争訟」の範囲が縮減することにもなります。たとえば，訴訟を提起した時点だけでなく，訴訟中も（判決のときまで）「事件性の要件」が維持されていなければならないかといった問題があります。

《気になる？》

メーデー集会のための皇居外苑（皇居前広場）の使用許可申請に対する不許可処分が争われた皇居外苑判決（最大判昭28・12・23民集7巻13号1561頁）は，訴訟中に5月1日を過ぎたことから「判決を求める法律上の利益を喪失した」と判断しました。毎年のイベントについて開催日を過ぎれば訴えの利益がなくなるとすると，〈繰り返される可能性があるが審査は免れる〉という事態になりかねません。

他方，権利が現実に侵害されていることが「事件性の要件」として求められるとすれば，第26章3の《気になる！》で取り上げた在外邦人選挙権判決（最大判平17・9・14民集59巻7号2087頁）や，在外邦人国民審査権判決（最大判令4・5・25民集76巻4号711頁）の判断は注目されるでしょう。

個人の権利侵害がない（自分がダメージを受けていない）場合には，①〜③の要件を満たさないことになり，「法律上の争訟」に該当しないとされます。

学問上ないし技術上の論争は，法律を解釈・適用して判断できるものではないので，④の要件を満たさないとされます。国家試験や資格試験の合否は「法律上の争訟」に該当しないとされますが，それには批判もあります。

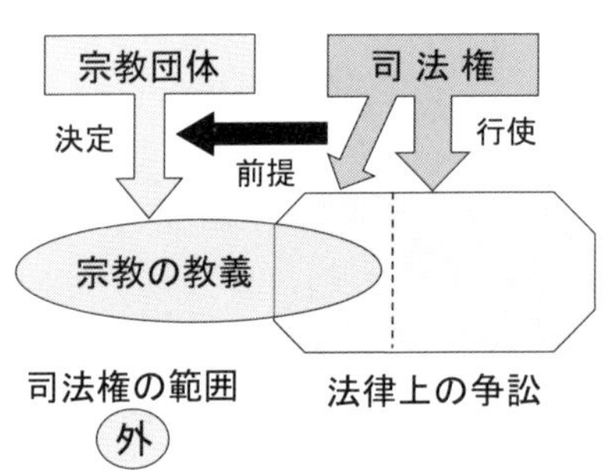

宗教上の問題も，④の要件を満たさないとされます。たしかに，教義（宗教上の教え）をめぐる論争は，「法律上の争訟」とはいえないでしょう。しかし，宗教団体の役職や施設管理をめぐる争いの場合，金銭や建物の問題は「法律上の争訟」になりそうです。自力救済が禁じられている以上，裁判所による法的問題の解決が求められるはずです。取引関係のある第三者なども困惑するでしょう。宗教上の論争に関することは宗教団体の正式発表や公式行事で示された決定などを前提として，法律上の問題に判断を下すことが考えられます。そうすれば，宗教団体の自律性を尊重しながら，裁判による法的解決の

要請に応えることもできそうです。それでも，宗教団体が内部分裂していたら，何が正式決定か分からないことになります。「法律上の争訟」の体裁を取りながら，実質的には教義をめぐる対立が紛争の本質である場合もありそうです。

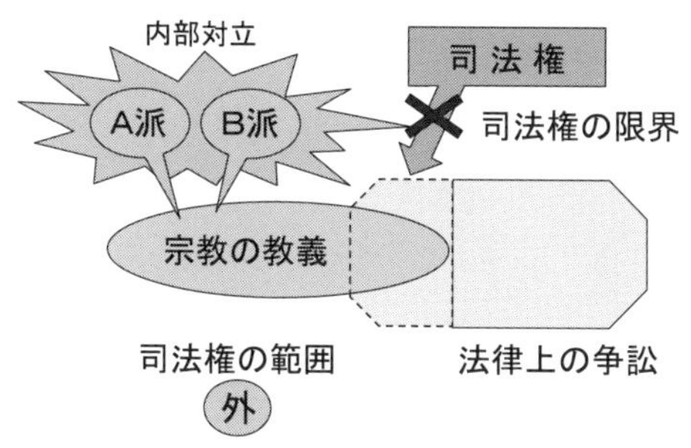

宗教上の問題に関わる紛争は，「司法権の範囲」の問題（司法権の内在的制約ともいわれる。裁判所としては審査が「できない」もの）と，法律上の争訟として司法権の範囲内にあるけれども裁判所の審査が制約される「司法権の限界」の問題（司法権の外在的制約ともいわれる。裁判所としては審査を「すべきでない」もの。次の 3 で扱う）の境目にあるようにもみえます。これに関する種々の判例は本書の説明の範囲内とはいえない複雑なものです。とりあえず，著名な，板まんだら事件判決（最判昭 56・4・7 民集 35 巻 3 号 443 頁）の存在を確認しておきましょう。

3　統治行為論・自律権論・部分社会論・裁量論

紛争が「法律上の争訟」である（＝司法権の範囲内と解される）としても裁判所の審査権が制約される場合があります。憲法が明文で規定する例外（55 条・64 条）の他に，憲法解釈として論じられるのが「司法権の限界」の問題です。

⑴〈高度に政治的な決定〉についての裁判所の審査権の限界の問題は，フランスの議論を参考に「統治行為論」と呼ばれたり，アメリカの議論に倣って「政治問題の法理」と呼ばれたりします。

憲法 7 条に依拠した衆議院解散の合憲性が争われたのが，苫米地事件判決（最大判昭 35・6・8 民集 14 巻 7 号 1206 頁）です。解散は無効だとして，本来の任期満了までの歳費の支払いを求める訴訟は，事件性の要件を満たしているはずです。しかし，最高裁は，三権分立の下で「司法権の行使」にも制約があり，「直接国家統治の基本に関する高度に政治性のある国家行為」は，法律上の争訟であっても「裁判所の審査権の外」にあるとしました。判決に「統治行為」という文言はありませんが，今のところ，純粋な統治行為論を展開した最初で最後の判例とされています。

「統治行為」とされる問題については，裁判所は判断できないので，その問題について判定する権限・能力を有する者の判断を受け容れます。苫米地判決は，裁判所としては「政府の見解を否定して，本件解散を憲法上無効なものとすることはできない」として，政府見解に基づいて，請求には理由がないとしたのです。第28章2でみたような憲法解釈上の論争があっても，裁判所が自らの憲法判断を示すとは限らないのです。

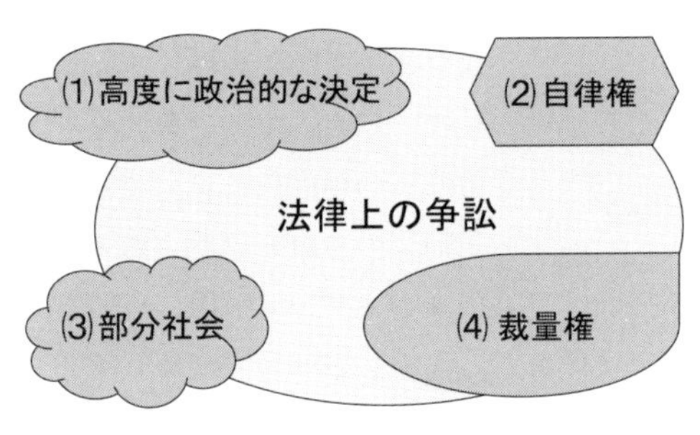

苫米地判決の半年ほど「前」に下された（地裁判決の時点では「後」だったが，高裁を経ない「跳躍上告」によって追い抜いた）砂川事件判決（最大判昭34・12・16刑集13巻13号3225頁）は，「わが国の存立の基礎に極めて重大な関係をもつ高度の政治性を有する」問題についての法的判断は，「司法裁判所の審査には，原則としてなじまない」としています。しかし，統治行為論では裁判所の審査権が否定されるのに，砂川判決は，「一見極めて明白に違憲無効」だと認められる場合には，例外的に裁判所の審査権の範囲内となるとしています。内閣・国会の「自由裁量的判断」への言及もあり，裁量論の要素が混じった「変則的な統治行為論」と評されます。

その後，苫米地判決を先例として引用した最高裁判決はありません。学説も，憲法に明示の根拠がない統治行為論をなるべく用いずに，それぞれの問題に応じて論拠を示すべきだと主張してきました。

⑵国会や内閣（閣議）の議事手続などに関しては，それぞれの「自律権」の問題として，裁判所の審査権は制限されると考えられます。警察法改正無効事件判決（最大判昭37・3・7民集16巻3号445頁）は，〈裁判所は衆参両院の自主性を尊重すべき〉だから，〈裁判所は，法律制定の議事手続に関する事実を審理して，その法律の有効・無効を判断すべきではない〉としました。

⑶第19章4で言及した「部分社会論」とか「部分社会の法理」と呼ばれる議論も，「事柄の特質上裁判所の司法審査の対象外におくのを適当とするもの」があるとする考え方でした。なお，地方議会については，国会の両議院のような自律権に関する憲法規定（55条・58条）がありません。

⑷立法権・行政権による裁量行為も，かつては，司法権の限界の問題とされ

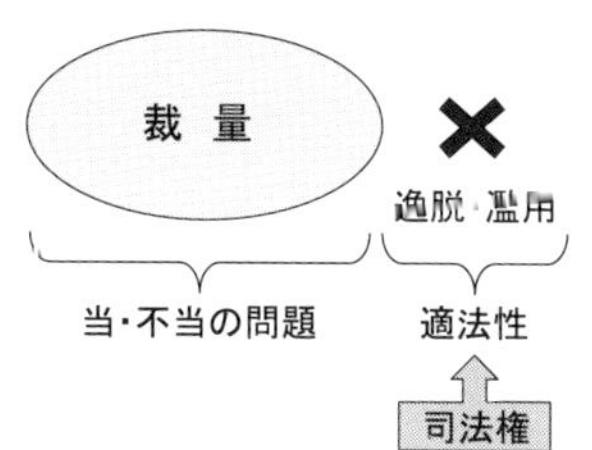

ることがありました。

〈権限行使が裁量の範囲内にとどまる限り，当・不当は問題になっても司法権は及ばず，例外的に裁量権の逸脱・濫用があった場合のみ，違法と判断される〉というのが伝統的な裁量論の考え方でしょう。スポーツに例えれば，裁判所は審判のように，〈作戦の良し悪しには口を出さず，ルール違反の有無だけを判断する〉ということでしょう。裁量事項だからといって直ちに司法審査が排除されるわけではないのです。また，どの程度の裁量権が認められているかは，法解釈の問題として裁判所が判断します。国会や行政機関の第1次判断権は尊重されますが，裁判所は，権限行使の適法性を判断します。さらに，問題の性質に応じて，裁量統制の方法や厳格度を使い分けるようになっています。

4　客観訴訟における違憲審査

ところで，裁判所法3条1項は，裁判所の権限について，「法律上の争訟」を裁判することと並んで，「その他法律において特に定める権限を有する」と規定しています。「法律上の争訟」の裁判以外の権限事項として，(a)客観訴訟，(b)非訟事件（第25章3）などが挙げられます。違憲審査との関係でとくに問題とされてきたのは，第6章4でも触れた(a)です。

(a)客観訴訟は，行政が違法な活動をしている場合に，それを是正して公益を保護するための制度です。法律が定める出訴要件を満たせば，「法律上の争訟」に該当しなくても裁判所の判断を求めることができるのです。選挙無効訴訟は投票価値の平等（第26章3）に関して，住民訴訟は政教分離の原則（第16章3・4）に関して，違憲審査の実現に大きな役割を果たしてきました。

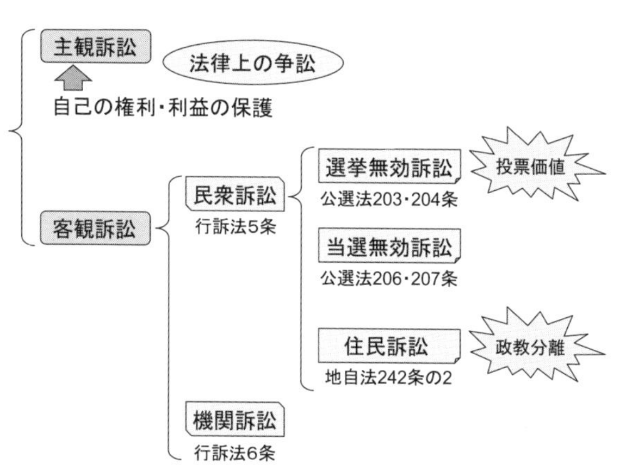

そこで，司法権の行使に際して違憲審査を行う付随的審査制の建前と，客観訴訟における違憲審査の関係が問題となりました。〈「法律上の争訟」の裁判以外の権限を，法律で裁判所に付与することの限界〉については，たとえば次のような説明があります。

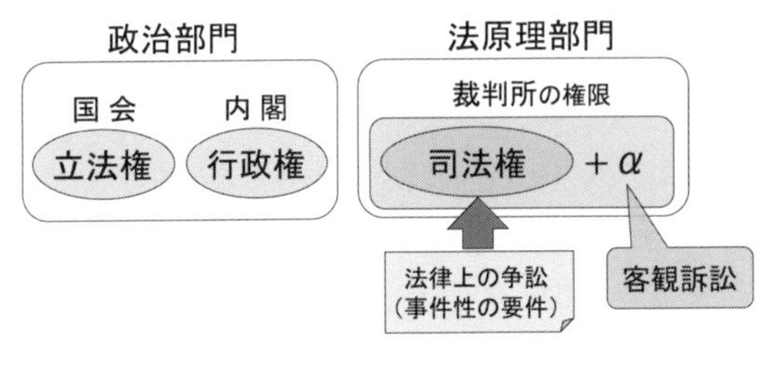

㋐裁判所は，国会や内閣などの政治部門とは異なり，非政治的・非権力的機関としての「法原理部門」だとされます。司法権の行使が「法原理部門」の範囲内にあることは，事件性の要件によって担保されます。そこで，司法権の核心はあくまで「法律上の争訟」の裁判ですが，それ以外の客観訴訟も，実質的に「法律上の争訟」に近い紛争であって，その解決が裁判所の本来的任務に馴染むものであれば，法律で制度を設けても憲法76条に反しないとするのです。具体的事件を前提としない典型的な抽象的違憲審査は，「法律上の争訟」の裁判という裁判所の本来的任務からはあまりにかけ離れた制度で，法律で付与することはできないとされます。

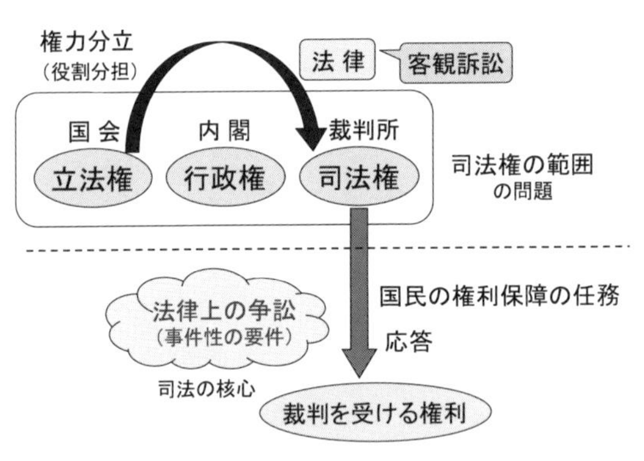

㋑司法権の範囲は，立法権や行政権との役割分担の問題であって，「事件性の要件」は関係しないとする見解もあります。この見解は，第28章4で触れた，「政治の領域」と「法の領域」を区別し，後者においては「正しい法」を制定して，それを適用・執行するという「法の支配」を実現するために権力分立が要請されるという説明に結びつくものです。司法権は，国民との関係では，裁判を受ける権利に応答する任務を負うもので，「法律上の争訟」の内容は，その場面で問題になるものだとされます。したがって，憲法上は潜在的に司法権に属すると考

えられる事柄に，国会が法律で出訴権を設定することは，「法律上の争訟」の裁判以外でも可能だとされるのです。しかし，警察予備隊判決（最大判昭27・10・8民集6巻9号783頁，第6章3）の当事者が求めたような，最高裁が「一審にして終審」として抽象的違憲審査を行う制度は，最高裁を違憲審査の「終審裁判所」とする（下級裁判所の違憲審査を予定している）憲法81条に違反するとされます。

5　憲法判断回避の準則と「念のため」判決

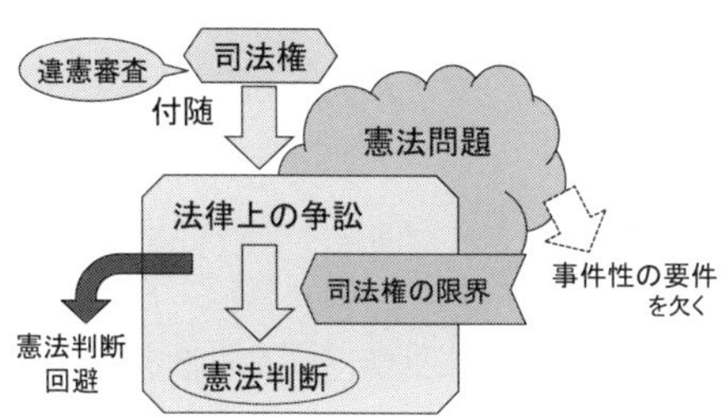

訴訟が「法律上の争訟」に該当するものとして「司法権の範囲」内にあり，統治行為論など「司法権の限界」が問題になるような事情はないとしても，訴訟で主張された憲法問題について，裁判所が違憲審査をして合憲・違憲の判断を示すとは限りません。憲法判断の影響は大きいので，憲法判断をしなくても事件を解決できる（判決を下すことができる）のならば，裁判所は憲法判断を避けるべきだと考えられるからです。訴訟の当事者が法律などの違憲性を主張しても，裁判所は違憲審査を行う義務があるわけではなく，政治部門の判断に対する介入を控えようという「司法消極主義」の立場がとられることがあるのです。

司法消極主義のためのテクニックとして，ブランダイス・ルール（アメリカ連邦最高裁のブランダイス判事が1936年の判決の中で示した7つの準則）が知られています。

ブランダイス・ルールの4番目が「憲法判断そのものの回避」です。すでに第6章5で触れましたが，〈憲法判断に触れなくても事件の法的解決が可能ならば，違憲の争点に関する判断を行わない〉というものです。憲法判断をするか否かという〈違憲審査の入口〉において消極的な対応をすることから，「憲法判断消極主義」といわれます。実例として，下級審の判断ながら著名なのは，恵庭事件判決（札幌地判昭42・3・29判時476号25頁）です。自衛隊の合憲性が大きな争点とみられた事件で，裁判所は，被告人が切断した演習場の通信用ケーブルは自衛隊法121条の規定する「防衛の用に供するもの」に該当しないとして，無罪判決を下したのです。「自衛隊法は違憲だ」という被告人の主張に応答しなくても無罪の結論に変わりはありませんが，「肩すかし判決」と評されました。

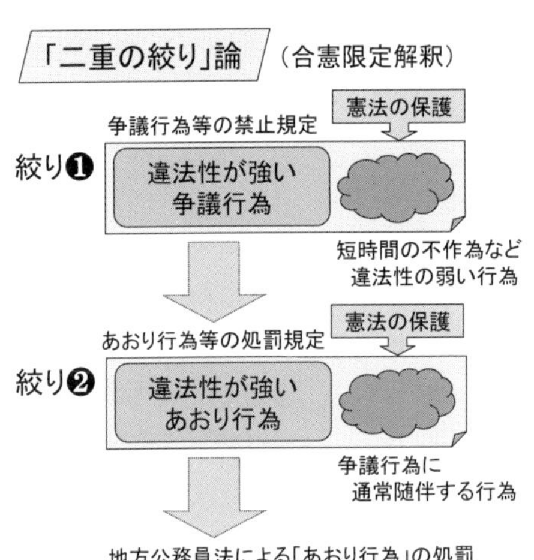

なお，ブランダイス・ルールの7番目が，第9章3でみた「合憲限定解釈」です。〈憲法上問題のある法律の条文を，憲法に適合するように解釈して，法律を違憲と判断することを回避しよう〉というものです。違憲判断をするか否かにおいて消極的な対応をすることから，「違憲判断消極主義」といわれます。最高裁は，自身が都教組事件判決（最大判昭44・4・2刑集23巻5号305頁）で行った「二重の絞り」論と呼ばれる合憲限定解釈を，後の全農林判決（最大判昭48・4・25刑集27巻4号547頁）において強く批判しました。その後，税関検査判決（最大判昭59・12・12民集38巻12号1308頁）で，合憲限定解釈が許される場合について説明しています（ちなみに，「都教組」は，東京都教職員組合の略称）。

ところで，「憲法判断回避の準則」は，事件の解決に必要のない場合は違憲審査を行わないという「必要性の原則」に基づくものです。しかし，最高裁は，「必要性の原則」を貫いていないようにみえます。皇居外苑判決（最大判昭28・12・23民集7巻13号1561頁）では，判決を求める法律上の利益が失われたとして上告を棄却しながら（事件の結論は出ているのに），「なお，念のため」として憲法判断を示しています。また，生存権に関する朝日判決（最大判昭42・5・24民集21巻5号1043頁）でも，上告人の死亡により訴訟は終了したとしながら，「なお，念のために」として憲法25条についての憲法解釈を示しています。いずれも，「なお，念のため」以下の判示部分は，長大なカッコ書きとなっています。上述の全農林判決も，それまでの判例のままでも同じ結論を導けたはずなのに，公務員の労働基本権について従来の判例とは異なる憲法解釈を示したものです。

近年，最高裁は，憲法判断について積極的になっていると評されます（違憲判断の件数の増加については，第8章4も参照）。たとえば，郵便法判決（最大判平14・9・11民集56巻7号1439頁）は，特別送達郵便物（書留郵便の一種）の扱いが問題となった事案だったのに，当該事件の解決には直接必要のない書留郵便物全体についても部分違憲の判断を下しています。

《気になる？》

地裁・高裁などの下級審が法律を違憲と判断した場合，その判決に対して上訴（控訴や上告）がなされずに確定したとしても，法的には，違憲とされた規定がその事件の当事者に適用されないだけです。違憲判決の社会的インパクトが大きくて，法律が改廃された例もありますが，多くの場合は，国側が上訴して，最終的には最高裁で争われることになるでしょう。

ところが，下級審が，判決の理由において違憲の判断を示しながら，結論は国側の勝訴とする判決を下すことがあります。形の上では国側が勝訴していますので，違憲判断に不服があっても，国側は上訴することができません。上訴できるのは敗訴した側ですが，訴訟を提起した市民の側としては，上訴して違憲判断を覆されるよりも，敗訴を受け容れて「違憲判決」を確定させようと考えるかもしれません。いわば，「負けるが勝ち」というわけです。

違憲判断が判決の結論に結びついていない（問題とされた法律の規定が違憲とされたのに，訴訟を起こした市民は敗訴している）わけですから，違憲判断の部分は「傍論」ということになります。最高裁の「念のため」判決も，傍論での憲法判断です。ただ，下級審による傍論での違憲判断は，上級審（とりわけ最高裁）の憲法判断を求める当事者の上訴を封じることになるとして，批判されます。それに対して，事案の解決に必要のない憲法判断は付随的審査制における本来のあり方ではないが，傍論での判断は事実上の影響力のみで法的拘束力はなく，他方で，違憲問題の存在を指摘して改善を促す「憲法保障機能」を期待できるとの評価もあります。

他にも，違憲性を指摘しながら，結論としては国側の敗訴にはしない，いわば「寸止め」の判決があります。第26章でみた議員定数の不均衡をめぐる定数訴訟において，投票価値の平等に反する状態にあるが「合理的期間」を徒過していないとする違憲状態判決は，高裁や最高裁がしばしば行ってきました。また，国賠訴訟において，法律の規定や立法不作為が違憲だと判断したうえで国賠請求は棄却する判決方法も，近年の最高裁が活用しているようにみえます。

第30章　地方自治

1　地方自治制度の形成と「地方自治の本旨」

一般に，自治権を有する地方団体を地方自治体といいます。憲法第8章では「地方公共団体」という語を用いています（法律でも「地方自治体」の語は使われていない）。また，独任制の長を「首長」ということから，都道府県知事や市町村長を首長と呼びます（ただし，憲法66条は合議体の内閣を代表する首相の地位を「首長」と称している）。

明治憲法には地方自治に関する規定はありませんでしたが，府県制・市制・町村制などの法律によって近代的地方自治制度が整備され，大正デモクラシー期からは自治権も拡充されました。他方で，府県や郡は，国の地方行政官庁でもありました。府県や郡の行政組織や権限については，天皇の官制大権に属するとされ，勅令である「地方官官制」によって定められ，とくに戦時中は統制の強化が図られました。たとえば，1943年に制定された東京都制は，それまでの東京府・東京市を廃止して東京都とし，旧東京市35区（現在の東京23区の地域）を都の直轄として政府の統制を強化したものでした。

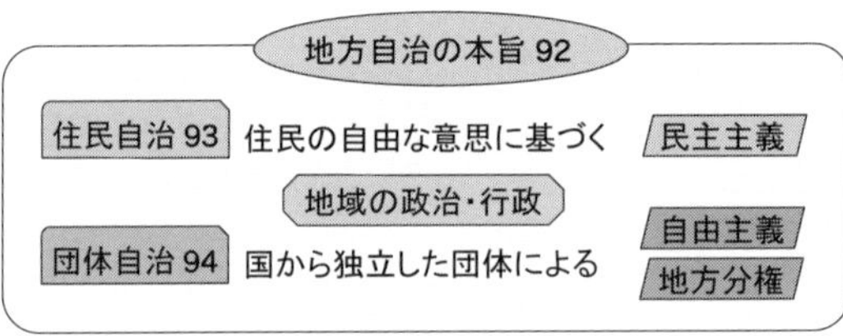

戦後，地方自治の回復を図る法改正がなされ，日本国憲法は地方自治についての第8章を設けて4か条を置き，その趣旨を具体化する地方自治法が制定されました。地方公共団体の種類は，憲法には明示されていません。住民が共同決定に参加する権利を実現できる規模の基礎自治体と，国（中央政府）との抑制・均衡を期待できる規模の広域自治体の存在は，憲法92条の謳う「地方自治の本旨」に結びつくものと理解されます。明治憲法下から続く都道府県と市町村という2層制（2段階制）は，それに対応するものといえるでしょう。

ただし，2層制を維持しながら，都道府県に替えて，より広域な行政区分を設定して強い自治権を与える「道州制」を導入することは，憲法に違反しないと解されます。

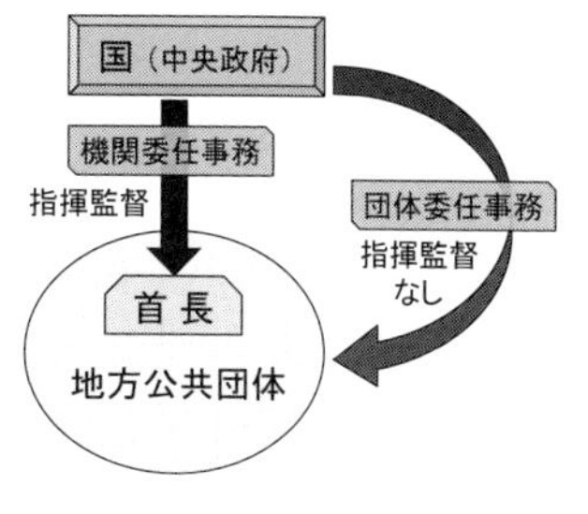

憲法94条は地方公共団体の権能を一般的に規定しているものの，戦前からの中央集権構造の下で自治体の権限や財源の弱さが問題とされてきました。「第1次地方分権改革」と呼ばれた1999年の地方自治法改正以前は，国から知事や市町村長などに委任され，国の包括的な指揮監督の下に置かれる「機関委任事務」が都道府県の事務の7～8割，市町村の事務の3～4割を占めるといわれ，地方自治の観点から問題とされていました。機関委任事務が廃止され，国の業務が地方に委任・委託される制度はなくなりました。本来は国の役割であるもの（たとえば，旅券，生活保護，戸籍などの事務）を地方自治体が行うものとして1999年改正で設けられた「法定受託事務（1号）」も，地方公共団体の事務と位置づけられています。

地方公共団体の事務のうち固有事務が3割しかなかったり，歳入に占める自主財源の割合が3割だという面をとらえて，「三割自治」と揶揄されることもありました。これらを改善すべく地方分権が推進されてきました。それでも，国の府省からの地方公共団体の要職への派遣人事など，なお地方自治の弱さが指摘されることがあります。

2　地方公共団体

地方公共団体の種類は，地方自治法が規定しています。地方自治法は，都道府県と市町村を，組織，事務，権能などが一般的・普遍的な「普通地方公共団体」としています。これに対して，特定の目的のために設置されたものを「特別地方公共団体」と呼び，東京都の特別区（いわゆる東京23区）は，後者に分類されます。政令指定都市の行政区とは異なり，都に置かれる特別区は，市に準じた権限を有するものです（「市区町村」といわれる場合の「区」は特別区を指す）。特別区の区長の公選制が1952年に廃止され，区議会による間接選挙制に変更されたことの合憲性に関して，特別区長公選制廃止合憲判決（最大判昭38・3・27刑集17巻2号121頁）は，憲法93条2項にいう「地方公共団体」とは，単に法律で地方公共団体として取り扱われているというだけではなく，一定の実体を備えた地域団体であることが必要で，特別区はそれには該当しないとしました。なお，区長公選制は1974年に復活し，1998年の地方自治法改正で特別区は市町村と同じ「基礎的地方公共団体」とされました。

都道府県・市町村は戦前からの流れを汲むものですが，早くから自治体としての性格が認められていた府県や市町村に対して，東京都と北海道は首都ないし開拓地に対する国の関与を強化するためのしくみといえます。都道府県と一口にいっても，その規模・性格には大きな違いがあります。他方，市町村についても，いくどかの全国的な合併推進政策を経て，規模の拡大が進んでいます。

東京都（一般）	日本国（一般）	大阪府（一般）	東京都（総額）	ノルウェー	スウェーデン
7.4 兆円	106.6 兆円	3.5 兆円	15.2 兆円	18.5 兆円	14.6 兆円

「一般」は一般会計予算，「総額」は公営企業会計と特別会計も加算（2021 年度）

	北海道	関東甲信越※	九州 7 県	四国 4 県	岩手県（最大）	香川県（最小）	高山市*
面積（km^2）	83,424	63,041	42,231	18,804	15,275	1,877	2,177
人口（万人）	538	4,823	1,301	384	128	98	8.7
人口密度（人 /km^2）	64	765	308	204	84	522	40

東京都の面積：2,194km^2，スイス連邦の面積：41,290km^2

※関東 1 都 6 県（東京，茨城，栃木，群馬，埼玉，千葉，神奈川）と甲信越 3 県（山梨，長野，新潟）

＊岐阜県高山市は 2005 年合併で以前の 15 倍以上の面積となった。

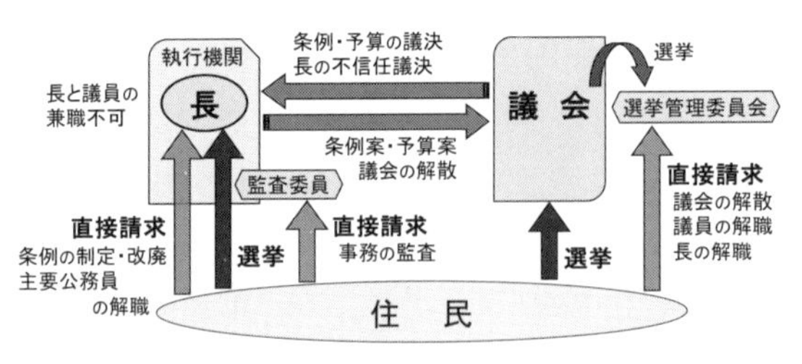

憲法 93 条を受けた地方自治法は，国（中央政府）の議院内閣制とは異なり，地方公共団体の執行機関について首長制を採用し，公選の議会との二元的代表制としています。ただし，立法府と執行府が厳格に分離されるアメリカの大統領制（第 28 章 1）とも異なり，議院内閣制の要素も加味したものです。このしくみは，規

模・性格の大きく異なる東京都と小さな町村でも同一です。

地方自治法は，住民の直接請求の制度を規定し，それらの直接民主制的諸制度によって代表民主制を補完することとしています。地方自治法の定める住民監査請求や住民訴訟の制度は，公金の支出などの監視を通じて，住民が自治体のあり方をチェックできるしくみです。

3　条例制定権

憲法94条が規定する地方公共団体の権能の1つとして，条例制定権があります。自治立法権としての条例制定権は，92条の「地方自治の本旨」に基づくともいわれます。94条のいう「条例」は，地方公共団体の議会が制定するもの以外も広く含むとされます。

「条例」（憲法94条）	条例	地自法14条	議会
	規則	地自法15条	長（都道府県知事・市町村長）
	規則その他の規程	地自法138条の4 II	委員会（公安委員会、教育委員会など）

類似の条例が多くみられるものや，国の法令の執行のために条例の整備が予定されている場合もあります。法律と無関係に制定された条例（自主条例）だが多くの地方公共団体にみられるものとして，25都県と，札幌，京都，大阪，神戸の政令市を含む34市で制定された「公安条例」（第18章3）や，全都道府県で（長野県は2016年に）制定された「青少年保護育成条例」などがあります。また，法律の委任に基づき制定された条例（委任条例）として，公衆浴場法施行条例，屋外広告物条例，河川法施行条例，都市計画法施行条例，旅館業法施行条例，道路交通法施行細則，麻薬及び向精神薬取締法施行細則などがあります。

条例の制定については，憲法94条が「法律の範囲内」とし，地方自治法14条も「法令に違反しない限りにおいて」としていること，また，憲法が「法律」で定めるとしている事項があることなどから，条例制定権の限界が問題となります。とりわけ，国の法令よりも強化された規制（上乗せ条例）や，法令の規制対象外の事項の規制（横出し条例）が許されるかが論じられました。徳島市公安条例判決（最大判昭50・9・10刑集29巻8号489頁）は，国の法令がすでに明示・黙示に規律している事項については条例を制定できないとする旧

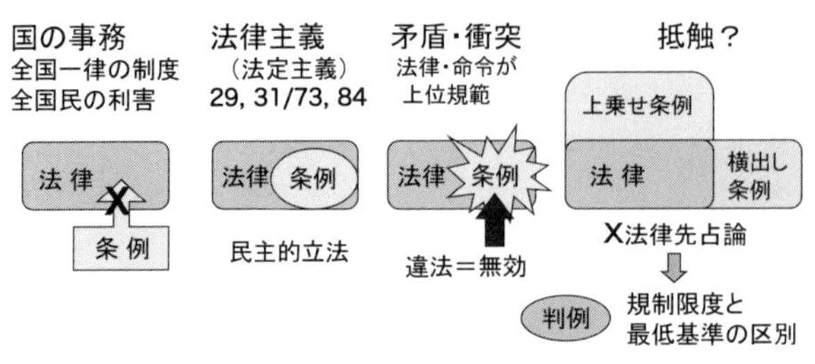

来の法律先占論を採らず，法律と条例の趣旨・目的・内容・効果を総合衡量して抵触の有無を判断すべきとしました。公害防止・環境保全に関しては，条例による強力な規制の許容を明記する法律もあります。他方，「空家等対策の推進に関する特別措置法」のように，地域の実情に応じた先進的な条例に対して，後に最大公約数的な法律が制定された場合，その法律に盛り込まれなかった内容を定める条例の効力が，地方分権との関係でも問題となります。

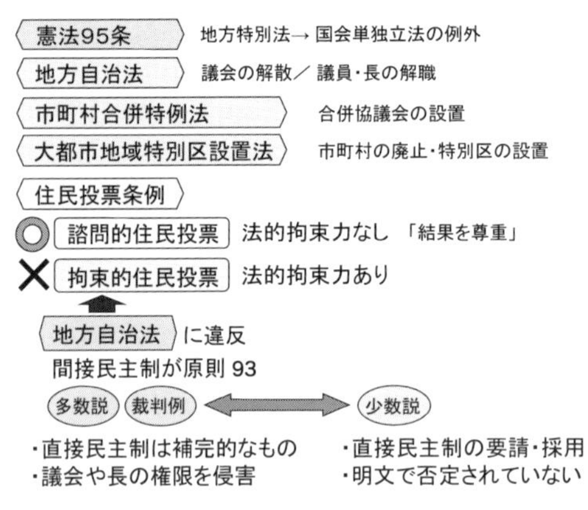

憲法 95 条は，1 つの地方公共団体だけに適用される法律（地方特別法）の制定に際して住民投票を求めています。ただ，実際に住民投票が行われたのは，いずれも国の財政的援助を主たる内容とする法律でした。また，地方自治法のほか，大都市地域特別区設置法や市町村合併特例法で住民投票が定められています。条例による住民投票の制度化も注目されます。ただし，条例によって導入できるのは，地方自治法との関係で，投票結果が法的拘束力を有しない諮問的住民投票に限られるという考え方が一般的です。これについては，第 26 章 1 で触れた，国民投票をめぐる問題と類似の議論があります。

第31章　憲法と国際社会

1　国際法と国内法

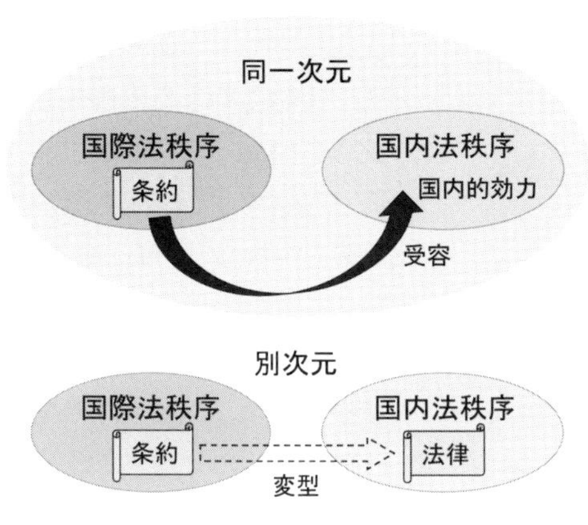

憲法と国際社会の関わりについては，国際法（条約と慣習国際法）と国内法（憲法を含む）の関係が問題となります（軍事的側面については4以下）。理論的には，法の妥当根拠（法としての効力の根源）が同一かが問題とされました。国際法秩序と国内法秩序とが同一の次元にあるのか否かを論ずるのが，国際法学上の「一元論」と「二元論」という議論だといえます。

①両法秩序が同一次元にあれば，国際法秩序において成立した「条約」は，一定の手続を経て国内法秩序に入り，国内法秩序における効力を得ることができます。②両法秩序が別次元なら，条約が国内法秩序に入ることはありえず，条約を国内法の性質に移し換えること（変型）が必要です。日本国憲法は，①の考え方です。条約は，憲法7条によって公布されると，法律などと同様の「国内的効力」を有することになります。

ところで，①において，同一次元にあるならば，両者は連続した法秩序を構成するとみて，いずれが上位あるいは根源なのかを問う立場があります。国内法が根源だとすると国家の数だけ国際法があることになるので，国際法が根源だとされます（国際法優位の一元論）。ただし，国際法が上位の秩序だとしても，国内法秩序における条約の地位（効力の順位）の決定は，各国の憲法に委ねられるとされます。

そこで，国際法として成立した規範が国内法秩序において実際に有する効力については，妥当根拠の議論を離れて，実際的な考察をする立場が現在の主流です。国内法秩序と国際法秩序は，両者の結節点にある国家（政府）の責任を通じて，矛盾・衝突を回避するように調整されるという説明（調整理論，等位理論）も，そのような立場の議論です。

2　憲法と条約

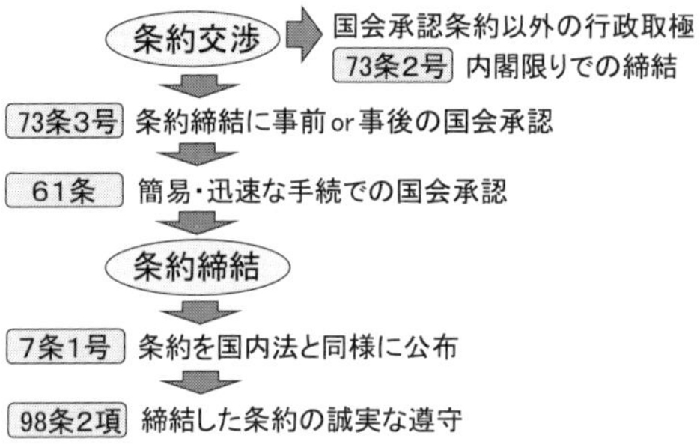

条約交渉 ➡ 国会承認条約以外の行政取極
73条2号 内閣限りでの締結
73条3号 条約締結に事前 or 事後の国会承認
61条 簡易・迅速な手続での国会承認
条約締結
7条1号 条約を国内法と同様に公布
98条2項 締結した条約の誠実な遵守

国際法の法源（法形式）としては，条約と慣習国際法（国際慣習法）がありますが，ここでは条約と日本国憲法の関係について概観します。国際法上の条約（実質的意味の条約。題名に「条約」とつかない「国連憲章」「国際人権規約」「WTO 協定」なども広く含む）は，日本の法令用語では「国際約束」と呼ばれます。さらに，締結に際しての国会承認の要否によって，「国会承認条約」と「行政取極」に分類されます。憲法学説が「条約」という場合，通常は，前者を指しています（憲法上の条約）。法律事項を含むもの，財政事項を含むもの，政治的に重要であって批准が要件とされているものは，締結について国会の承認が必要とされます（大平正芳外相が国会で説明したので「大平三原則」と呼ばれる）。

《気になる？》

「批准」とは，条約を「締結」（条約に拘束されることへの同意）するための最も慎重な方式です。重要な条約は「批准」の方式で締結される場合が多いからか，「条約を結ぶこと」を「批准」と呼んでいる例もみられますが，正確ではありません。また，旧日米安全保障条約（1952 年）の下での在日米軍による施設・区域の使用などを定める「行政協定」について国会承認の要否が争われた経緯もあり，憲法 73 条 2 号に基づいて国会承認を必要とせずに締結されるもの（行政取極）が「行政協定」と呼ばれる傾向がありました。

締結された条約が国内法秩序の段階構造（ヒエラルキー。第 1 章 1 参照）においていかなる地位（序列）にあるのかが問題になります。そのような条約の「形式的効力」（効力順位）も，各国の憲法によって定められます。

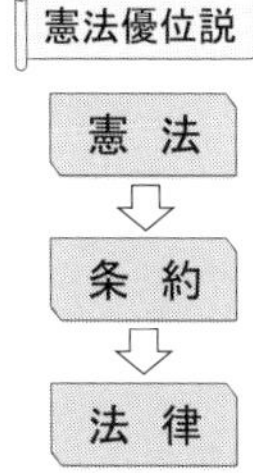

当初は，条約と憲法とが矛盾・抵触するときは条約が優先するという「条約優位説」も有力だったとされます。しかし，日米安保条約と憲法9条の関係が論じられるようになると，憲法改正よりも手続が簡単な条約締結によって憲法の内容を実質的に変更できてしまうことが問題とされました。そこで，条約は法律に優位するが憲法には劣位するという「憲法優位説」が通説的見解となりました。ただ，かりに条約が違憲と判断された場合でも，付随的審査制のしくみとしては，その事件に条約が適用されない（その意味で，条約の国内的効力が否定される）だけであり，条約の国際法上の効力は否定されません。

国内的効力を有する条約の規定を，国内裁判所においてそのまま適用できるかが問われます。これが，国内裁判所における「直接適用可能性」の問題です（「国内適用可能性」ともいわれる）。条約の規定がself-executing（自動執行力とか自力執行性とも訳される）であるかの問題として論じられてきたものです。いわば，条約にも，憲法25条のように法律による具体化を必要とする（self-executingではない）規定があるということです。self-executingではないとしても，国内的効力は否定されず，法的拘束力は有しています。

3　国際人権条約の国内適用可能性

憲法優位説が形成された頃には二国間の契約的な条約が中心でしたが，多国間の立法条約が増加して，国際機構も発展してきました。条約の性質・内容は多様化しており，条約を分類して対応を考えることも重要です。国家の対外的約束であるだけでなく，国際人権条約のように裁判規範として国内裁判所で適用することが求められる条約も増えています。

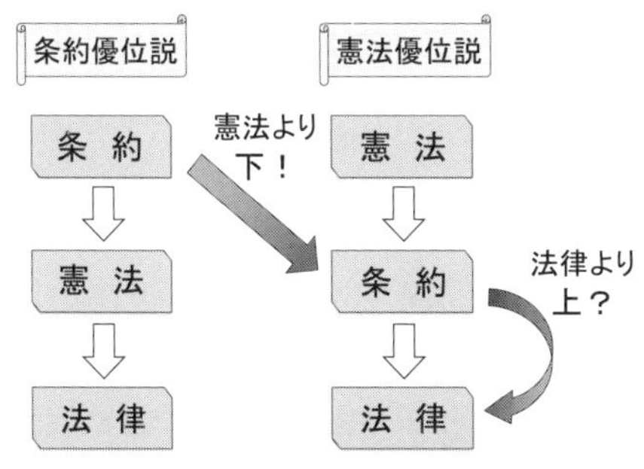

その際に，法律の条約適合性を国内裁判所が審査することも可能なはずです。しかし，憲法優位説は，〈条約は憲法よりも下だ〉と論じただけで，「法律に対する条約の優位」を十分に論証していませんでした。しかも，裁判所の違憲審査権についての憲法81条の

ような規定は，条約適合性審査については存在しません。日本の裁判所は，法律が条約違反だと判断することには慎重です。

《気になる？》

国内法秩序において，〈憲法→法律→命令〉が法的な授権関係（委任秩序）なのに対して，〈憲法→条約→法律〉は上位から下位への権限付与の関係ではありません。憲法に基づいて条約が作られ，条約を根拠に法律が制定されているわけではないはずです。「法律に対する条約の優位」とは，条約と法律が衝突したときは条約が優先するという，適用上の優先関係を示していると解するべきでしょう。

条約が裁判規範として国内裁判所で用いられることを期待する場合，各国の裁判所がバラバラに（自国に都合よく）条約規定を解釈・適用するならば，各国に共通の基準として条約をまとめた意義が損なわれます。そこで，条約によって設置された委員会などの機関（条約機関）が条約の解釈を示すしくみが設けられます。国籍法判決（最大判平 20・6・4 民集 62 巻 6 号 1367 頁，第 14 章 6）や非嫡出子法定相続分違憲決定（最大決平 25・9・4 民集 67 巻 6 号 1320 頁）などは，条約機関が示した解釈も考慮しながら違憲の結論を導いています。

4　戦争放棄と戦力不保持

憲法 9 条は，1 項で戦争放棄を定めています。宣戦布告などの開戦の意思表示なしに行われる武力行使や，武力を背景とする自国の主張の強要も禁じられています。「国際紛争を解決する手段として」の戦争の放棄であることに着目すれば（1928 年の不戦条約では，このような表現は侵略戦争の放棄を意味したので），9 条 1 項は侵略戦争の禁止を定めていると解されます（1 項では自衛のための武力行使は禁じられていない）。

憲法 9 条 2 項は，戦力不保持と交戦権の否認を定めています。侵略目的の戦力と自衛目的の戦力の区別は困難だから，侵略戦争放棄を確実なものとするため，一切の戦力の保持を禁止したのです。その結果，あらゆる戦争・武力行使の遂行が不能となります。これが，❶遂行不能説（1 項 2 項全面放棄説）と呼ばれる考え方です。教科書では，❷峻別不能説（1 項全面放棄説）や❸自衛戦力合憲説（限定放棄説）も言及されます。しかし，❷説や❸説には条文解釈として無理があり，多くの学説も政府見解も❶説を採用していますから，この点で学説の対立を論じる実益は小さいでしょう。

5　自衛権の行使と自衛力の保持

従来，学説と政府見解が❶説の内部で対立していた点は，憲法には明示されていない「自衛権」の行使をめぐってでした。国連憲章も，武力行使を原則として禁止しています（憲章2条4項）が，他国から武力攻撃を受けた国連加盟国は，武力行使禁止原則の例外として，自衛のために必要な措置を行うことが認められています（憲章51条）。国連憲章上の自衛権とは，自衛のために必要な実力行使をしても，国連憲章には違反しないということです。

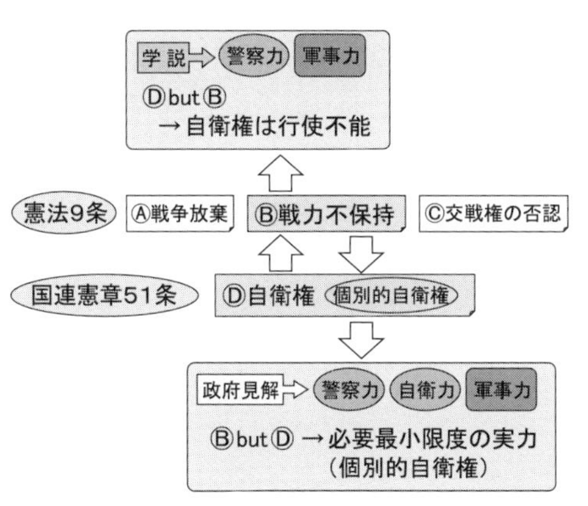

従来，多くの学説は，国家の有する実力には軍事力と警察力があるが，憲法9条の下で許されるのは警察力のみで，「警察力を超える実力」の保持は違憲としていました。それに対して，政府は，外国からの武力攻撃（「急迫不正の侵害」ともいわれた）に対して自国を防衛するために一定の実力行使をすること（個別的自衛権）は，主権国家に固有の権利だとします。したがって，警察力を超えるが戦力には至らない「自衛のための必要最小限度の実力」としての自衛力の保持が許されるとします。近年は，そうした政府見解を受け容れる学説も増えてきたようにみえます。

そこで，問題は，憲法9条1項の「侵略戦争放棄」という〈目的〉のために2項で採用した「戦力不保持」という〈手段〉を，(a)例外のない質的ないし絶対的な規制とみるか，(b)量的ないし相対的な規制とみるかです。(a)絶対的禁止論では，自衛隊のような自衛力の保持は違憲です。政府見解のように(b)相対的禁止論をとるならば，自衛力の保持・行使そのものは違憲ではないが，その規模・態様が例外的許容の範囲を超えていないかが問われます。

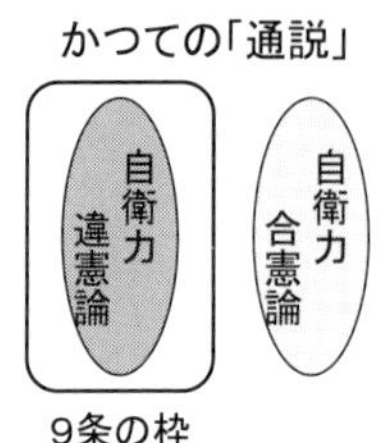

(a)絶対的禁止論においては，かつては，〈自衛力の保持を合憲とするのは，憲法解釈の「わく」を越える〉とする見解が「通説」とされていました。たしかに，法律によらずに実力部隊（警察予備隊）が創設された経緯を問題視するときは，政府見解を「にせ解釈」と指弾して正統性を剥奪することが重要だったかもしれません。しかし，自衛隊の創設から数えても70年近くが経ち，国会の議論を経て累次の立法がなされています。それらをすべて違憲の「にせ」立法と断罪することは，相当困難でしょう。自衛力の保持を合憲とする政府見解も9条解釈として論理的には成り立つことを認めたうえで，憲法の定めが戦力保持の(a)絶対的禁止か(b)相対的禁止かを論じるのが有用と解されます。

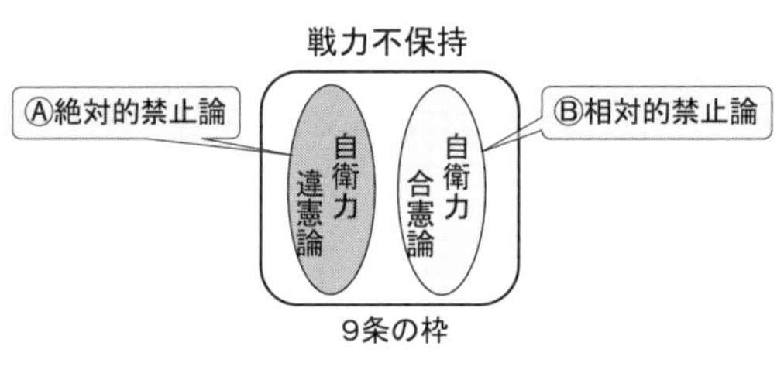

(b)相対的禁止論においては，武器使用を伴う自衛隊の海外活動（政府は憲法の禁ずる「武力の行使」に当たらないとしている）の拡大が論点となるでしょう。自衛隊の活動の限界に関しては，(1)武力行使との一体化論，(2)海外派兵禁止論，(3)集団的自衛権論といった議論があります。

6　集団的自衛権と日米安保条約

集団的自衛権は，国連憲章で明文化されたものです。国連憲章に違反する武力攻撃に対しては，攻撃を受けた国が個別に自衛するだけでなく，その同盟国などが武力によって援助することも，国連憲章の武力行使禁止原則に違反しないとされます（憲章51条）。自国が武力攻撃を受けていない（個別的自衛権を発動できない）場合でも，他国への攻撃に対して反撃（武力行使）できるとするのが，集団的自衛権です（集団で自衛権を行使する，という意味ではない）。ただし，集団的自衛権をめぐっては，従来，不当な軍事介入の口実にされたと疑われる例が少なくないとされます。

かつて，政府は，〈武力の保持・行使を一切禁じているようにみえる憲法9条の下で例外的に認められるのは，個別的自衛権だけだ〉と説明していました。

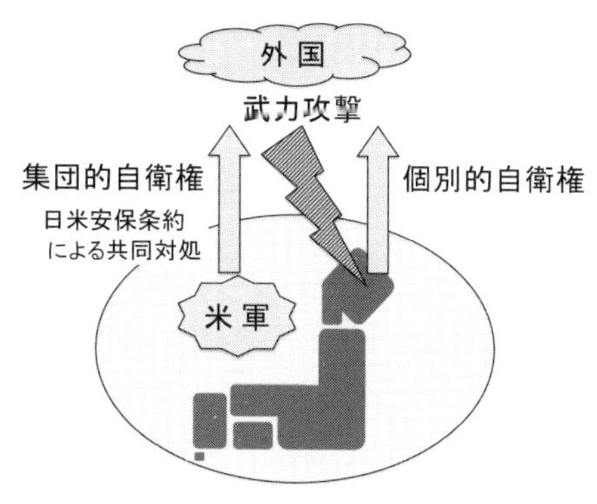

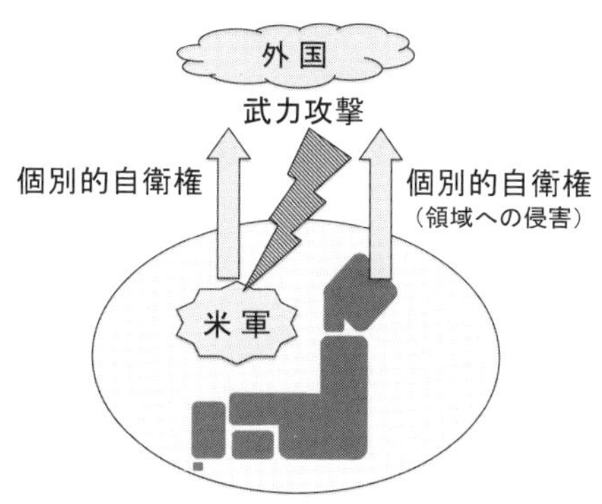

日本も国連加盟国として集団的自衛権を保有するが，それを行使することは，憲法上許されないとしていたのです。集団的自衛権の行使までも認めることは，〈9条の下でも個別的自衛権の行使だけは認められる〉として自衛隊を合憲とする政府解釈の根拠を掘り崩すことになるからです。

日米安保条約は，「日本国の施政の下にある領域における，いずれか一方に対する武力攻撃」への対処を定めたもので（条約5条），米国本土への武力攻撃に対して日本が集団的自衛権を行使することは求めていません。日本国への攻撃に対しては，米国は集団的自衛権を発動することになります。日本の領土にある米軍基地や日本の領海内にいる米軍艦船への攻撃には，米国はもちろん個別的自衛権を発動しますが，日本は集団的自衛権を発動するわけではないとされます。在日米軍に対する攻撃も，日本の領域への武力攻撃だから，日本は個別的自衛権を発動できるというのが政府の説明です。

《気になる？》

2014年7月の閣議決定は，〈日本への武力攻撃が無い場合でも，国民の生命・自由・幸福追求権が根底から覆される明白な危険があれば，必要な実力行使が許される〉という考え方を示しました。これによって，集団的自衛権の行使が（限定的に）容認されたといわれます。しかし，(b)相対的禁止論において依然として重要なのは，自衛隊による実力行使が「憲法上」許容される場合を明確に限定することです。〈国際法上の「権利」の行使可能範囲は，憲法上の「権限」の行使可能範囲に従う〉のが基本原則です。さらに問題となりうるのは，「武器等防護のための武器使用」でしょう。あまりに融通無碍に拡張されるならば，自衛隊の海外での武器使用に容易に根拠を与えることになりかねません。

7　違憲審査制と9条

自衛隊の存在ないし活動が憲法に違反しないかについて，裁判所の判断が期待されましたが，最高裁は，憲法判断を示していません。最高裁は，自衛隊については，「統治行為論」を用いているのではなく，合憲とも違憲とも述べていないのです。第29章の内容も想起しながら，判例を瞥見しましょう。

砂川判決（最大判昭34・12・16刑集13巻13号3225頁）では，デモ隊が米軍の砂川基地（東京都）の境界柵を破壊して侵入したことが，日米安保条約に基づく刑事特別法違反に問われました。在日米軍の合憲性が問題であり，自衛隊についての事案ではありません。ただ，「一見極めて明白に違憲無効」な場合の審査権を留保する砂川判決は，〈一見明白〉に違憲かを論じる過程で合憲の評価を付与する効果を有します。最高裁は，㋐憲法9条によっても主権国家に固有の自衛権は否定されておらず，必要な自衛の措置をとりうる，㋑外国軍隊は，日本に駐留していても，9条にいう戦力には該当しない，としました。

恵庭事件では，札幌地裁は憲法判断を回避して無罪としました。国（検察官）が無罪判決を容認したため，高裁・最高裁では争われませんでした。

ミサイル基地建設のために保安林の指定が解除されたことの取消しを求めた長沼事件では，第1審（札幌地判昭48・9・7判時712号24頁）は，自衛隊は違憲であり，自衛隊の基地建設のための保安林指定解除処分は違法だとしました。

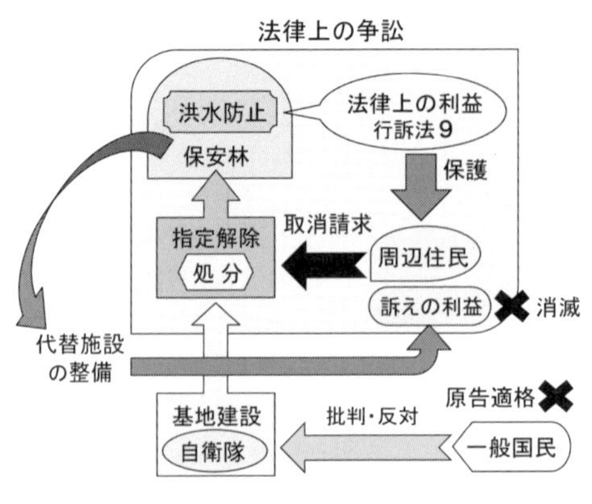

この判決は，憲法前文の「平和のうちに生存する権利」（平和的生存権）が裁判で実現可能な権利だとしたことでも注目されました。しかし，控訴審（札幌高判昭51・8・5判時821号21頁）は，洪水防止工事などで，保安林が伐採されても生命・財産に危険が及ぶおそれがなくなったから，住民には「訴えの

利益」がないとしました。そのうえで，「付加」見解として砂川判決を応用した独自の統治行為論を展開して，地裁判決の違憲論を否定しています。これに対して，最高裁の長沼事件判決（最判昭 57・9・9 民集 36 巻 9 号 1679 頁）は，住民には「訴えの利益」がないという点で高裁の判断を支持して，憲法問題には触れずに訴えを退けました。

自衛隊の基地建設用地に関する売買契約をめぐる百里基地訴訟は，少々複雑な経緯があるものの，国との間の売買契約が憲法 9 条に違反して無効だと主張された事案でした。下級審の判断には理論的な混乱がみられたものの，最高裁の百里基地判決（最判平元・6・20 民集 43 巻 6 号 385 頁）は，国の私法上の行為に 9 条は直接に適用されないとし，自衛隊基地建設のための土地売買契約が民法 90 条の「公序良俗」に反するとはいえないとして，私人間効力論で決着をつけました（第 11 章 6 参照）。

イラク特措法による航空自衛隊の空輸活動をめぐる自衛隊イラク派遣差止訴訟判決（名古屋高判平 20・4・17 判時 2056 号 74 頁）は，政府見解を前提としながら，詳細な事実認定に基づき，自衛隊の活動が違法・違憲だとしました。この判決は，平和的生存権論に依拠して「戦争や武力行使をしない日本に生存する権利」の具体的権利性を承認しつつ，権利侵害を認めないことで，形式的には原告側の敗訴としました。傍論での違憲判断の例です（第 29 章 5 の《気になる？》で触れた）。高裁で確定したので，最高裁の判断は示されていません。

なお，かつて，学説では，憲法 9 条は理想の宣言であって政府を法的に拘束しないとする見解（政治的マニフェスト説），高度の政治的判断を伴う理想がこめられた 9 条は，裁判所による違憲審査よりも国民の政治的な意思決定の根拠となるものだとする見解（政治規範説）も主張されました。

《気になる？》

憲法の条文はあるけれども法的効力はない（政府を拘束しない）と主張する場合に，「政治的マニフェスト」（9 条）とか，「プログラム規定」（25 条など）といわれます。第 5 章 3 でみた 13 条の公共の福祉についての「道徳的規定」「倫理的規定」という説明も，同じ趣旨でしょう。もちろん，憲法の条文で道徳や倫理を規定することには，多くの憲法学者は否定的でしょう。そもそも，裁判規範性がないとか直接適用できないといったことを超えて，条文の法的効力を否定する議論を認めてよいのかを真剣に考えるべきでしょう。

事項索引

あ　行

か　行

さ　行

た　行

な　行

は 行

ま 行

や 行

ら　行

わ　行

判例索引

＊宍戸常寿＝曽我部真裕編『判例プラクティス憲法〈第3版〉』（信山社・2022年）に収録されている事件には、その項目番号を付記した。

おわりに

本書を購入して読了してくださった皆様，ありがとうございます。

本書の企画は，2022 年 11 月 18 日，東京の信山社出版の最上階での打ち合わせ時に，袖山貴社長と稲葉文子氏が，私の MacBook Air のなかの講義用スライドに注目されたことから始まりました。その後，同社編集部の高畠健一氏との絶え間ないメールの往復を経て，本書の原稿が形作られました。

執筆中に，口頭説明用のスライドと，書籍に掲載する図解とでは，要求事項が異なることに気づかされ，既存のスライドはほとんどを書き直しました。また，〈開いた頁が「文字ばかり」にならないようにする〉という方針に基づき，相当数の図解を新たに作成しました。そのプロセスは，高畠氏との「共同作戦」というべきものです。高畠氏は，ときに指導教員のように私に課題を与え，しばしば私のために調査官のように働き，原稿を読んで同僚のように精密でポイントを突いたコメントをし，そして，出版社の編集部員として作業の進捗を管理し，印刷所との詳細な連絡・調整によって図解の混在する原稿を書籍の頁に収める作業を担ってくれました。それでもなお本書に残る不備・不十分な点は，私の能力不足によるものです。

高畠氏の当初の要求は，「疲れているときでも頭に入る教科書」を作れという過酷なものでした。あまりに無理難題なので，〈気合いを入れて集中しなくても読める教科書〉ということで勘弁してもらいました。それが実現されているかについては，読者各位の評価を伺うしかありません。お気づきの点は，ぜひ上記から信山社に通報してください。

〈著者紹介〉

齊藤正彰（さいとう・まさあき）

1970 年　北海道札幌市生まれ
1993 年　北海道大学法学部卒業
1998 年　北海道大学大学院法学研究科博士後期課程修了，博士（法学）
　　　　北海道大学法学部助手
2001 年　北星学園大学経済学部助教授
2008 年　北星学園大学経済学部教授
2016 年　北海道大学大学院法学研究科教授（現在に至る）

〈主要著書〉

『国法体系における憲法と条約』（信山社・2002 年）
『憲法と国際規律』（信山社・2012 年）
『多層的立憲主義と日本国憲法』（信山社・2022 年）
『論点探究憲法〈第 2 版〉』（弘文堂・2013 年）（共著）
『はじめての憲法学〈第 4 版〉』（三省堂・2021 年）（共著）
『Law Practice 憲法〈第 3 版〉』（商事法務・2022 年）（共著）
『新・判例ハンドブック憲法〈第 3 版〉』（日本評論社・2024 年）（共著）
『教材憲法判例〈第 5 版追補版〉』（北海道大学出版会・2024 年）（共編著）

力点憲法

2024 年（令和 6 年）3 月 30 日　初版第 1 刷発行

著　者　齊　藤　正　彰
発行者　今　井　　貴
発行所　信山社出版株式会社
（〒113-0033）東京都文京区本郷 6-2-9-102
TEL 03（3818）1019/FAX 03（3818）0344

Printed in Japan　　印刷・製本／藤原印刷

ISBN978-4-7972-2373-6 C3332